YINGXIAO CEHUA
FANGFA JIQIAO YU SHIZHAN

营销策划：
方法、技巧与实战

主　编　李艳娥
副主编　余彦蓉　钟　平

版权所有　翻印必究

图书在版编目（CIP）数据

营销策划：方法、技巧与实战/李艳娥主编；余彦蓉，钟平副主编 .—广州：中山大学出版社，2018.8

ISBN 978-7-306-06411-0

Ⅰ. ①营… Ⅱ. ①李… ②余… ③钟… Ⅲ. ①营销策划—教材 Ⅳ. ①F713.50

中国版本图书馆 CIP 数据核字（2018）第 180121 号

出 版 人：	王天琪
策划编辑：	杨文泉
责任编辑：	杨文泉
封面设计：	曾　斌
责任校对：	王　璞
责任技编：	何雅涛
出版发行：	中山大学出版社
电　　话：	编辑部 020 - 84111996，84113349，84111997，84110779
	发行部 020 - 84111998，84111981，84111160
地　　址：	广州市新港西路 135 号
邮　　编：	510275　　　　传　真：020 - 84036565
网　　址：	http://www.zsup.com.cn　E-mail：zdcbs@ mail.sysu.edu.cn
印 刷 者：	广东虎彩云印刷有限公司
规　　格：	787mm×1092mm　1/16　15.75 印张　373 千字
版次印次：	2018 年 8 月第 1 版　2023 年 7 月第 3 次印刷
定　　价：	45.00 元

如发现本书因印装质量影响阅读，请与出版社发行部联系调换

前　言

中国经济进入新时代，创新驱动发展、产业转型升级和现代服务业发展需要大量的营销人才。《营销策划：方法、技巧与实战》是在2013年版《营销策划实务》的基础上，深入调研分析当前社会经济发展对营销岗位专业人才的新需求，结合本校及兄弟院校教学团队近20年的教学与实践经验，与营销策划咨询公司的高级策划人员，组成项目团队共同打造的。本书依据建构主义学习理论、行为主义学习理论、人本主义学习理论，按照营销策划岗位及岗位群的工作任务与职业能力要求，进行框架设计、内容选择、案例和实战项目遴选。

营销策划是营销类相关专业的核心技能课程，重在培养学生的营销战略战术策划、营销活动策划与组织执行能力，是学习者完成市场营销、消费行为分析、市场调查、销售管理等课程之后，在已经掌握的营销知识和操作技能基础上，对企业营销行为进行策划与组织执行的综合技能训练课程，是营销理论和技能付诸实践的能力训练课程，解决的是企业营销工作过程中的实战问题。

本书沿袭了2013年版《营销策划实务》的两大特色：基于营销策划岗位的实际工作任务、工作要求和工作内容构建全书的框架和内容体系；引入企业真实项目，以"任务驱动、项目导向"的方式设计每个项目单元模块。并在此基础上，适应时代发展，突出以下特点：

（1）融入"互联网＋"思维，引入互联网营销策划能力培养和训练的知识、案例、实战项目。近年营销策划呈现的最大一个特点，就是随着互联网技术的发展和运用，依托互联网络、应用社交网站、移动互联网等新媒体进行网络式传播的创新策划层出不穷，营销策划课程必须把握这种趋势，把"互联网＋"营销策划的思维、知识、技能、案例、方法融入教学。根据高职人才培养目标和学生特点，强调学生线上线下营销活动策划能力、营销策划书编写能力、营销策划活动组织和执行能力的培养，使学习者进行理论学习和项目实训以后，能够独立开展营销策划工作，撰写营销策划方案，组织实施执行营销策划活动。

（2）全过程融入"双创"教育，注重学习者创新精神和创业能力的培养。全面融入创新创业教育理念，着眼于培养学生的独立思考、创新创业、协作精神和社会担当。增加激发学生创新创业思维的案例，开展模拟创新创业的实训项目，重视学生的创新思维训练，培养学生批判性思维和探索性学习习惯。增加项目九"创业策划"，并把营销技能竞赛、创新创业大赛引入教学，以赛促教、以赛促学。

（3）全面更新实战项目和策划项目案例。以"项目导向和任务驱动"的思路组织每个项目单元的编写。每个项目单元首先明确知识目标和能力目标，使学习者更加有的放矢。全面更新策划项目案例，关注营销策划的时代热点，确保策划方案示例具有较高的针对性、典型性和时代性，并附有编者的专业点评。全面更新教材中实战训练项目，增加能紧跟当前营销策划市场对从业者能力新要求的实战训练项目，把一些在社会上知名度高、影响大、有创意的项目引入教学。指引教师指导学生按照专业策划公司的工作流程完成项目策划，并进行过程考核，教、学、做合一，做中学，学中做。

（4）关注读者体验，方便师生，将知识性、实战性和趣味性融为一体。在设计和编写过程中，考虑方便师生的使用和学习。语言精练、通俗易懂，"练习与思考"附有完整的答案，方便教师使用，方便学生自学。在内容和形式选择上，在案例和实战项目的选择上，都注重趣味性、实用性、时尚性，以激发学习者的兴趣，提高学习的效果。每个实战训练项目都有详细的背景材料以及明确的项目目标、实训要求、实施步骤、考核方案，极大地方便了教师的教学组织安排，吸引学生积极主动地阅读、学习与训练。

本教材修订凝聚了编写团队的大量心血。全书由广州城市职业学院的李艳娥教授策划与统稿。李艳娥负责编写项目三"STP策划"、项目四"品牌策划"、项目九"创业策划"。余彦蓉负责编写项目一"岗位认知"、项目五"分销渠道策划"、项目六"广告策划"。钟平负责撰写项目二"撰写营销策划书"、项目七"公关策划"、项目八"营业推广策划"。

本教材不仅适合高职高专营销类、贸易类、管理类相关专业教学使用，也适用于应用性本科相关专业教学，以及企业和策划公司的营销策划和营销管理人员、销售业务与销售管理人员、广告策划与活动策划等从业人员的学习与培训。

由于编者的水平有限，全书可能会有疏漏和不当之处，欢迎广大读者批评指正。

编写组
2018年6月于广州

学 习 指 南

学习指南旨在方便本书的学习者和使用者，使其尽快熟悉本书的编写特点，掌握本书的学习和使用要领，以更方便和有效地学习。

（1）全书根据营销策划的主要工作任务，分9个项目单元，每个单元相对独立又紧密联系。各个单元有明确的知识目标和能力目标，培养的都是营销策划岗位所需具备的基本理论知识和核心技能。

每个项目单元，分为五个部分：

第一部分：知识目标与能力目标。明确本项目单元的知识和技能学习要点。

第二部分：策划方案示例。根据各项目单元的学习目标，提供一个具有针对性、实战性、时尚性的完整策划方案，使学习者对本项目单元学习后所应具备的技能和所能够完成的工作任务、达到的学习目标有一个初步感知，同时作为学习者完成第五部分实战训练项目的参考。

第三部分：知识链接。集中阐述与本单元知识和能力目标培养所需掌握的相关理论知识，配以精彩的案例、资料、插图，便于读者的理解，增加阅读者的兴趣。

第四部分：练习与思考。包括选择题、判断题、分析题等，附有参考答案。帮助学习者回顾基本理论知识，为第五部分完成实战化的训练项目做准备。

第五部分：实战训练项目。这是真实企业项目，并从企业的角度给出详细的策划说明，包括项目名称、项目目标、项目需求说明、项目实训步骤、项目实训要求。学习者在老师的组织和指导下完成项目策划，做出项目策划书。

（2）使用本教材，建议将学生3～5人组成策划公司或策划小组，给自己的策划公司取一个个性化的名称，进行一些简单的分工。以策划公司或策划小组为一个相对固定的学习小组，进行学习讨论、案例分析、市场调查和资料收集、策划方案制订、讨论与修改、策划成果展示，参与竞赛。

（3）本书的实战训练项目，来自企业真实项目。在完成此学习环节时，教师要充当策划公司的客户企业的需求宣讲人、策划指导者、组织者、评价者等多重角色。可按如下程序操作：

第一步，教师作为策划公司客户企业的代表做策划需求宣讲，介绍项目背景和企业需求。

第二步，教师引导学生组成策划公司或策划小组，分析策划项目，回顾相关知识点，进行市场调查和资料收集。

第三步，各策划公司或策划小组在教师的指导下完成项目策划书初稿。

第四步，教师选择1～2个策划小组，对策划项目进行通报，有条件的情况下，应做出策划通报PPT（演示文稿）。

第五步，教师组织对宣讲的策划小组的通报进行评议，有条件的可向同学们展示和讲解企业的真实策划方案或者优秀策划方案。

第六步，各策划小组根据老师的评价意见，对策划方案进行修改，完成营销策划书。

第七步，教师组织策划方案完成情况考核，作为过程考核的依据。考核可适当引入企业、策划公司、学生参与。

（4）如有需要，本书使用者可与编写组联系。作者邮箱：lyelye@ gcp. edu. cn。

目　录

项目一　岗位认知 ··· (1)
　　策划方案示例：知名报刊/网络上刊登的五则招聘公告 ···················· (1)
　　一、策划及营销策划 ··· (4)
　　二、营销策划岗位分析 ·· (5)
　　三、营销策划的工作程序 ··· (9)
　　练习与思考 ·· (11)
　　实战训练项目：如何成为一名优秀的策划人 ···································· (12)
　　【练习与思考】参考答案 ··· (13)

项目二　撰写营销策划书 ··· (14)
　　策划方案示例：某品牌PDK饮水净水消毒器广告推广策划书 ············ (14)
　　一、营销策划书的结构和内容 ·· (18)
　　二、营销策划书的撰写要点 ··· (26)
　　三、营销策划书的撰写原则 ··· (36)
　　四、营销策划创意 ·· (38)
　　练习与思考 ·· (46)
　　实战训练项目：××学校××系迎新活动策划案 ································· (47)
　　【练习与思考】参考答案 ··· (49)

项目三　STP策划 ··· (50)
　　策划方案示例："尚品宅配"市场定位策划案 ·································· (50)
　　一、营销战略策划 ·· (52)
　　二、SWOT分析 ·· (53)
　　三、对市场进行细分 ··· (56)
　　四、目标市场的选择 ··· (58)
　　五、市场定位策划 ·· (59)
　　练习与思考 ·· (62)
　　实战训练项目：××品牌牙膏的市场定位策划 ·································· (63)
　　【练习与思考】参考答案 ··· (64)

项目四　品牌策划 ··· (65)
　　策划方案示例：华为手机品牌策划 ·· (65)
　　一、品牌认知 ·· (67)
　　二、品牌策划的内容 ··· (69)
　　三、品牌定位策划 ·· (72)
　　四、品牌名称策划 ·· (75)

五、品牌标识策划 …………………………………………………… (77)
　　六、品牌传播策划 …………………………………………………… (79)
　　练习与思考 …………………………………………………………… (82)
　　实战训练项目：广汽集团传祺汽车品牌传播策划 …………………… (83)
　　【练习与思考】参考答案 ……………………………………………… (86)
项目五　分销渠道策划 ……………………………………………………… (87)
　　策划方案示例：康乐运动App营销渠道推广方案 …………………… (87)
　　一、认识渠道策划 …………………………………………………… (95)
　　二、渠道策划的主要内容 …………………………………………… (95)
　　三、网商与微商 ……………………………………………………… (101)
　　四、线上推广渠道 …………………………………………………… (104)
　　五、分销渠道管理 …………………………………………………… (105)
　　练习与思考 …………………………………………………………… (106)
　　实战训练项目：立白净博士洗衣片渠道策划方案 …………………… (107)
　　【练习与思考】参考答案 ……………………………………………… (108)
项目六　广告策划 …………………………………………………………… (109)
　　策划方案示例：加多宝携手《中国好声音》互联网广告策划案 …… (109)
　　一、认识广告策划的流程 …………………………………………… (113)
　　二、广告定位策划 …………………………………………………… (114)
　　三、广告创意策划 …………………………………………………… (119)
　　四、广告媒体策划 …………………………………………………… (124)
　　五、测定广告效果 …………………………………………………… (133)
　　练习与思考 …………………………………………………………… (135)
　　实战训练项目：2018年线上线下相结合的唯美筑广告策划案 ……… (137)
　　【练习与思考】参考答案 ……………………………………………… (139)
项目七　公关策划 …………………………………………………………… (140)
　　策划方案示例："百事可乐2012广州新年庆典"公关策划案 ……… (140)
　　一、认识营销公关 …………………………………………………… (144)
　　二、营销公关的常用方式 …………………………………………… (146)
　　三、营销公关策划的基本流程 ……………………………………… (156)
　　四、典型营销公关策划 ……………………………………………… (159)
　　五、危机公关策划 …………………………………………………… (172)
　　练习与思考 …………………………………………………………… (177)
　　实战训练项目：某餐饮公司"老鼠门"危机公关策划 ……………… (179)
　　【练习与思考】参考答案 ……………………………………………… (181)
项目八　营业推广策划 ……………………………………………………… (182)
　　策划方案示例：××太阳能热水器A市促销活动策划方案 ………… (182)
　　一、营业推广策划的工作流程 ……………………………………… (188)

二、营业推广策划目标分析 …………………………………………… (190)
三、常用营业推广的工具 ……………………………………………… (192)
四、制订营业推广策划方案 …………………………………………… (200)
五、营业推广策划书的撰写 …………………………………………… (202)
六、营业推广策划方案的执行 ………………………………………… (208)
练习与思考 ……………………………………………………………… (209)
实战训练项目：植观氨基酸洗护产品双十一促销策划案 …………… (210)
【练习与思考】参考答案 ……………………………………………… (212)

项目九 创业策划 ………………………………………………………… (213)
策划方案示例：D&C 正装创业策划书 ……………………………… (213)
一、创业基本认知 ……………………………………………………… (219)
二、寻找创业机会 ……………………………………………………… (221)
三、创业的经营形式 …………………………………………………… (225)
四、创业计划书 ………………………………………………………… (229)
五、大学生创业模式 …………………………………………………… (232)
六、常见的几种创业模式 ……………………………………………… (233)
练习与思考 ……………………………………………………………… (238)
实战训练项目：广东省"挑战杯·创青春"大学生创业大赛 ……… (239)
【练习与思考】参考答案 ……………………………………………… (240)

参考文献 …………………………………………………………………… (242)

项目一 岗位认知

知识目标
1. 熟知营销策划岗位的工作职责。
2. 熟知营销策划岗位的任职要求。
3. 熟悉营销策划的特点及策划流程。

能力目标
1. 能掌握营销策划的基本工作程序。
2. 能根据营销策划岗位能力和素质要求,不断进行自我完善。

策划方案示例

知名报刊/网络上刊登的五则招聘公告

一、某知名零售企业集团营销策划岗位招聘公告

工作职责:
1. 协助公司进行公司文化、形象体系与产品宣传推广的规划与建设。
2. 以市场为导向,以销售为龙头制定营销策划方案和市场推广方案,维护好线上营销策划工作,重点做好线下营销策划工作。
3. 协同销售部门,为客户提供解决方案式营销支持。
4. 负责公司产品的价格体系建设与监督执行。
5. 负责与美工顺利对接,按时完成公司品牌形象以及产品品牌宣传推广的各类平面设计与制作。

任职要求:
1. 专科以上相关专业学历,35岁以下。
2. 2年以上零售工作经验,有商业策划推广经验者优先。
3. 时尚触觉敏锐,创意丰富。
4. 具有较强的营销策划和文案写作能力,能独立制订营销推广方案并组织实施商店促销活动。

二、某著名地产公司销售策划部系列岗位的招聘公告

副总经理/区域经理
1. 45岁以下,本科以上学历,营销类专业。
2. 10年以上地产行业营销管理工作经验,其中3年以上同等职位工作经验,能统筹多个大型地产项目的营销策划工作,熟悉商业地产(商铺/写字楼/公寓)、

有项目推广策划工作经验者优先。

3. 有敏锐的市场触觉、优秀的分析能力、组织协调能力和团队带领能力。

项目经理

1. 40岁以下，大专以上学历。

2. 6年以上相关工作经验，其中3年以上同等岗位经验，能够独立负责大型地产项目的营销策划和销售推广工作，了解广州及周边地区的地产营销市场，对项目的前期调研、定位以及营销推广、销售管理等全过程管理均有实操经验。

3. 具有优秀的沟通协调能力和抗压能力。

项目主任

1. 35岁以下，大专以上学历，营销类专业。

2. 3年以上相关工作经验，熟悉地产项目市场调研、方案策划、组织推广等工作。

3. 能承受较大的工作压力，对地产行业销售策划工作有较高的热忱。

销售经理

1. 大专以上学历，5年以上房地产销售经验，其中3年以上同等岗位经验。

2. 具有大型商业项目（商铺、写字楼等）销售经验者优先，具备良好的销售沟通技巧及客户服务精神，能承受较大工作压力。

销售代表

1. 大专以上学历，2年以上房地产销售经验，具备较好的销售业绩，具有大型商业项目（商铺、写字楼等）销售经验者优先。

2. 具备较好的销售沟通技巧及客户服务精神。

市场调研员

1. 大专以上学历，2年以上房地产行业工作经验，有市场调研经验者优先。

2. 熟悉广州地产市场，善于收集分析市场信息。

3. 具备较好的市场敏锐度及分析能力。

三、某地产投资公司营销策划助理岗位招聘公告

工作职责：

1. 广告文案的撰写。根据整体策略方向，撰写阶段性广告主题，并与设计人员做好沟通。

2. 市场数据的整理分析（周报、月报）。经过市场信息收集，对周边及竞争市场进行深度调查分析，出具有针对性和有实际指导意义的结论报告。

3. 客户资料的统计与分析（周报、月报）。客户来源区域、获知途径、客户需求、客户职业等的统计与分析，每周对项目余货、成交、来访客户进行梳理分析。

4. 广告投放效果评估。按各项活动需求，准备活动所需物料，按时完成申购与申领工作；广告投放效果的评估及完善。

任职要求：

1. 3年以上工作年限，大专以上学历，营销、房地产、经济类等相关专业。

2. 具有一定的分析及文字表达能力。

3. 懂得商业广场的商铺、写字楼物业的租售策划、市场分析、业务跟进、客户拓展等工作。

4. 熟悉办公室软件操作等电脑技能，积极主动，有进取心。

5. 有房地产及商业项目的市场调研和分析的经验，并且能写相关文案。

四、某国际旅行社新媒体策划专员招聘公告

工作职责：

1. 负责官方网站、微博、微信等新媒体平台的日常内容的撰写和运营。

2. 收集、研究网络热点话题，结合新媒体特性，对微博、微信等平台内容进行实时调整和更新。

3. 负责微博、微信大型活动方案的策划、创意、执行、运营以及汇报和总结。

4. 负责集团新闻采访报道及内容编辑，及时掌握社会热点话题，提炼可用观点及文化宣传素材。

任职要求：

1. 大专及以上学历，有1年以上相关的微信公众号运营经验。

2. 要求文字功底强，有较强采访、撰稿和内容策划能力。

3. 具有一定的图文处理基础，对互联网及社会热点事件较为敏感。

五、某民营电子商务有限公司文案策划招聘公告

岗位职责：（应聘该岗位的应聘者请自带作品过来参加面试）

1. 负责公司品牌及产品推广工作，制订可行性、阶段性的活动推广方案并执行。

2. 策划具有创意的及传播性强的营销活动，制订营销活动计划并跟踪执行。

3. 负责公司产品品牌的广告策划方案、活动策划方案、公关策划方案的制订与组织实施。负责活动现场的统筹、监督管理与执行。

4. 负责协助市场部门线下的大型活动推广计划的编制与执行工作。协助编制具体的市场活动、广告活动方案。

5. 负责具体的广告策划及创意工作；负责组织广告促销效果评估工作，并按时提交评估报告。

任职要求：

1. 大专及以上学历，3年以上同类型工作经验，有过策划大型活动或广告公司工作经验。

2. 市场营销、广告、电子商务、经管类专业，有微信公众号运营经验，对市场有敏锐的感知度，善于挖掘活动的创意。

3. 有扎实的文字功底和数据分析能力，熟悉社交化媒体活动运营模式，乐于分享。

4. 有较强的执行力、沟通能力和逻辑思维能力，能够统筹协调各类资源；具有优秀的灵活应变能力、现场危机处理能力。

5. 学习能力、责任心与承担能力较强，富有开拓创新和团队合作精神。
（摘自《广州日报》，2011年12月12日和"前程无忧"网 www.51job.com。）

从以上5个真实的招聘公告可以看出什么？
1. 营销策划岗位是企业营销工作的核心岗位。营销策划能力是营销人员必须具备的技能。
2. 营销策划岗位的一般任职要求是：具有大专以上相关专业学历，一定的理论基础和实践经验，相关的行业知识。
3. 营销策划岗位的核心工作职责包括：线上线下的文案撰写，活动策划执行，效果评估，等等。
4. 营销策划人员须具有策划能力、分析能力、创意思想、文字能力、执行能力。当然根据企业规模的不同，策划岗位层次的不同如策划员、策划助理、策划经理、策划总监等，具体的工作职责各有侧重。
5. 营销人员包括营销策划人员需要具有良好的心理素质。

一、策划及营销策划

（一）策划

"策划"一词最早出现在《后汉书·隗嚣传》，书中有"是以功名终申，策画复得"之句。其中"画"与"划"相通互代，"策画"即"策划"，意思是计划、打算。

策划，在现实生活中无处不在。现在许多经济性和商业性的活动，都离不开策划，如商品展销会、各种商业赛事、产品上市等都需要策划。策划已经渗透到人们生活中的方方面面，那么，应对策划的概念做一个定义。

美国哈佛大学出版的企业管理丛书中对策划的定义是：策划是一种程序，是一种运用脑力的理性活动。也就是说，策划是针对未来要发生的事情，或者围绕某一活动目标，根据现实的各种情况和信息做出当前的决策。

策划是一种策略、筹划、谋划或者计划、打算，它是个人、企业、组织结构为了达到一定的目的，在充分调查市场环境及相关联的环境的基础之上，遵循一定的方法或者规则，对未来即将发生的事情进行系统、周密、科学的预测并制订科学的可行性的方案。在现代生活中，常用于形容做一件事的计划，或者是一种职位的名称。

（二）营销策划

营销策划通常是对于品牌、活动、产品等具有针对性及时效性的项目做的一个规划。

营销策划就是策划人围绕企业目标,针对具体的策划对象,根据企业现有的资源状况,在充分调查、分析市场营销环境的基础上,激发创意,制定企业具体市场营销目标,确定可能实现的解决问题的行动方案的过程。

营销策划是把策划理论与技巧在企业市场营销活动的运用,是对企业的经营资源和营销手段进行系统的设计、规划和安排。

营销策划的对象是企业特定的营销问题。

营销策划的基础是市场分析和环境预期。

营销策划的目标是企业的战略目标和绩效要求。

营销策划,既可以是对企业营销活动全过程的战略性规划,也可以是对企业营销过程中某一阶段、某一产品或某项活动的策略性战术规划。

营销策划具有目标性、计划性、系统性、创新性、可行性、灵活性和科学性这七大特点。

(三) 营销策划的分类

营销策划的分类如表 1-1 所示。

表 1-1 营销策划的分类

分类标准	类 别	含 义
按照营销策划在企业总体战略中所处的层次划分	战略性营销策划	企业为适应环境变化,谋求长期生存和可持续发展,对关系到企业战略目标能否实现而进行的全局性、纲领性和方向性谋划。包括市场定位策划、市场竞争策划、企业形象策划、品牌形象策划等
	战术性营销策划	企业为保证营销战略目标的顺利实现,按照战略规划所确定的大政方针,对某一营销项目所进行的短期性策划。包括企业产品策划、价格策划、分销渠道策划、促销策划等
按照营销策划承担者的归属划分	内部自行策划	由企业内部的营销策划人员和有经验的专业人员、管理人员自行承担的策划
	委托外部策划	"借助外脑",聘请企业外部专业的咨询策划人或机构进行的策划
	内外协作策划	以内部策划或外部策划为主,内部策划人员、外部专家、学者进行指导或联合进行的策划
按照营销策划所涉及的范围划分	综合策划	对营销项目进行全过程、各环节的系统性、整体性策划
	单环节策划	对整体项目的某一部分、某一具体环节所做的策划

二、营销策划岗位分析

营销策划人员需要具有良好的职业品德,能够运用所掌握的营销策划基本知识、方法和手段,以及所具备的综合策划执行能力和丰富的实践经验,为企业进行市场营销环境分析，研究市场购买行为，制订各种营销策划方案并组织实施。营销策划岗位可以从工作职责、任职要求以及岗位所需知识、能力、素质三方面来进行剖析。

（一）营销策划岗位的主要工作职责

一般来讲，营销策划岗位的工作人员主要包括在工商企业营销策划部门、销售部门、市场部门等从事营销策划相关工作的人员、专业营销策划咨询公司的工作人员。

随着我国市场经济的发展，企业营销活动越来越重要，营销策划工作也越来越专业化。"叶茂中策划""龙狮营销""精锐纵横"等都是市场上有一定知名度的专业策划咨询公司，创造了许多著名的、成功的营销策划案例。

工商企业营销策划相关部门的主要工作职责包括：

（1）根据公司发展战略组织制订公司营销战略规划，参与公司重大经营决策。

（2）负责组织收集国内外相关行业政策、竞争对手信息、客户信息等，分析市场发展趋势，为重大营销决策提供建议和信息支持。

（3）对营销工作状况进行跟踪控制，定期、准确向公司总经理和相关部门提供有关销售情况、费用控制情况、销售收入等反映公司营销工作现状的信息。

（4）制定年度营销工作目标和计划，提请公司高层决策，总体部署并组织营销计划的执行。

（5）选择营销策划代理公司。负责代理公司的选拔和淘汰，审定代理公司提交方案的合理性、创造性及与公司战略目标的一致性，协调代理公司与本公司之间的工作关系。

（6）负责营销策划项目方案的制订、组织执行和信息反馈。专业营销咨询公司主要是接受工商企业的委托，为委托企业提供专业的营销策划方案制订和组织实施服务。

（二）营销策划岗位的任职要求

从事营销策划的人员因所处行业不同、所处公司不同、所处部门不同，营销策划岗位的任职要求会有所差别，但不管是何种行业、何种岗位都具有以下的任职要求：

（1）市场营销、公司所在行业的相关专业，专科及以上学历。

（2）具有所在行业如互联网、新媒体、计算机、汽车等的营销策划类工作经验。

（3）熟悉营销策划的流程，有丰富的市场推广、策划与执行经验，有独立策划能力。

（4）文字功底强，思维敏捷、条理清晰，具有敏锐的市场洞察力，能撰写独特或者风格化的图文创意及文案文章。

（5）具有较强的组织、协调、沟通、表达、团队领导能力。

（6）熟练使用各种办公软件。

（三）营销策划岗位所需知识、能力和素质

综上所述，营销策划岗位工作职责和任职要求，可以归纳出营销策划岗位所需的其中七种能力、四方面知识、五类素质，如表1-2所示。

表 1-2 营销策划岗位的要求

要求	内容	
能力要求	创新能力： ①要在商战中取胜，最大的法宝就是创新； ②创新能力是基于学习能力之上的创造、更新，创新就意味着突破； ③策划就是通过对资料、信息的整理运用，谋求一种突破； ④创新能力在整个策划中起着重要作用，从策划主题的产生、选择到构思的精细、巧妙，从方案的表现、描述到建议的实施，每一个阶段都需要创新能力	
	调研能力： ①指策划人对项目现状的分析并预测未来趋势的能力； ②策划活动必须建立在对相关情况的充分掌握和深刻研究的基础之上； ③策划人必须积极主动地进行调查分析，以便正确认识和把握策划目标和策划对象； ④拥有良好的信息搜集能力，能够敏锐地把握点滴有用的信息，对于策划人来说至关重要	
	文字能力： ①指策划人能够有效组织语言，进行文案的行文设计，以良好清晰的逻辑思路设计文案的整体框架，并能清晰表达出自己策划的创意和创新点； ②在任何一个策划活动中，同样的策划内容，不一样的人来写或者不一样的人来表达就是会给人不同的感觉和效果； ③策划是一项集体活动，需要策划团队中每一个策划人的通力合作，才能形成策划效益——有效的策划结果	
	组织能力： ①指策划人能够根据策划本身的要求将策划资源进行有机结合的能力，也就是对人、物、事的统筹安排能力； ②在任何一个策划活动中，个人能力再强，如果没有团队的合作，也难以发挥作用	
	学习能力： ①策划人员要有竞争力和应变力，首先要有学习能力； ②要在竞争中取胜，策划人员只有通过不断学习，才能以引导者的身份不断创新，策划人要掌握有效的学习方法和科学的思维方式，能在较短的时间内领会所涉及的新领域、新学科的要点和实质，在策划工作中能举一反三； ③策划人既要向书本学，更要向企业、市场、专家、实践学，这样才能真正把握鲜活的、内在的、关键的和有效的东西	
	整合能力： ①策划人的整合能力，是指策划人对信息情报资源的大量和高效的占有能力； ②策划人应该能够把各种资源要素整合在一起，协调各方面的力量形成合力； ③策划人的整合能力是有前提的，只有占有足够多的信息和资源，进行理性分析之后合理取舍，才能使策划活动具有创造性	

续表1-2

要求	内　　容
能力要求	执行能力： ①策划人不仅要勤于思考，更要敏于行动； ②一位出色的策划人不仅善于创意，更要有将其付诸实践，并在实践后能取得良好效益的能力； ③基层策划人员，经常要指挥、监督策划方案的实施与执行
知识要求	综合性： 策划人要具有较为广泛的知识结构，如营销、广告、策划、公关、调研、产品或服务行业概况、消费心理、流行趋势、政策把握、社会热点等知识
	系统性： 策划人不仅要注意知识的收集、积累，而且要注意对知识的消化、理解和贮存，将各种知识的内在联系弄清楚，形成体系
	开放性： 随着经济和科学技术的发展，人类知识正以前所未有的速度进行更新，策划人要不断汲取新知识，并从实践中提炼和概括新的经验，调整和丰富原有的知识结构，使知识结构处于动态发展之中
	实践性： 策划人要向书本学习，更要向企业学习、向市场学习、在策划实践中动态地学习，真正把握鲜活的、内在的、关键的、有价值的东西
素质要求	具备良好的社会公德和职业道德： ①具备良好的社会公德和职业道德，遵守行业的道德规范； ②以诚信为本，注重自身信誉，也切实保证客户的信誉； ③实事求是，重视论证，追求策划方法的科学性、严密性、系统性
	积极乐观： ①具有积极的工作心态和主动的处事精神； ②从容地面对困难，能够在逆境中迎难而上
	宽容： 虚心接受别人的意见和建议，不惧他人否定，有勇气接受他人的批评与挑战
	灵活： 不断完善策划方案，以提高策划方案的有效性
	坚韧不拔的毅力： ①坚定不移、不达目的誓不罢休的精神状态； ②在进行策划的过程中，必然会遇到各种各样的阻力和困难，能否一如既往地坚持下去，就取决于毅力

> **知识共享 1-1**
>
> **营销策划人的"8字诀"**
>
> 要想成为一名出色的营销策划人,除了需要丰富的工作经验和专业知识外,还必须掌握一些工作诀窍。
> 1. "察":精准调查是一切营销策划的基础。
> 2. "思":在勤思中迸发出灵感火花。
> 3. "奇":出奇是制胜的法宝。
> 4. "简":营销策划方案必须简洁,使人一看明了。
> 5. "德":道德操守和职业道德是安身立命之本。
> 6. "勤":手勤、腿勤、眼勤、耳勤、嘴勤。
> 7. "信":以高度的责任心对待所负责的项目。
> 8. "杂":用各种知识武装自己,以便融会贯通、灵活应用。

三、营销策划的工作程序

(一) 营销策划部门的业务流程

企业营销策划部门的整体业务流程分为四个阶段,如表1-3所示:

首先是策划项目立项阶段,在这个阶段主要是由有需要的企业策划部门主导。主要完成以下任务:分析目前企业的营销现状,根据现状提出策划需求,并确定需要策划的主题,然后提交企业的上一级决策层审批。

其次是营销策划方案的制订阶段,在这个阶段中,可以由策划部门的企业进行,也可以交由专业的策划公司进行。主要完成以下任务:了解需策划的企业具体需求,通过一定的市场调研手段收集处理策划需要的相关资料,策划时一般会成立项目组,项目组成员群策群力进行策划,并撰写策划书,然后向需策划的企业提交并展示策划方案。

再次是策划方案实施阶段,在这个阶段中,有三方面的执行人,有需要策划的企业自身,有策划公司,也有专业的策划活动执行公司。通常他们都是将策划书里的策划方案付诸实施,并将实施情况反馈给相应的企业。

最后是策划方案的评估阶段,由需要策划的企业和执行策划的企业共同完成,进行效果评估并修正方案,为后继的其他活动做准备。

表1-3 企业营销策划部门的整体业务流程

阶段	执行人	步骤
立项	企业	①分析营销现状;②提出策划需求;③确定策划主题;④提交公司决策层审批

续表1-3

阶段	执行人	步骤
策划	企业策划部、策划公司	①了解客户需求；②收集处理资料；③进行策划；④撰写策划书；⑤提交并展示策划方案
实施	企业自己、策划公司、专业活动执行公司	将策划书里的策划方案付诸实施，反馈执行情况
评估	企业和策划公司	效果评估并修正方案

（二）营销策划阶段的详细工作流程

营销策划是一项创造性工作，为了保证营销策划工作的质量，营销策划的实现必须按照一定的程序和步骤进行。只有工作过程的质量才能保证工作结果的质量。策划阶段的详细工作流程如下：

（1）召开项目说明会，了解客户需求。客户提出要求，各方进行沟通。

（2）组建项目组。项目组可由策划人、客户、活动执行人等构成。

（3）策划人收集资料。

自己收集或请客户提供。此阶段是营销策划的基础。资料搜集可以分成两部分，即第一手资料的收集和第二手资料的收集。

第一手资料的搜集包括进行直接问卷调查、召开座谈会、参加产品介绍会等。

第二手资料的搜集包括从图书、报纸、网络等查找文献，分析企业统计报表、销售报表、财务报表、企业经营计划，向其他企业或专业公司购买等多种形式。

营销策划人员在策划时必须尽可能多地掌握各种背景材料和现实情况，包括有利的和不利的因素，对营销的机会及企业的资源特征进行分析和说明，有的放矢，扬长避短，从而建立起企业及产品的竞争优势。

（4）方案创意和起草。

根据企业的战略发展和营销工作需要，确定某一次营销策划工作的目标。目标要具体、准确。

营销策划目标一般包括两个方面：一是目标体系的构成，二是目标值的确定。

构成目标体系的主要项目因不同的营销工作需要而各有特点，如增加销售量、提高市场占有率、提高品牌知名度、增加顾客认知度或美誉度、改善产品品牌形象，等等。

根据策划目标和对策划环境的分析，通过创意、研讨和论证，设计营销策划的具体方案，并撰写营销策划书，阐述策划的背景、目标、行动方案、实施计划等方面的具体内容，并进行费用预算，或者根据费用情况对方案进行调整。

（5）内部提案。策划小组或策划公司内部进行模拟报告并讨论修改。

（6）正式提案并向客户报价。营销策划人员把策划方案与企业决策者及相关的经营管理人员进行沟通，听取他们的意见，进一步了解最高决策者的意图，以使营销策划内容更符合实际。一般通过策划方案通报会，向企业（客户）汇报项目策划方案，与客户沟通策划内容是否达到企业的要求。

（7）根据客户及专家意见进行修改。通过与企业决策人员和经营管理人员的沟通，可能会发现原先设计的营销策划方案有不合理的地方，或者达不到企业（客户）的要求，根据需要对营销策划方案进行调整。

（8）提交策划书给客户。

练习与思考

一、选择题

1. 战略性营销策划包括（　　）。
   A. 市场定位策划　　　B. 市场竞争策划
   C. 企业形象策划　　　D. 促销策划

2. 工商企业营销策划部门相关岗位的主要工作内容，包括（　　）。
   A. 负责组织收集国内外相关行业政策、竞争对手信息、客户信息等，分析市场发展趋势，为重大营销决策提供建议和信息支持
   B. 对营销工作状况进行跟踪控制，定期、准确向公司总经理和相关部门提供有关销售情况、费用控制情况、销售收入等反映公司营销工作现状的信息
   C. 制定年度营销工作目标和计划，提请公司高层决策，总体部署并组织营销计划的执行
   D. 选择营销策划代理公司。负责代理公司的选拔和淘汰，审定代理公司提交方案的合理性、创造性及与公司战略目标的一致性，协调代理公司与本公司之间的工作关系

3. 营销策划工作人员需具备（　　）的能力要求。
   A. 创新能力　　　B. 调研能力　　　C. 组织能力
   D. 学习能力　　　E. 整合能力　　　F. 执行能力　　　G. 文字能力

二、判断题

1. 营销策划就是策划人围绕企业目标，针对具体的策划对象，根据企业现有的资源状况，在充分调查、分析市场营销环境的基础上，激发创意，制定企业具体市场营销目标和确定可能实现的解决问题的行动方案的过程。（　　）

2. 战术性营销策划是企业为保证营销战略目标的顺利实现，按照战略规划所确定的大政方针，对某一营销项目所进行的短期性策划。包括企业产品策划、市场竞争策划、价格策划、分销渠道策划等。（　　）

3. 营销策划是一项创意性极强的工作，要靠灵感，不需要按照科学的工作程序。（　　）

4. 创意能力是天生的，不需要后天培养。（　　）

5. 有效创意是能够打动受众者的创意。（　　）

实战训练项目：如何成为一名优秀的策划人

一、项目名称

如何成为一名优秀的策划人。

二、项目目标

通过该实训项目，使同学们认识到成为一名合格的营销策划人所必须具备的知识、能力和素质要求，在以后的学习和实践中，能够不断完善自己，逐步成为一名优秀的策划人。

三、项目实训步骤

（1）教师引导学生学习营销策划岗位的任职要求，并列举中国著名的策划人进行案例分析。

（2）学生根据所学知识，依据自己的情况进行对比分析，并列出对比分析表。

（3）学生在进行对比分析的基础上，提出自身能力的提升计划。

营销策划岗位任职要求对比分析表

填表人：　　　　专业年级：　　　　填表时间：

任职要求	内容	对比分析	提升计划
能力要求	创新能力		
	调研能力		
	文字能力		
	组织能力		
	学习能力		
	整合能力		
	执行能力		
知识要求	综合性		
	系统性		
	开放性		
	实践性		
素质要求	具备良好的社会公德和职业道德		
	积极、乐观		
	宽容、灵活		
	坚韧不拔的毅力		

(4) 教师选取具有代表性的学生在班级进行汇报，并组织班级讨论。

(5) 教师根据学生们的汇报和讨论，进行点评。

(6) 课程结束时，可以再让学生分析，通过这一学期的学习和实践，自身的哪些方面的知识、能力和素质得到了提升。

四、项目实训要求

每位同学完成富有质量的"营销策划岗位任职要求对比分析实训评价表"，并在下一阶段课程学习和实训过程中，在教师的指导下，注意自身素质培养，进行职业技能训练，期末对自己一学期的成长进行总结。

五、项目考核

由教师主导，教师和企业兼职教师对每位同学此项实训进行评价。

教师可以根据具体情况对评价指标进行细化。

可考虑学生参与互评。

营销策划岗位任职要求对比分析实训评价表

被评价同学：　　　　　专业班级：　　　　　评价教师：

项目	内容	参考标准	分值	得分	备注
1	对比分析	客观、透彻、准确，能够发现问题	40%		
2	提升计划	具体、可行、明确	40%		
3	汇报与讨论表现	积极参与汇报与讨论	20%		
合计			100%		

【练习与思考】参考答案

一、选择题　1. ABC　2. ABCD　3. ABCDEFG

二、判断题　1. √　2. ×　3. ×　4. ×　5. √

项目二　撰写营销策划书

知识目标

1. 熟知营销策划书的基本结构。
2. 熟知营销策划书撰写的原则。
3. 熟知营销策划书撰写的技巧。
4. 了解营销策划创意的表现形式。
5. 熟悉创意思维模式及创意技法。

能力目标

1. 能够运用营销策划撰写的原则和技巧。
2. 能够撰写营销策划方案。
3. 掌握头脑风暴法的实施过程和要求。

策划方案示例

某品牌PDK饮水净水消毒器广告推广策划书

一、导语

PDK饮水净水消毒器推广广告策划，重在突出"普通家庭必备的保健用品"的宣传热点，其广告对象主要指向珠三角地区普通市民用户及饮用水单位等目标使用者。第一阶段广告目标为创立品牌，提高知名度。广告应达到的目的，是创造出消费者为健康而产生的必要的消费要求。整个广告重点放在开拓市场上，广告系列以"告知"为策略，使用组合媒体实施发布，促进销售。

二、产品分析

1. P（净化）—D（消毒）—K（杀菌）。本产品集净化、消毒、杀菌于一身，且能软化水质，并一次性过滤完成。

2. 结构工艺科学先进。本产品内部结构工艺采用药物介质，所以不但能净化水，而且能起杀掉病毒（如肝炎、大肠杆菌、伤寒、痢疾杆菌等）、有害物质（如氯化物、工业溶剂、农药等）和清除大部分重金属（如砷、铬、镉、铅、锌等）及除去致癌物质（如亚硝酸银等，并去除异臭、异味）。

3. 价格便宜。价格低于具有同类功能的进口产品。长期使用，只需要定时更换药物介质的过滤芯而已。

4. 制件标准化。能直接安装配套在家用水龙头上，而且体积小，轻巧方便。有与现代厨房器具配套的豪华漂亮外观，安装简单，操作方便。

5. 军用转民用的神秘性。此产品技术原为军工科研成果，颇带点神秘性，易诱发消费者的信任感和崇拜感。

6. 符合国家、国际标准水质要求。产品经防疫部门鉴定和第一军医大学测定通过，并有翔实权威的测定鉴定报告书。

由此，归纳PDK的特点是：物美价廉的，具净化、消毒、杀菌功能的，最新、最先进的滤水装置。净化、消毒和杀菌一次性完成。

三、市场分析

（一）市场需求

1. 珠三角地区人口稠密，自来水地下输水管道历史悠久，饮食用水在漫长的输送过程中具有二次污染的危险。

2. 随着人们生活水平的提高，对水的质量要求越来越高。

（二）竞争研究

经过调研，发现目前市场上家用净水器虽然品牌较多，但并没有明显的优势品牌。进口产品价格高，普通家庭消费有顾虑。国产品牌之间没有明显优势的品牌，且功能较为单一。

PDK实现多功能净水的一次性完成。

相对进口产品价钱便宜，安装方便，美观大方。

四、广告策略

（一）产品定位

产品在市场上的价值、定位应从消费者心理需求的最大满足出发，应使消费者对PDK的个性有足够的重视程度，定位使用"功效定位法"为主，并辅以"市场定位法"。即：

1. 功效定位："保健用品，三效合一"。

2. 市场定位："普通家庭"。

所以，PDK产品定位设定为"三效合一的普通家庭保健品"。

（二）广告产品策略

当前，PDK处在产品生命周期的引入期，其广告产品策略应确立为：

1. 广告阶段：初级阶段。

2. 广告目标：创品牌，让社会、市场认识"集PDK于一身"的产品特点。创造出消费者为保身心健康使用PDK必要性的认识。

开拓市场，特别是珠三角市场。

3. 广告策略：重在告之。向消费者告之PDK的品牌与其保证健康的原因，加以展示（示范其构造，工艺物质）。

4. 广告对象：普通的市民家庭和餐饮单位。

他们可能是：具备保健常识的家庭购物决定者，曾受传染病感染受害者，关心自己的健康者，家有老人、小孩者，以及标榜卫生条件好的饮食业，等等。

5. 广告媒体策略：运用多种媒体组合，做同一主题内容的广告，这样较有利运用多种媒介宣传统一的广告内容，能迅速提高消费者对产品的认知度，达到创品牌目标。

五、广告主题

从广告决策与产品个性及消费者需求结合出发，统一的广告主题拟定为——"进入每个家庭，保证每一个人的健康"。

广告语：

"何止净水这么简单"

"想健康，快把 PDK 来装"

六、广告媒体实施计划

使用组合媒体同时实施发布。

（一）新闻发布会

利用舆论媒介的权威性与可信度，迅速传递 PDK 进入市场的信息，新闻发布会策划如下：

1. 邀请各新闻单位。如《羊城晚报》《南方日报》《广州日报》以及广东（广州）电视台与广播电台、新浪网等。

2. 邀请舆论权威做肯定宣传。如请防疫部门负责人，专家，保健医生，传染病、肠胃病、儿科医生，环保专家，儿童福利工作者，中小幼教部门负责人出席。选择舆论权威应尽量注意客观性和公益代表性，以增加产品信任度和产品的社会效应。

3. 厂家研制者介绍产品开发的科技原理和制作工艺的先进性，展示产品构造并做现场安装。

4. 宣传企业和产品保障消费者健康的公益形象。

5. 赠送产品，鼓励来者试用（留下地址，上门安装）。

（二）"软性"广告

"软性"广告给消费者感觉更加真实、自然、容易接受。

在《羊城晚报》《广州日报》《南方日报》以及新浪网等生活专栏，刊登"软文"，诱发消费者的好奇心和好感。

（三）POP（现场售点广告）

对于新科技产品，消费者特别担心可信度，家庭日用品又特别重视安装、维修、寿命、安全诸问题的咨询。POP 是"做到终点的广告"，是做到消费者手上的广告。

1. 在商场橱窗或大厅或售点柜台或推销点播放广告片录像。此广告宜为系列性。

第一，版本为在常规媒体中播放过的广告片。

第二，版本为 2~3 分钟的详细产品介绍，以及与一般净水器功能比较展示，可以图示或卡通，以理性诉求为主。

第三，版本为更详尽的此产品的源起、研制、军工、试用资料录像，制造流程，使用方式，安装、维修、换件方法，以及鉴定材料、数据显示等内容。

以上三版本宜连续反复播放，如因预算所限只择一条，那以第二版为宜。

2. 组织推销员现场推销、展示。

（1）推销劝说内容重点。

1）水质担忧。

2）PDK 三合一优越个性。

3）健康的重要性。

4）产品的价格优势。

5）售后服务的优良。

（2）推销示范要求。

1）灵活拆卸展示内部结构。

2）迅速示范安装，教会更换药物介质过滤芯。

3）推销员主动示范喝饮经过过滤的自来水等。

（3）推销摆设道具。

产品说明书、效果测定水质含量比较表（重点揭示细菌总数和大肠杆菌总数），以及各级防疫卫生部门、科研机构鉴定影印件。

3. 销售点张贴悬挂海报印刷广告。

（四）常规媒体广告

1. 印刷广告。

印刷广告有宽松弹性篇幅，容纳新产品必需的较详细的信息传送。

提示：报纸广告应图文并茂，以文为主，版面简单清晰。可考虑分点罗列产品个性特点，勿忘售后服务许诺的资料。

招贴（海报）广告的标题要突出，"保健"的主题要鲜明。版面要突出产品外观写实摄影彩照，以及分拆出来可更换的药物介质过滤的实物照，整组照片透露出轻盈豪华美观的品格。可不用模特或其他的衬托，整幅海报力求画面整洁，底色以冷色调的天蓝渐变过渡到白色，使人产生清新、净洁、明丽、纯洁的联想，富有诱惑魅力。

2. 电视广告。

电视广告中的创意表现如下：

（1）理性诉求是用卡通和图解展示产品个性长处。

（2）感性诉求为广告类。

1）以家庭卫生教育感化（创意显示）。

①母亲对运动完后大汗淋漓的儿子随便喝自来水的惊讶和反对。

②带点神秘状的父亲魔术般地及时装上 PDK。

③母亲转忧为喜，转怒为笑。

④儿子开怀大喝状。

⑤父亲含蓄微笑，皆大欢喜。

2）家庭卫生氛围渲染（创意显示）。

① 现代化厨房环境。

② 主妇在装有 PDK 净化器前使用表演。

③ 道白（内容："自有 PDK 能解后顾之忧"的解说）。

④ 小儿要拧 PDK 开关，父亲走近前深情地亲吻。

⑤ 合家一派幸福，温情脉脉，陶醉状。

3. 广播广告（电台广告）。可以考虑适量的广播（电台）广告，广告词提示：短促有力，能够对消费者产生强烈的刺激，有足够的鼓动性，品牌的多次重复。

七、广告效果测定

1. 销售效果测定。第一阶段广告周期结束后销售量增加率。

2. 广告传播效果测定。可用销售点前随机抽样回答或测试消费者对广告的理解度和记忆度、产品的知名度、消费心理的变化、购买预期等。

八、广告预算（略）

（改编自潘小珍、李艳娥等《新营销策划》，中山大学出版社2009年版。）

该策划书是某品牌 PDK 饮水净水消毒器广告推广策划书，通过对这篇策划书的阅读和学习，我们可以：

1. 了解一般的营销策划书所具备的基本结构：标题、目录、正文，以及正文部分涵盖的主要内容，如市场分析、产品分析、定位、具体的营销策略、预算等。

2. 体会策划书撰写的结构要求和技巧，为后续的学习和实训奠定基础。

3. 把项目策划书与本单元的理论知识进行比照学习，使学习者更快、更有效地掌握策划书撰写的原则、技巧，具备独立完成营销项目策划的能力。

一、营销策划书的结构和内容

营销策划书是营销策划方案的书面表达形式，是营销策划活动成果的具体体现。

编写营销策划书的基本要求是清晰展现策划思路，逻辑清晰、层次分明。

就企业实务来看，"营销策划"只是一个统称，可以再细分为产品策划案、渠道策划案、定价策划案、促销策划案、公关策划案、品牌策划案、新业务拓展策划案、媒体策划案等。尽管策划内容存在很多共性，但不同的策划项目有不同的工作流程和侧重点，因此，不同项目的营销策划书有不同的形式和侧重点，没有一成不变的格式，依据产品或营销活动的不同要求，在策划书的内容与编写格式上也有变化。

下面，分别以新产品上市推广策划、广告策划、公关活动策划、营业推广策划为例，说明不同营销策划书的结构和内容。书中所给的范本并不是相应策划案唯一的标准模板,我们希望通过范本的展示,学习者能学习营销策划书撰写大纲的完整性、周全性和思考性,提升举一反三、融会贯通和批判性思维能力,最终能写出逻辑清晰、层次分明、观点鲜明、重点突出、简单易懂,让受众有兴趣、能理解、记得住的营销策划方案。

(一) 新产品上市推广策划书的结构和内容

新产品上市推广是一项复杂的系统工程,企业需要制订周密的战略规划,整合企业的各种资源和各种不同的营销手段、营销方法,利用各种传播媒体,进行立体化营销,因此,新产品上市推广策划在企业营销策划项目中属于难度较高的项目,其策划内容几乎涵盖了企业营销工作的各个方面,可以称为是一项"完整"的策划,因而,新产品上市推广策划书的撰写也是一项复杂的、难度系数较高的工作。

但实际上,如果能将这样一个复杂的策划工作的逻辑流程理清,策划书也就自然能表达得逻辑清晰了。事实上,所有逻辑清晰的策划书都是基于逻辑清晰的策划工作流程的,而不同策划项目的工作流程又是有一定规律的。

新品上市推广策划的逻辑思路如图2-1所示,策划书则是以书面形式,顺次说明这9个问题。

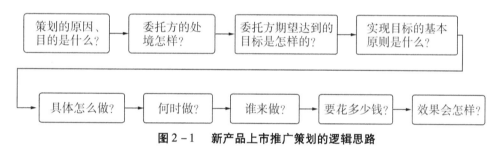

图2-1 新产品上市推广策划的逻辑思路

对应地,新产品上市推广策划书的编写大纲和主要内容如表2-1表示。

表2-1 新产品上市推广策划书的编写提纲和主要内容

策划的逻辑思路	策划书编写提纲	内容提示	注意事项
问题1:策划的背景、目的是什么?	1. 前言	①该项策划的背景; ②该项策划的目的; ③客户的有关要求	简单表达、阐述问题、不做论证
问题2:委托方的处境是怎样的?	2. 经营环境分析 3. SWOT分析	①市场总体分析; ②竞争者分析; ③产品力分析; ④目标消费群与客户层分析; ⑤外部环境变化与趋势分析; ⑥我们的优势与不足; ⑦机会点与问题点分析	注意信息的有用性要求(见后面"撰写要点")

续表2–1

策划的逻辑思路	策划书编写提纲	内容提示	注意事项
问题3：委托方欲达到的目标是什么？	4. 经营目标	①市场目标； ②品牌目标； ③财务目标； ④渠道目标； ⑤定价目标； ⑥客户满意目标	针对具体策划项目确定目标，无须面面俱到
问题4：通往目标的指导方针是什么？	5. 目标市场定位	①目标市场的确定； ②市场定位策略	陈述结论
问题5：实现目标的具体方法是什么？	6. 营销策略	①产品策略与计划； ②定价策略与计划； ③渠道策略与计划； ④促销策略与计划； ⑤广告策略与计划； ⑥媒体策略与计划； ⑦服务策略与计划； ⑧现场实体环境策略与计划； ⑨其他整合营销组合策略计划	内容较多、较细，注意表达的形式（参考后文所述的"金字塔原理"）
问题6：谁来执行？	7. 组织分工	①执行该计划的责任人、责任部门以及责任承担； ②是否需要成立临时工作组织	可以用图表表达
问题7：何时做何事？	8. 时间进度	①活动阶段划分：准备工作，正式展开、总结； ②项目进度横道图/甘特图、时间–活动二维图表	—
问题8：要花多少钱？	9. 费用预算	执行该计划需要哪些资源，人员、信息、器材、场所、传媒设施等及其货币价值	用表格明确费用明细
问题9：效益是什么？事后如何评估？	10. 效益评价	计划成败如何测度，主要测度控制指标	评估指标应具体、可测，方法科学可靠

（二）公关活动策划案的结构和内容

营销策划人员经常会在工作中举办公关活动，如新产品上市发布会、记者会、VIP会员招待会、经销商年会、公益活动等，均须撰写活动策划案。

活动策划的逻辑相对简单，主要就两个问题：一是通过这个活动要达到什么目的，二是这个活动具体如何做。但是由于公关活动本身涉及的人员、部门复杂，而且受场地、设备，乃至天气、交通等不可控因素的影响，公关活动策划需要特别重视方案的周全性，而且，为了使阅读者更清晰地理解方案的主要设计思路而不被细节干扰，活动的具体执行方案通常作为附件另文说明。公关活动策划案撰写大纲如表2-2所示。

表2-2 公关活动策划案的编写提纲和主要内容

策划的逻辑思路	策划书编写提纲	内容提示	注意事项
活动的背景、目的是什么？	1. 活动背景、缘由	①该项策划的背景；②该项策划的目的；③客户的有关要求	简单表达、阐述问题、不做论证
活动要达到什么目的？	2. 活动目的、宗旨	品牌美誉度？知名度？解决危机	直接陈述
活动要影响什么人？	3. 活动对象	选准目标对象	直接陈述
何时做？在哪做？	4. 活动时间、地点	具体时间、地点	清晰、明了
具体活动方案？	5. 活动主题/名称	活动主题	表现目标、易读易记
	6. 活动构思	概括性阐述活动构思	运用金字塔原理
	7. 活动节目及流程设计	具体活动设计、节目、流程等	这部分内容较多时，可以作为附录归到"活动执行方案"里
如何进行媒体宣传？	8. 活动媒体宣传做法	如何报道宣传此次公关活动，选择媒体、宣传角度等	媒体宣传是公关策划必不可少的一个环节，否则达不到"公关"的效果
要花多少钱？	9. 活动预算	执行该计划需要哪些资源，人员、信息、器材、场所、传媒设施等及其货币价值	用表格表达

续表 2-2

策划的逻辑思路	策划书编写提纲	内容提示	注意事项
谁来做？何时做？	10. 活动项目小组组织表和人员分工及时间进度	①执行该计划的责任人、活动；②阶段划分：准备工作、正式展开、总结；③项目进度横道图/甘特图、时间-活动二维图表	可用图表表达，此部分可放在活动执行中
问题9：效益是什么？事后如何评估？	11. 活动效益分析	①有形效益；②无形效益；③成败如何测度，主要测度控制指标	评估指标应具体、可测，方法科学可靠
—	附录：活动执行与控制	①准备工作进度控制；②活动现场布置；③活动主持人、代言人；④活动对象、邀请嘉宾、媒体记者名单；⑤活动录像；⑥活动赠品；⑦活动肖像、玩偶；⑧活动安保措施；⑨活动应急预案	注意细节！考虑务必周全

案例 2-1　某化妆品公司举办时尚晚会活动策划案（大纲）

1. 活动主题。

诺亚香舟——奇特的浪漫之旅，唯你我的"近来美"。

2. 活动目的。

提升品牌知名度、提升品牌形象。

3. 活动时间。

2017年3月7日晚7：00—9：00。

4. 活动地点。

"珠江翡翠号"游轮。

5. 邀请对象。

共80人，包括艺人（含主持人）、模特、时尚媒体记者、杂志编辑、政商界能代表流行时尚的名人、资深会员、幸运网友、商业伙伴。

6. 活动内容。

公司最新时尚动态发布、请代言人及模特走秀、展示两款春夏最新香水,由代言人示范说明新产品特点、欣赏广州夜景,会场提供精致餐点、饮料,并展示香水系列产品,提供试用,不赠送。

7. 广告策略。

(略)。

8. 媒体宣传策略。

(略)。

9. 活动预算。

成 本 项 目	成本预估	估算依据
游船租金		
场地布置		
代言人及主持人费用		
广告(广州塔塔身、游船船体、网站、时尚杂志)		
媒体宣传费用		
试用品费用		
餐点饮料		
客人礼品		
大巴费用		
码头专属停车场		

10. 附录:活动执行手册。

(1) 工作进度推进表。

(2) 来宾选择方式,重点邀请嘉宾名单。

(3) 会场布置场景设计。

(4) 确定主持人。

(5) 确定模特公司,培训模特。

(6) 晚会节目流程表、台词设计。

(7) 现场工作人员职责分工。

(8) 活动物料清单(新款产品、系列展品、试用品、餐点饮料、嘉宾礼品、宣传册)。

(9) 当天交通引导。

(10) 活动安保及应急预案。

(改编自2013年广州市属高职院校营销技能大赛获奖学生作品。)

（三）广告策划

广告策划，是新品上市或品牌推广的重要内容，在企业营销策划实务中，一个完整的广告策划案，一般包括以下内容。

知识共享 2-1

广告策划案的编写大纲

1. 导言。
   (1) 目的。
   (2) 有关客户的指示。
   (3) 该案规模与范围。
2. 营销市场背景分析。
   (1) 市场分析。
   (2) 竞争分析。
   (3) 产品分析。
   (4) 消费者分析。
3. 产品现状定位。
   (1) 市场对象：什么人买？什么人用？
   (2) 广告诉求对象：卖给什么人？
   (3) 产品所塑造的个性。
4. 问题点及机会点。
   (1) 问题点。（有哪些地方消费者还无法得到满足？）
   (2) 机会点。
5. 营销建议。
   (1) 营销目标。
   (2) 营销策略。
6. 广告建议。
   (1) 广告目标。
   (2) 诉求对象。
   (3) 消费者利益。
   (4) 支持点。
   (5) 气氛，格调：广告制作表现格调、视觉色调、听觉、人物、背景。
   (6) 创意构思：理性、感情。
   (7) 创意执行。
7. 媒体计划。
   (1) 媒体目标。

(2) 实施期间。
(3) 媒体战略。
(4) 媒体预算的分配。
(5) 媒体时间表。
8. 工作进度总表。
9. 总预算表。
10. 广告效益评估。

案例 2-2　某化妆品公司举办会员推荐好礼赠送业务活动策划案（大纲）

1. 活动主题。
自然美的美丽，与亲友"晶采"共享。
2. 活动目的。
获得新会员。
3. 活动期间。
2017年9月15日—2017年10月15日。
4. 活动地点。
各商场专柜、SPA（水疗）会所。
5. 活动办法。
凡于本次活动期间，凭本次活动兑换券及会员卡，带亲友购买自然美明星商品（晶采美白亮彩焕肤套装、晶采提拉紧致菁华套装），即可获赠"晶采"推荐礼——价值120元的"晶采"旅行套装一套，亲友并可享有以下优惠：
(1) 当次购买可获赠精美化妆包、化妆镜一套。
(2) 亲友当次购买自然美产品满1200元，可获赠：
1) 精美化妆包、化妆镜一套。
2) 价值120元的"晶采"旅行套装一套。
3) 一年会员权益。
6. 自然美晶莹会员独享权益。（详细说明此处略去）
1) 每季兑换好礼：自然美专属月刊。
2) 自然美最新产品信息。
3) 合作商家优惠特权。
4) "晶采"旅行套装兑换券。

兑换券在会员专刊2017年8月号活动页上发布，活动期间携带此活动页至店内购买指定产品，即可凭券兑换赠品。兑换券复印无效。

7. 本活动效益预估。
(1) 预计推荐新会员数目标。
(2) 其他效益。
8. 本活动支出预算。
(1) 赠品成本预算。
(2) 产品优惠预算。
(3) 广告宣传费用预算。
9. 各单位配合事项说明。
各专柜人员配合事项说明（略）。
10. 结语。
（略）。
（资料来源：载国良《图解营销策划案》，电子工业出版社 2011 年版。）

二、营销策划书的撰写要点

（一）标题与封面

在企业实际工作中，营销策划方案通常由企业内部策划部门做出，或者由第三方专业营销策划公司做出，但最后都需要提交给企业决策部门审核，以决定是否采纳。

因此，一份完整的营销策划书，除了上述核心内容，还应有专业、精致的外在呈现，包括标题、封面、装帧等，以便获得决策者对方案的良好第一印象。

1. 标题

标题是对策划方案的高度概括，拟定标题的原则是简明、扼要，通常直接标明策划对象、策划类型、方案执行时间和范围即可，有时为了突出策划的主题或者表现策划的目的，也可以加一个副标题或小标题。

2. 封面

封面是策划书的脸面，阅读者首先看到的是封面，因而封面能起到第一印象的强烈视觉效果，从而对策划内容的形象定位起到帮助作用。

策划书的封面设计要醒目、整洁、大方，切忌花哨，以免给人不成熟、不专业的印象，至于字体、字号、色彩则应根据视觉效果来定，通常变化不宜超过 3 种。

封面的内容大致要包括四个要点：

一是标题，放在封面中心位置。

二是委托方，如果是受委托的营销策划，那么在策划书封面要把委托方的名称列出来。

三是策划日期，日期应以正式提交日为准。通常要用完整的年月日表示。

四是策划者，一般封面的最下部要标出策划者，如"市场二部"，如果是受托策划,则需要列出策划公司的全称,这一方面表明了方案责任的担当者,同时,也是策划公司向客户传播形象的一个机会。注意,不管策划方案由谁做出,策划者一栏都应该填写部门(策划者为公司内部策划部门)或公司(策划者为第三方专业策划公司)名称,而不是个人。

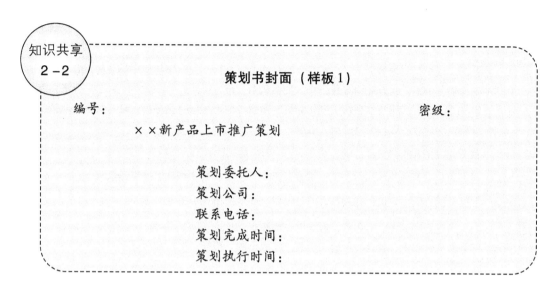

（二）前言（概要）

前言的作用在于引起阅读者的注意和兴趣,前言的文字不能过长。

开场可以简单提一下接手营销策划委托的情况。如:"某某公司接受某某公司的委托,就某某年度的营业推广活动进行策划。"

接下来可简要叙述策划者的基本思路、策划的过程,以及策划实施后要达到的理想状态。

（三）目录

在较长的策划书中,目录显得非常必要,它能使策划书的结构一目了然,同时也使阅读者能方便地查寻到营销策划书的内容。当然,在较简单的策划案中(如某些促销活动策划),也可以不加目录。

（四）市场调研和环境分析

1. 市场调研和环境分析的主要内容

这是后续制定具体营销战略和实施方案的依据和基础。这一部分要说清楚的就是一个问题:"我们的处境是怎样的",环境分析一般应包括外部经营环境、竞争环境、消费需求分析、企业自身条件分析、机会点和内部及产品经营优势等。(表2-3)

表2-3 市场调研和环境分析的主要内容

类别	内容
行业动态调研及分析	市场规模（过去及现在数据）分析
	市场未来增长潜力分析
	市场进入障碍分析
	产业/市场上、中、下游价值链分析
	外部环境变化与趋势分析：市场景气与经济成长分析，人口年龄层变化分析，婚姻与家庭结构变化分析，收入结构变化分析，社会风向、流行风向、"粉丝"风向变化分析，教育水平变化分析，科技发展水平变化分析，商圈与地理区域变化分析，政府法律与政策变化分析，国外产品进口变化分析，等等
目标消费者调研及分析	重要的使用者和购买者是谁？使用/购买频率是多少
	对产品和竞争品的认知及态度：质量、价值、包装、品牌声誉、品牌形象等
	使用情况：购买动机、购买量、何时使用、如何使用、价值取向等
	购买角色：决策者、使用者、影响者、购买者 背景研究：收入、教育、年龄、性别、家庭组成、种族、工作等
	对现有营销活动的评价：对广告的接受程度、对营业推广的理解等
竞争者的调研及分析	主要竞争品牌市场占有率及市场领导地位现状分析
	竞争对手经营概况分析：营业额、资本额、员工数、成立时间、历年损益、股东背景、产销状况等
	竞争对手经营模式与营销策略分析：产品包装、价格、定位、市场目标受众等
	竞争对手竞争优势与劣势分析
	竞争对手策划、销售、执行能力的调研分析
	竞争对手技术研发能力及生产规模/生产能力分析
	替代品的竞争
供应能力调研及分析	可供选择的供应者
	原材料是否有替代品
	供应商的讨价还价能力
	企业对其依赖程度
	供应商的供应能力
中间商能力调研及分析	中间商的性质：配送商、经销商、代理商（独家、总代理……）
	中间商对本企业产品的依赖（关注）程度：本企业产品占用其资金的比例，给予其利润比例等
	中间商给予本企业产品的支持：配送能力、资金实力、人力等

续表 2-3

企业内部调研及分析	财务状况，财务支出结构
	企业生产能力、产品质量、生产水平
	员工能力、待遇，公司对员工的激励、考核、培训
	企业策划、销售、执行能力的调研
	产品各品项研究：定位、包装、价格、市场目标受众、竞争优势

2. 市场调研和环境分析的撰写要点

（1）信息的有用性。

企业经营环境因素虽然很多，但不同的策划项目，市场调研和环境分析的侧重点应该不同，切记，不是任何一个策划项目都要面面俱到，要根据具体策划项目抓住重点，向阅读者披露有用的信息，无用的信息会干扰阅读者对策划方案的理解。

所谓信息有用，是这些信息对后续确定营销策略"有用"或者说存在"逻辑关系"，如，"政府法律或政策变化"会影响企业新产品开发策略，因此，"政府法律或政策变化"信息在新产品开发策划中就是"有用的"，但对于企业做国庆门店促销活动可能就是"无用的"。

很多初学策划书写作的新人，往往热衷披露自己所了解的，而不是阅读者需要了解的，比如，在做企业自身情况分析时，花大量篇幅详细介绍企业的历史、经营理念、企业文化、产品特点、研发能力、财务状况，等等，殊不知这份策划书的阅读者往往就是企业的高层管理，他比写作者更清楚企业的情况，所以，这些信息对读者来说就是无用的，只需简单说明即可。

（2）数据的可靠性。策划书中所有的数据都必须是可靠、准确的。一手数据需基于科学的调研统计方法；二手数据需来源于权威发布机构，如政府组织、国际组织、专业经济研究机构、大专院校、知名市场研究公司等，一般，网络上未被明确证实的数据不能采用。

（3）数据评判的客观性。数据评判应该有说服力。任何一个带有结论性的说明和观点都必须建立在客观事实分析的基础上。在策划实务中，有些策划人员常常因为不够严谨（不排除可能有意为之），而做出对调查数据的不客观或带有主观倾向性的解读。如：调查中发现 60% 的人支持 A 观点，在报告中应该用准确的数据表达"60% 的被访者支持 A 观点"而不是含混其词的"绝大多数被访者支持 A 观点"。

> **知识共享 2-3**
>
> ### 同一数据，不同的解读
>
> 有一则故事，说某鞋业公司欲开发一个新市场，派了两位业务员前去考察市场，经过调查，他们发现那里的人们很少穿鞋，于是，他们回公司向经理汇报：
>
> 甲业务员："那里几乎没有任何市场机会，因为那里没什么人穿鞋！"
>
> 乙业务员："那里市场潜力巨大，因为现在那里没什么人穿鞋！"
>
> 市场调查得到相同的数据，但是判断结论却可能截然不同。所以，不同的立场做出不同的判断。

（4）归纳分组。对于调研现象的分析，不能简单罗列，而应按各现象的内在逻辑关联进行抽象和分组，这样更便于阅读者理解。

> **知识共享 2-4**
>
> ### 归纳分组 vs 简单罗列
>
> 下面是某位市场研究人员撰写的关于纽约衰退的原因的分析报告（节选），左侧采用简单罗列的方式，右侧为修改后的报告，对比哪种表达方法让你更容易理解和记忆？
>
> | 简单罗列 | 归纳分组 |
> | --- | --- |
> | 纽约衰退的原因纷繁复杂，其中包括：
 1. 工资高于其他地区的普遍工资标准；
 2. 能源、房租和土地成本过高；
 3. 交通堵塞使运输成本增加；
 4. 缺少建立现代化工厂的空间；
 5. 税率高；
 6. 技术的变化；
 7. 美国西南部和西部与之竞争经济中心的地位；
 8. 美国经济和社会生活的中心向郊区转移 | 纽约衰退的原因纷繁复杂，其中包括：
 一、成本高
 1. 工资高于其他地区的普遍工资标准；
 2. 能源、房租和土地成本过高；
 3. 交通堵塞使运输成本增加；
 4. 税率高
 二、地域因素
 1. 缺少建立现代化工厂的空间；
 2. 技术的变化
 三、竞争
 1. 美国西南部和西部与之竞争经济中心的地位；
 2. 美国经济和社会生活的中心向郊区转移 |

（五）目标市场定位及策划目标

1. 目标市场定位

在前述市场分析的基础上，确定目标市场定位。

目标市场定位直接陈述结果（需与上述分析存在明确的逻辑关联）而不必再解释原因，可以简单描述目标市场客户特征。

> **知识共享 2-5**
>
> **某香水品牌年度推广案的目标市场定位的表达**
>
> 地域：二线以下的市场。
>
> 人口特征：男、女性，女性为主；19～30岁，基本上分为大专院校学生和初级白领两类。
>
> 收入/价值：二线市场的收入平均为3000元左右；接受的品牌产品价格在200元以内。
>
> 使用：品牌香水的使用者。
>
> 购买因素：留香持久、香味不刺鼻、品质有保证、品牌知名度高。

2. 策划目标

不同的策划项目有不同的策划目标，在营销策划实务中，策划目标通常都会先由委托方企业提出，策划方应在充分理解委托方企业营销期望的前提下，根据经营环境分析，制定合理的、能尽量满足委托企业期望的策划目标，这个目标最终必须获得委托方的认可。

策划目标的描述应具体，尽可能量化，这样目标明确，也便于反馈评估。

> **知识共享 2-6**
>
> **清晰的目标 vs 模糊的目标**
>
> | 模糊的目标 | 清晰的目标 |
> | --- | --- |
> | 提高市场占有率 | 将市场占有率提高到5% |
> | 增加销量 | 促销周销量突破2000万 |
> | 增加网站流量 | 点击量达到××万次，转换率达到3% |
> | 扩大影响力 | 一周内视频浏览××万次，转发量达到××万次 |

▶ 营销策划：方法、技巧与实战

营销目标举例见图 2-2。

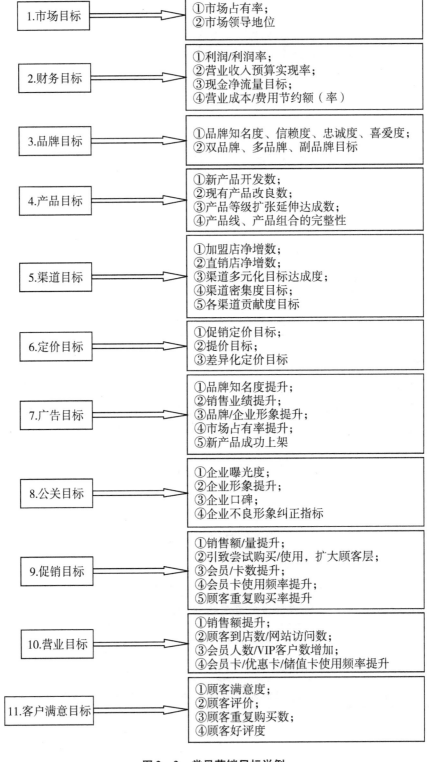

图 2-2　常见营销目标举例

（六）行动方案

这是策划书中最主要的部分，也是内容最多的部分。行动方案的制定要紧紧围绕营销策划的目标，力争策划目标的实现，浓缩策划团队的创意和思想，并选择最佳的表现形式。

在制定营销方案时，最好还制定出一个实施时间表作为补充，以使行动方案更具可操作性。

好的策划方案除了创意和专业性，在文案表达上应该是：观点鲜明、重点突出、逻辑清晰、层次分明、简单易懂、让受众有兴趣、能理解、记得住。

怎么做到这一点呢？麦肯锡国际管理咨询公司的咨询顾问芭芭拉·明托在其著作《金字塔原理——思考、写作和解决问题的逻辑》给出了写作商业文案及学术性文章的非常有效的方法，我们可以加以学习参考。

知识共享 2-7

清晰展现思路的有效方法——金字塔原理

对读者来说，最容易理解的顺序是先了解主要的、抽象的思想，然后再了解次要的、为主要思想提供支持的思想，因此，文章中所有思想的理想组织结构也就必定是一个金字塔结构——由一个总的思想统领多组思想。

1. 金字塔原理的目标。

观点鲜明、重点突出、逻辑清晰、层次分明、简单易懂，让受众有兴趣、能理解、记得住。

2. 金字塔原理的结构。

（1）结论先行、以上统下、归类分组、逻辑递进。

（2）先重要后次要、先总结后具体、先框架后细节。

（3）先结果后过程、先论点后论据。

试举一个小例，看下面同事对你说的一段话，你的内心反应是什么：

第1句：我今天出门一着急忘记带钱包了。（你可能想：你可有点毛躁。）

第2句：今早手机还丢在地铁上了！（你的反应或许是：你今天运气真坏。）

第3句：能不能借我50元点外卖？（你终于抓住了同事要表达的中心了！）

如果上面3句话调整一下顺序，用金字塔原理，结论先行，同事先说第3句，然后再说第1、2句，你的思路是不是就不需要"漫游"一大圈了？

> **案例 2-3**
>
> **金字塔原理的运用**
>
> 下面是某精华露上市推广策划方案推广策略部分（缩略），两种表达方法，你更容易理解哪种？
>
> | 顺序陈述 | 结论先行，先总结后具体，先框架后细节 |
> |---|---|
> | 我们的策略：
第一步：
……………………
（详细介绍具体方案）
第二步：
……………………
（详细介绍具体方案）
第三步：
……………………
（详细介绍具体方案） | 我们的策略：
准备分三步走：第一步，通过时尚活动引爆市场引起目标消费者关注；第二步，通过终端促销拓展消费者对产品功能认知带动产品销售；第三步，通过多种品牌传播活动提高品牌知名度。（结论先行，先总结），具体行动方案如下：
第一步：
……………………
（详细介绍具体方案）
第二步：
……………………
（详细介绍具体方案）
第三步：
……………………
（详细介绍具体方案）
（后具体） |
>
> （改编自某策划公司策划方案）

（七）成本预算

营销费用的预算要具体，例如电台广告、报纸广告的费用等最好列出具体价目表，以示准确。价目表可以作为附录列在最后。用列表的方法进行预算测算比较醒目，如表2-4所示。

表2-4 ××品牌香水圣诞促销预算

预算项目	单价（元）	数量	总金额（元）	备注
地铁海报栏	80000	1	80000	
宣传海报纸	50	50	2500	
雇请微博红人	1000	5	5000	

续表 2-4

预算项目	单价（元）	数量	总金额（元）	备注
杂志宣传	30000	2	60000	
微电影	2000	1	2000	
香水小样	3	1100	3300	
路演舞台	1	20000	20000	
……	……	……	……	
合计	—	—	—	

（八）方案的实施与控制

方案的实施从某种程度上说，其工作难度并不亚于对方案的策划。作为完整的策划方案，应明确对方案的实施过程的管理方法和措施。

对行动方案的控制设计要有利于决策的组织与执行。（图 2-3）

在方案执行中都可能出现与现实不相适应的地方，因此，方案的贯彻必须随时根据市场的反馈及时对方案进行调整。

为保证策划方案的有效实施，取得预期效果，方案的实施与控制要注意以下事项：

（1）做好动员和准备工作。使参与各方在思想上保持高度一致，同时做好相应的准备，如人员、设备、资金等。

（2）选择好实施的时机。方案实施要精心地选择时机，这也是策划工作的一项重要内容。时机选得好，往往能取得事半功倍的效果。

（3）加强实施过程的调控。在实施过程中，首先要做好任务分解，落实人员，明确责任，熟悉业务操作规程和操作要求。

（4）做好统筹协调。市场营销是一个有机联系的系统，各部分协调不够，将影响实施效果。

（5）加强检查和评估。检查方案的执行情况、实施进度等。如果发现方案设计或实施中有不足，则要及时做必要的调整。评估主要是对实施效果的评估。效果的评估一定要深入分析，找出原因。如果执行效果理想，达到了预期目的，则要注意总结经验。如果执行效果不理想，甚至差距很大，则要客观分析效果不理想的原因，有针对性地解决。

（九）结束语

结束语主要起到与前言的呼应作用，使策划书有一个圆满的结束，而不至于使人感到太突然。结束语中可对策划的主要观点进行重复。

（十）附录

附录的作用在于提供策划客观性的证明，或不便放在主体文案中、可单独成文的内容，如策划执行手册等，因此，凡是有助于阅读者对策划内容的理解、信任的资料都可

▶ 营销策划：方法、技巧与实战

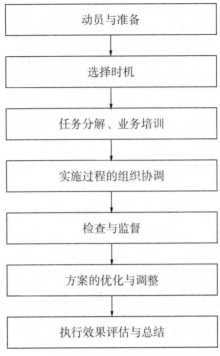

图 2-3 营销策划方案的实施与控制过程

以考虑列入附录，可以是提供原始资料，如消费者问卷的样本、座谈会的会议记录等。作为附录也要标明顺序，以便查找。

三、营销策划书的撰写原则

一流的策划，要形成一流的策划书，否则，优秀的策划就会因得不到完整有效的反映，或者反映的内容和形式不被理解和接受而无法被认同，或者得不到准确的执行而无法达到预期的效果和目标。（图 2-4）

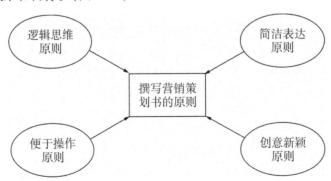

图 2-4 撰写营销策划书的原则

（一）逻辑思维原则

营销策划要充分发挥策划人的创造性思维能力，但营销策划书的撰写却要遵循逻辑思维性原则。即营销策划书的撰写要按照策划过程的逻辑思维进行。

营销策划书首先要交代策划背景，分析市场状况，明确策划主题、描述解决问题的创意和一整套完整的行动方案。目的是让策划书的阅读人——企业的决策者（或委托人）能够领会策划人的意图，认同和批准营销策划书表述的策划方案。

（二）简洁表达原则

策划书的撰写要突出重点，简明扼要，抓住企业营销中所要解决的核心问题深入分析，有针对性地提出解决问题的对策和方法。

策划的主要目的就是解决问题，因而，策划书切忌搞得篇幅宏大，用词生僻，让人费解。

（三）便于操作原则

营销策划书的作用之一是用于指导企业的营销活动，是一份具体的行动方案，涉及营销活动中的每一个人，因此，策划书的可操作性非常重要。不能操作的策划书再好也没有意义。

（四）创意新颖原则

策划书中的创意内容要新，表达也要新，要能给人全新而震撼的感受。因此，策划要有创意，创意的表达手法要新颖、语言要生动、图表要简单明了。

（五）合理安排版面

策划书视觉效果的优劣在一定程度上影响着策划效果的发挥。

有效利用版面安排也是策划书撰写的技巧之一。

版面安排包括打印的字体、字号、字距、行距以及插图和颜色，等等。

如果整篇策划书的字体、字号完全一样，没有层次、主辅，那么这份策划书就会显得呆板，缺少生气。

总之，良好的版面设计可以使策划书重点突出，层次分明。

（六）注意细节，消灭差错

细节往往会被人忽视，但是对于策划报告书来说却是十分重要的。可以想象如果一份策划书错字、漏字连续出现，读者怎可能会对策划者抱有好的印象，继而相信你的策划会赢得消费者的芳心呢？

四、营销策划创意

(一) 营销策划创意的内涵

营销策划创意是指企业在进行营销策划的过程中所产生的创新理念、活动或解决方案，它突破传统的、常规的思维，以出人意料的方式，提出营销目标的实现方案。

营销策划创意是整个营销策划过程的基础，是决定营销策划效果的前提。它也是有计划的营销行为的一个组成部分，是企业竞争力的重要表现。营销策划创意不仅包括产品卖点创意，还包括产品策略创意、品牌创意、广告宣传创意、渠道策略创意、企业形象创意等，它贯穿企业的整个经营过程，指导企业产品、市场战略规划，引导企业展现品牌价值、产品概念、产品亮点，使公众对企业及其产品、品牌进行持续关注并产生良好印象。

案例 2-4

运营总监招聘广告——世界上最辛苦的工作

2014年母亲节前，网络上出现了一则"Rehtom集团公司"的招聘广告，招聘职位是运营总监，职位描述如下：

这是一项充满挑战性且非常重要的工作，责任和要求相当广泛，具体为：工作地点不固定，有充分的体力和耐力（因为，有时需要熬夜通宵工作，各种节假日都难得休息，还必须叫随到），要具备金融理财、行政管理、烹饪技巧、医疗常识和艺术修养，要具有出色的谈判技巧和人际交往能力，要每时每刻关注员工，能容忍员工带给你无法想象的感受。

薪金待遇：零

面试方式：面试官通过视频与应聘者交流。

特别提醒：请你不要为这则招聘启事表示惊诧或愤怒，我们要告诉你的是，这份工作有机会让你获得本公司员工最高的尊重与爱戴，并期待你对这份工作报以热情，祝各位好运！

通过各种网络渠道宣传，这则奇葩的招聘广告在网上获得了超过240万的浏览次数，有24位好奇者接受了面试，最终"Rehtom集团公司"挑选了12人进入面试环节。面试官向应聘者提出了相同的问题，所有面试过程的视频被发布到网络上。以下是面试官与一位应聘者的视频交流对话：

面试官：这一职位要求掌握理财、管理、烹饪、医疗等知识，因为你要照顾你的同事，为他们做饭，并等到他们吃完，你才能吃，等到他们睡着，你才可能去睡一会儿。这个你能做到吗？

应聘者：呃……这个……我可以接受吧？

面试官：如果你做了这份工作，要放弃你个人喜欢的生活，甚至在同事遇到危险的时候,你要用生命去保护他们。

应聘者:听上去很吓人,是特种兵吗?还是消防兵?

面试官:都不是。每周你要24小时在岗,工作超过130个小时,你能承受得了吗?

应聘者:我又不是机器人,我也要休息啊?

面试官:不仅如此,所有假日你必须坚守工作岗位,这个要求你能接受吗?

应聘者:不能请假吗?如果这是一份有前途的工作,我倒是可以考虑。

面试官:这份工作你一旦签约,就要终身在岗,不能辞职,也没有任何发展空间。

应聘者:呃……

面试官:如果没有工资,没有奖金,除了尊重和爱戴,你不会得到一分钱回报,你会签约吗?

应聘者:简直在开玩笑!没有报酬我怎么生活?这个条件太苛刻,我不能接受,也不会签约!

面试官:你确认不能接受这份工作吗?

应聘者:不能接受!

面试官:你相信有人会接受,并且正在做这份工作嘛?

应聘者:我不相信有人可以接受,我说的是正常人。

面试官:我如果告诉你,世界上有几十亿人正在做着这份工作,你相信吗?

应聘者:??

面试官:包括你在内的所有面试者都认为这份工作变态、不可能存在,我现在就告诉你,这个岗位确实存在,她的名字就叫"母亲"!请你想想,每个母亲是不是都符合这些工作内容?只是我们常常忽略而已!

应聘者:(几乎所有的应聘者听到谜底揭晓,都会大笑,继而情不自禁哽咽流泪。)

这是2014年发生在美国的一个真实营销创意,背后策划的是一家名为Cardstore的公司,所谓"Rehtom"集团公司不过是"Mother"倒过来,杜撰的一家虚拟公司。视频的最后,一句广告语显示在屏幕中,母亲节,给你们的妈妈送一张卡片吧——这是广告主的真实意图,而事实上,这则创意广告,也确实给Cardstore公司带来了相当可观的回报。

(资料来源:优酷网,https://r.youku.com/v_show/id_XODYOMjI1MJI4.html。)

(二) 创意的表现形式

创意是逻辑思维、形象思维、逆向思维、发散思维、系统思维、模糊思维和直觉、灵感等多种认知方式综合运用的结果，创意常呈现的表现形式有：

（1）夸张。用尽量夸张的手法，来呈现消费者面临的问题、产品所具有的解决问题的能力或产品特性。

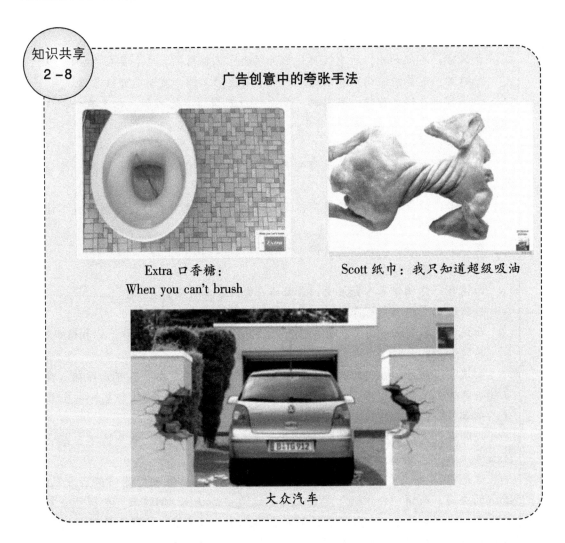

知识共享 2-8

广告创意中的夸张手法

Extra 口香糖：When you can't brush

Scott 纸巾：我只知道超级吸油

大众汽车

（2）比喻/比拟。利用事物间属性的相似性，用更易理解和接受的表达手法来展现产品的特性。

（3）象征。利用事物间的关联，用具体事物直接呈现抽象概念，比如：快速、新鲜等。

（4）比较。以参照对象强化产品。借用事物间属性的反差或类同，进行比较或者映衬，以此突出产品的某个特性。

（5）戏剧化。制造故事情节。不仅仅是产品特征的描述，包含了前因后果的思考，借用主体元素，在起伏转承的趣味中传递信息。

（6）文字/音效。常称为文字游戏或声效游戏，跳出图像视觉，从文字及声音本的特性出发，进行改变，在文字类别里，借用音、义、形进行创意设计。

> **知识共享 2-9**
>
> ### 广告创意中的其他表现手法
>
>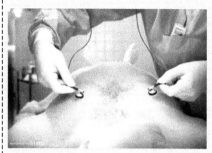
>
> 1. 比拟——某耳机：超强震撼
>
>
>
> 2. 象征——某隔音窗：静音
>
>
>
> 3. 比较——某储物柜：让一切井井有条
>
>
>
> 4. 戏剧性——某游戏机：游戏玩不停
>
>
>
> 5. 文字游戏——一心不能二用开车不打手机

(7) 突破边界。突破原有的、惯常的边界，向新的领域进发拓展，重塑产品/品牌印象。突破的边界可以是产品功能界限、目标消费群界限、使用方法界限、使用时间界限，也可以是使用场合界限、销售渠道界限等。

案例 2-5

轩尼诗 V.S.O.P 的渠道创新

在中国，洋酒的消费和销售还主要集中在酒吧、夜店、KTV、西餐厅等渠道，消费者对于洋酒消费场景的认知也仅仅停留在这些传统渠道里，这些场所里的消费主力军是年轻人，其消费规模相对于庞大的中餐厅来说甚微，尤其是随着近年中国政治大环境的变化，洋酒品牌在传统销售渠道的销售额正在逐年下滑。

调查发现，中餐厅的顾客群体更为广泛，相对于传统渠道里的年轻人，这里的一些中年人大部分拥有不俗的消费能力，但中餐厅的洋酒供应却非常不到位，存在很大空隙，事实上，消费者也还没有形成中餐厅喝洋酒的概念。

2016年11月，轩尼诗V.S.O.P与极食全国连锁店合作，进军中餐厅市场。后者是国内中高端中式连锁餐厅，提供精致中式美食，拥有线下客流量和让顾客现场体验的优势，两家企业联手，通过全新的餐饮搭配概念的传播及一系列线上线下活动，顺利打通了中高端餐饮渠道，使洋酒走进除了西餐厅、酒吧、KTV之外的中式餐馆，传播的洋酒新场景核心概念，触动了消费者，开发出新的市场。

（资料来源：2016金旗奖候选案例，中国公共关系行业平台17pr，http://www.17pr.com。）

（三）创意思维方法

1. 形象思维与抽象思维

形象思维是以直观的形象为元素进行思考的一种思维活动，包括具体形象思维、言语形象思维和形象逻辑思维三种方式，形象思维凭借的形式是表象、联想和想象。

抽象思维是将隐藏在客观事物中内在的、本质的、共性的、必然的属性提取出来，并用概念、范畴和规律等形式固定下来，以反映事物的本质特征和内在规律的思维方式。

用形象思维方式表达抽象思维结果，是创意思维的常用手法。在上面创意的表现形式中，夸张、比拟、象征等手法，都是采用直观的形象来表达抽象的概念。

2. 顺向思维与逆向思维

顺向思维，就是按常规的逻辑去推导问题、寻求解决方案的思维方式。

逆向思维也叫求异思维，它是对司空见惯的似乎已成定论的事物或观点反过来思考的一种思维方式。敢于"反其道而思之",让思维向对立面的方向发展,从问题的相反面深入地进行探索,树立新思想,创立新形象。

中国历史上著名的"司马光砸缸",就是"逆向思维"的经典案例。要救落水人,常规的思路就是"人离水",而司马光用逆向思维"水离人"快速高效地解决了问题。

在营销策划过程中,逆向思维往往能发现不易发现的问题,找到取得出人意料的解决方案。

3. 垂直思维与横向思维

垂直型思维又称"纵向思维",是指在一种结构范围中,按照有顺序的、可预测的、程式化的方向进行思维。这是一种符合事物发展方向和人类习惯的思维方式,遵循由低到高、由浅到深、由始到终等线索,因而思维脉络清晰明了,合乎逻辑。其特征是顺着一条思路一直往下延伸,直到找到问题的答案。

水平型思维又称"横向思维",是与垂直思维相对应的思维方式,横向思维突破问题的结构范围,从其他领域的事物、事实中得到启示而产生新设想。由于改变了解决问题的一般思路,试图从别的方面、方向入手,其思维广度大大增加,有可能从其他领域中得到解决问题的启示,因此,横向思维常常在创造活动中起到巨大的作用。

案例 2-6　养鸡场的另类出路

一个鱼塘新开张,钓费每人100元一天。经过前期广告,钓者不少。

可是顾客钓了一整天都没有钓到鱼,心情不免沮丧,但是鱼塘老板说,凡是没有钓到鱼的,免费送一只鸡,于是客人都很开心,觉得老板很够意思,后来更多的人都来钓鱼,回家的时候,每人都拎着一只鸡,大家都很开心,都说老板够意思。

后来,钓鱼场看门大爷告诉大家,老板本来就是个养鸡专业户,这鱼塘本来就没什么鱼。

所以说,思路决定出路。

4. 发散思维与聚合思维

发散思维(divergent thinking),又称辐射思维、放射思维、扩散思维或求异思维,是指大脑在思维时呈现的一种扩散状态的思维模式,它表现为思维视野广阔,思维呈现出多维发散状,对同一问题从不同层次、不同角度、不同方面进行探索,从而求得多种不同答案。如"一题多解""一物多用"等就是发散思维的表现。

聚合思维又称为求同思维、集中思维或辐合思维,是指从已知信息中产生逻辑结论,从现成资料中寻求正确答案,从不同的方向和角度,将思维指向问题的中心,以达到解决问题的目的的一种有方向、有条理的思维方式。

> **案例 2-7　黄曲霉素致癌的发现**
>
> 　　1960年，英国某农场主为节约开支，购进一批发霉花生喂养农场的十万只火鸡和小鸭，结果这批火鸡和小鸭大都患癌症死了。不久，在我国某研究单位和一些农民用发霉花生长期喂养鸡和猪等家畜，也产生了上述结果。1963年，澳大利亚又有人用霉花生喂养大白鼠、鱼、雪貂等动物，结果被喂养的动物也大都患癌症死了。
>
> 　　研究人员从收集到的这些资料中得出一个结论：在不同地区，对不同种类的动物喂养霉花生都患了癌症，因此霉花生是致癌物。后来又经过化验研究发现：霉花生内含有黄曲霉素，而黄曲霉素正是致癌物质，这就是聚合思维法的运用。
>
> （资料来源：百度百科，https://baike.so.com/doc/897615-948825.html/。）

（四）创意的形成过程

英国心理学家华莱士在总结世界著名的科学发明和各种人类的创造活动的基础上，提出了"创造过程四阶段理论"，认为："无论在哪一个领域，无论其规模是大还是小，创造过程一般都必须经历四个阶段，即准备期、酝酿期、顿悟期和完善期。"

1. 准备期

首先是指发现问题、筛选问题以及从中确立欲优先解决问题的准备阶段。这时，发现问题的准确性、鲜明性、有用性及独特性是关键，只有问题选准了，才能防止盲目性和做无用功。

2. 酝酿期

这个时期的主要特点是"松弛"下来，心理状态从紧张的"动态"到解脱式的"静态"，即"将活动的重点从意识区转向无意识区"。这时的主要任务不再是吸纳新的相关信息和知识（虽然不绝对排斥），而是消除一切无意识所产生的障碍，恢复潜意识的自由、舒展的活动状态，促进异质因素的相互提携、相互渗透、相互合作，使潜意识和有意识的相互作用获得强化。这是孕育灵感和触发顿悟的时期。

3. 顿悟期

这个时期是指经过酝酿之后，创造性思路如柳暗花明似的豁然开朗。它常是以"突发"式的醒悟、"偶然性"的获得、"无中生有"式的闪现或"戏剧性"的巧遇为表现形式。如果说酝酿期是创造过程中量的积累和循序渐进，那么，顿悟期就是创造过程中质的突破和飞跃……它是创造过程中质的转折点，使整个创造过程上升到一个新的更高的层次。

4. 完善期

在这个阶段，有意识的功能又开始发挥"主导作用"，从分散的思维状态恢复到集中的思维状态。这一阶段需要对最初闪现的出色思想、崭新观念、奇异构思立即捕捉、即时甄别、迅速追踪和抓紧完善。这时，稍微的迟疑和疏忽，都有可能导致得而复失。完善期也是论证期，是对创造成果及其价值的鉴定期，包括逻辑上的论证和实践上的论证。这时，还要提出明确解决问题可资实行的实践方式或方向，以免使好的创造构思沦为"空想"。

（五）创意的技法

1. 头脑风暴法

头脑风暴（brain storming）是由美国 BBDO 广告公司副总经理 A. F. 奥斯本于 1936 年首创的诱发智慧联想、激励潜能外露的有效方法，又称"智力激励法"。头脑风暴可分为直接头脑风暴和质疑头脑风暴（也称反头脑风暴）。前者是指专家群体决策尽可能地激发创造性，产生尽可能多的设想和方法；后者则是对前者提出的设想、方案逐一质疑，分析其现实可行性方法。

头脑风暴法的基本前提是"毫无限制"，通常采用专题讨论会的形式进行，针对主题，所有参与者可以毫无拘束地畅所欲言，参与者的思维内容、发散方向"毫无限制"，且绝对不允许对任何人的观点加以评论。会议的目的，就是动员参与个体头脑中可能生发的一切构想，特别是唤醒平时休眠着的那些幻想、臆想、痴想等非逻辑化的、非理性化的想法，促成信息的碰撞激发，从而诱发尽可能多的、建设性的、富于创意的设想原坯，形成个体智慧无可匹敌的、综合多元创造思路的"创造思维群"。

策划公司运用头脑风暴法的过程一般包括以下几个步骤：

（1）会议准备。

1）选择会议主持人。合适的会议主持人是本方法能否成功碰撞出创意灵感的关键所在。

2）确定会议参加人员。就策划公司而言，头脑风暴会议的人数以 5～11 人为宜。与会人员的专业背景面要尽可能宽一些，应考虑全面多样的知识结构，最好邀请几位目标消费者参加会议，以便突破专业思考的约束。

3）提前下达会议通知。提前几天将会议通知下达给与会者，有利于与会人员在思想上有所准备并提前酝酿解决问题的设想。

（2）热身活动。在会议正式开始前进行几分钟的热身活动，其目的和作用与体育比赛一样，以便促使与会人员尽快进入"角色"。

（3）明确问题。这个阶段的目的是与会人员对会议所要解决的有关问题，包括策划项目的背景、相关产品的特征、使用特点、目标消费者的特征、同类商品的有关情况进行说明分析，以使与会人员对营销创意的有关背景结论有一个明确的了解。这些内容由主持人介绍，介绍时主持人应注意掌握简明扼要和启发性原则。

（4）自由畅谈。这一阶段的要点是想方设法造成一种高度激励的气氛，使与会者能突破种种思维障碍和心理约束，让思维自由驰骋，借助与会人员之间的相互碰撞提出大量有价值的构思。

（5）加工整理。畅谈结束后，一般情况下应该会有比较令人满意的创意构思诞生，会议主持人应对大家一致认可的创意构思指定专人进行具体的创作，以便在较短的时间内拿出策划方案初稿来。

2. 思路提示法

思路提示法是由上海创造学会提出的进行发明创造所用到的 12 种方法，这些方法也常常用于营销策划，包括：

（1）加一加。可在这件东西上添加些什么吗？需要加上更多时间或次数吗？把它加高一些、加厚一些行不行？把这样的东西跟其他东西组合在一起会有什么结果？

（2）减一减。可在这件东西上减去些什么吗？可以减少些时间或次数吗？把它降低一点、减轻一点行不行？可省略、取消什么东西呢？

（3）学一学。有什么事物和情形可以让自己模仿、学习一下吗？要善于从外行业和不同的领域内汲取营养。

（4）代一代。什么东西能代替另一样东西吗？如果用别的材料、方法、换一个市场行不行？

（5）扩一扩。把这件东西放大、扩展会怎样？加长一些增强一些能不能提高速度？

（6）缩一缩。使这件东西压缩、缩小会怎样？

（7）改一改。这件东西还存在什么缺点？还有什么不足之处需要加以改进？

（8）反一反。如果把一件东西、一个事物的正反、上下、左右、前后、横竖、里外颠倒一下，会有什么结果？

（9）变一变。改变一下形状、颜色、音响、味道、运动、气味、型号、姿态、次序会怎样？

（10）定一定。为了解决某个问题或改进某件东西，需要规定些什么吗？

（11）联一联。把某些东西或事情联系起来，能帮助我们达到目的吗？

（12）搬一搬。把这件东西搬到别的地方，还能有别的用处吗？这个想法、道理、技术搬到别的地方，也能用得上吗？

练习与思考

一、选择题

1. 策划书封面的内容大致要包括（　　　）。

A. 委托方的名称　　B. 标题　　C. 日期　　D. 策划者

2. 制定营销策划目标，一般要注意（　　　）。

A. 目标必须按轻重缓急有层次地安排

B. 尽量少用数量指标

C. 目标越高越好

D. 各项营销策划目标之间应该协调一致

3. 营销策划一般要遵循的原则有（　　　）。

A. 逻辑思维原则　　B. 简洁表达原则　　C. 便于操作原则　　D. 创意新颖原则

4. 在策划书中，充分运用图表可以（　　　）。

A. 帮助理解　　　　　　B. 提高页面的美观性
C. 有着强烈的直观效果　D. 调节阅读者的情绪

5. 创意形成的四个时期，按逻辑发展的顺序，分别是（　　）。
A. 酝酿期、准备期、顿悟期、完善期
B. 准备期、酝酿期、顿悟期、完善期
C. 准备期、顿悟期、酝酿期、完善期
D. 准备期、酝酿期、完善期、顿悟期

6. "和撕纸的声音相比，福特汽车的声音变得悄然无声。"福特汽车的这句广告所采用的创意表达法是（　　）。
A. 夸张　　　B. 比拟
C. 象征　　　D. 戏剧性

二、判断题

1. 策划书的封面设计要醒目、五颜六色、多姿多彩，至于字体、字号、色彩则应根据视觉效果来定。（　　）
2. 营销策划的依据与基础是市场调研和环境分析。（　　）
3. 营销策划的目标通常有：利润率、销售增长率、市场份额的提高，知名度和美誉度的上升、分销网点的增加，等等。（　　）
4. 欲提高策划内容的可信性，并使阅读者接受，就要为策划者的观点寻找理论依据。事实证明，这是一个事倍功半的方法。（　　）
5. 撰写营销策划书应利用数据说明问题，尽量选取确凿的数据做论据。（　　）

三、分析题

1. 从营销策划活动的一般规律来看，一份完整的营销策划书的基本结构如何？
2. 市场调研和环境分析的主要内容有哪些？
3. 在进行营销策划时，对消费者调研与分析主要包括哪些方面？

实战训练项目：××学校××系迎新活动策划案

一、项目名称

××学校××系迎新活动策划案。

二、项目目标

掌握策划书的基本结构、写作原则和写作技巧，基本掌握活动策划案的撰写技能。

三、项目需求说明

金秋九月，××学校迎来新同学，为了让新同学尽快融入大学生活，××系学生会将策划实施一次迎新活动，现委托你的策划团队进行活动策划。

四、项目实训要求

1. 策划案目标合理、内容完整、逻辑清晰、可操作。
2. 以小组为单位完成策划书的撰写，并制成通报PPT，进行策划项目宣讲。

五、项目实训步骤

1. 以策划小组为单位进行调研，讨论、收集资料、制定策划方案。
2. 教师引导学生策划小组分析策划项目、学习相关知识点。
3. 各策划小组共同完成项目策划任务，提交策划书，并制作项目通报PPT，准备进行项目通报。
4. 教师选择2～3个策划小组，对策划案进行通报。
5. 其他小组对通报项目进行评价，再由老师进行整体评价。
6. 各策划小组根据老师的评价意见，修改方案策划。

六、项目考核方式

项目考核由学生评价和教师评价两部分构成。有条件的学校可引入社会、行业专业策划人员参与的第三方评价。

学生互评评分表

评价组：

被评组	我们认为该项目策划的优点	我们认为该项目策划的不足	总体评价（满分为100）
1			
2			
3			
4			
……			

教师评分用表

被评小组：

序号	评分要素	分值	得分
1	项目策划的完整性	10	
2	项目策划的专业性、结构清楚程度	20	
3	项目策划的可操作性	20	
4	项目策划的版面美观设计、体现项目元素	10	
5	项目通报的着装、礼仪、姿态、分工合理	10	
6	项目通报的讲解清晰、思路清楚、表达完整、有感染力	20	
7	创意	10	
	总分	100	

【练习与思考】参考答案

一、选择题

1．ABCD 2．AD 3．ABCD 4．ABCD 5．B 6．B

二、判断题

1．× 2．√ 3．√ 4．× 5．√

三、分析题

略。

项目三 STP 策划

知识目标

1. 认识 STP 策划的意义。
2. 掌握市场细分的标准。
3. 掌握目前市场选择的方法。
4. 掌握市场定位的基本方法。

技能目标

1. 能够运用 SWOT 分析法。
2. 能够完成 STP 项目策划。
3. 能够撰写 STP 策划方案。

策划方案示例

"尚品宅配"市场定位策划案

一、前言

成立于 2004 年的尚品宅配,借助于信息化技术开创的"O2O+C2B"的新营销模式,使其在金融危机冲击下仍能逆势而上,实现每年高态势增长,至今已发展成为国内最大的定制家具机构。

二、市场分析

1. 企业历史分析。

尚品宅配的前身是圆方软件公司。在进入家具制造业之前的 10 多年时间里,都在进行室内装饰、家具、建材的图形图像软件和应用软件的开发推广和应用,是国内家具软件的领头羊。公司开发了三维家具终端销售展示软件,将装修方案或家具定制方案做成三维图,销售给装修公司、家具企业,让后者为消费者出具装修设计效果图。2004 年,尚品宅配成立,旗下圆方软件成为企业整体运作的枢纽。

2. 竞争优势分析。

与竞争对手相比,尚品宅配拥有一家软件公司(圆方软件)、一家网络公司(新居网)、一家制造公司(维尚家具)、一家营销公司(尚品),以其完善的组织架构推动新商业模式落地。

尚品宅配的官方直销网——新居网为消费者提供一站式全屋家具定制、整体家具解决方案服务。

新居网拥有业内时下最前沿的三维虚拟实况技术,提供最真实的家具"试穿"

体验。同时，新居网与尚品宅配终端店面紧密衔接，实现"线上＋线下"的快速联动，并逐步向O2O（线上到线下）模式发展。

3. 市场需求分析。

在经历了生产制造阶段、传统品牌阶段后，中国家具行业迎来了注重个性化需求、追求体验与互动的快品牌定制时代。在快品牌时代里，家具生产企业必须有更精准的细分人群，更有力量的整合营销传播策略，更注重消费者感受的互动体验才能在激烈的市场竞争中取胜。

三、策划目标

在市场分析的基础上，对家具市场进行细分，确定尚品宅配的市场定位，谋求公司的跨越发展。

四、市场定位

1. 家具市场细分。

传统的家具市场是成品家具市场，可以从材料、档次、风格、使用场合等不同的角度进行细分。

但是随着家具市场消费结构发生改变，消费者越来越追求创意、技术含量、人文关怀、参与感等附加价值，而传统的成品家具已难以满足消费者的个性化需求，因此，家具定制品牌越来越受到消费者的青睐和接受。

2. 尚品宅配的市场定位。

尚品宅配的市场定位：个性化全屋定制。

为消费者提供立体的、全方位的家具解决方案，秉承服务的精神做制造，将家具制造业升级为家具服务业。

五、市场定位策划的实施：数码定制快时尚

从数码设计到数码生产，再到数码管理。

1. 数码设计。

在导购环节，消费者只要提供新居的平面图纸，就可以免费享受尚品宅配设计师的三维彩色现场设计服务。在上门和用户沟通、现场量尺寸后，可以很快地运用云计算和软件把客户对各个空间的要求描述起来，然后把顾客请到店里，让顾客一起参与设计。将数码技术前移到营销的前端环节，在渠道和店铺终端两个层面运用数码技术进行营销创新的做法，不仅可以降低消费者的购买风险与成本，而且可以有效解决家具定制的个性化需求问题。

2. 数码生产。

将整件家具的生产转换成零部件的生产，将全国各地的订单统一打入总部系统进行调配，将订单分拆为各种规格零部件的子订单，系统会按照效率最大化的原则为每个部件安排生产计划，且每个板上都生成一个二维码，在进入生产线的时候，可以自动把加工板调出来进行加工，生产完毕后也会根据这些二维码打包同一个订单的产品。无论是生产工人还是消费者，都能够通过网上查询条形码的方法，实时跟踪产品进度，明确产品的生产周期与交货时间，大大降低了产品的出错率。

3. 数码管理。

尚品宅配在售前阶段使用数码导购提高终端接单成功率，在售中阶段运用数码下单与数码跟单，实现生产过程的完全数码化。在渠道技术流管理、信息流管理、物流管理等多方面引入数码技术，多方面降低订单的出错率。

六、市场定位策划实施的保障：体验营销快品牌

1. 快而精。

庞大的市场缺口，要求生产速度要"快"；但个性化的消费需求，则要求产品质量要"精"。尚品宅配全力做到"快而精"的平衡点。

2. "试穿"体验。

新居网拥有一个庞大的数据库，这里有约10万个房型，以及相关的居住空间解决方案。基于虚拟设计，设计信息库中不同款式、结构、材质的多系列产品超过万种，每款家具的尺寸和材料还可以按需变化进行组合，可开发家具的种类和数量近乎无限，为设计师与消费者提供了海量产品库。在新居网上，消费者能够参观上万个效果迥异的样板间，家具"试穿"到满意再购买；设计师则可以随时参考10万个不同户型的家具解决方案，大大节省了设计时间。

在新居网上，消费者可以体验DIY（自己动手做）家具的感受，身临其境地看到设计出来的家具效果，再考虑是否选择购买。消费者也可以通过简单的网上申请或者拨打尚品宅配的"400"服务热线的方式，免费获得设计师电话咨询、预约时间上门、免费上门量房，设计师可以根据消费者的要求和家具类型免费提供设计方案，应用专业家具设计软件绘制出3D效果图，让消费者提前体验家具的效果。

3. 打造"设计岛"。

对于尚品宅配较为关键的设计师资源，公司打造了一个"设计岛"，用游戏的力量团结设计师。在"岛"上，所有设计师都有类似围棋的段位，依据其每个月的下单量、客户反馈进行"积分"，以晋升段位。

（改编自孟韬、毕克贵《营销策划》，机械工业出版社2016年版。）

消费者通过新居网"线上虚拟体验"后，走进了尚品宅配的实体店，"上门量房+家具配套设计+全屋家私估价"全套免费服务让很多消费者最终选择了"线下购买"。通过网络平台与全国各地门店的线上线下结合，尚品宅配将线上体验与线下购买完美结合，提供了快品牌时代家具网购的新型体验，实现了家具营销与电子商务在商业模式层面的成功结合。

一、营销战略策划

营销战略策划是对企业营销战略的谋划和规划，通常包括四个步骤：

（1）对企业的优势、劣势、机会、威胁进行综合的战略环境分析，即 SWOT 分析。

（2）将市场分为不同的消费者群体，即市场细分（segmentation）。根据产品和市场特点，选择合适的细分标准，对产品市场进行细分。

（3）选择其中的一个或几个细分市场，即目标市场选择（targeting）。识别企业核心竞争优势，根据市场竞争和消费需求情况，企业在产品开发、服务质量、销售渠道、品牌知名度等方面所具有的可获取明显差别利益的优势，结合目标市场选择的影响因素，确定目标市场。

（4）建立传播本企业产品的关键特征与利益，即市场定位（positioning）。根据竞争者现有产品在细分市场上所处的地位和顾客对产品某些属性的重视程度，塑造出本企业产品与众不同的鲜明个性或形象并传递给目标顾客，使产品在市场上占有优势的地位。

概括来说，即 SWOT + STP。

SWOT 分析能使企业了解环境、知己知彼。市场细分是战略营销活动的基础，也是制定营销战略的关键所在。在进行市场细分后，要对细分市场进行有效的评价，选择目标市场。最后，更为重要的环节便是定位。（图 3 - 1）

图 3 - 1　营销战略策划

二、SWOT 分析

SWOT 分析是指对企业的优势、劣势、机会、威胁进行综合分析与评估，从而选择最佳经营战略的一种方法。

（一）分析外部环境：发现机会与威胁

1. 外部环境因素

外部环境因素包括宏观环境因素和行业环境因素。宏观环境因素包括政治与法律环境、经济环境、社会文化环境、技术环境、人文环境、自然环境。行业环境因素包括现有竞争者、潜在进入者、替代品、购买者、供应商。（表 3 - 1、表 3 - 2、表 3 - 3）

（1）机会和威胁分析。

1）机会分析：营销机会是一个公司通过满足购买需求并能够盈利的某一区域，因此，机会分析是指企业通过分析外部环境，找出有利于企业发展的机会。通常考虑机会的大小和成功的概率两个因素。

2）威胁分析：环境威胁是一种不利的发展趋势所形成的挑战，如果缺乏采取果断的营销行动，这种不利趋势将会侵蚀公司的销售和利润。因此，威胁分析是指企业通过分析外部环境的变化，发现不利于企业发展的威胁。通常评价外部环境的威胁是根据威胁的严重性和发生概率两个因素。

3）综合分析：抓住机会，回避威胁。

表 3-1　外部宏观环境

序号	外部宏观环境	具 体 内 容
1	政治与法律环境	政治主张、政治形势与趋势，产业政策、财政、金融、税收、外贸政策、发展规划等
2	经济环境	国家和地区的经济发展水平、国内生产总值、产业发展状况、经济增长率、通货膨胀率、就业率、税率、利率、汇率，以及社会的收入分配、购买力水平、储蓄、债务、信贷等，一定时期的经济政策、体制和形势
3	社会文化环境	社会的核心价值观念、风俗习惯、宗教信仰、伦理道德及亚文化、生活方式、文化素养
4	技术环境	企业涉及领域的技术发展情况、质量标准、技术标准，新技术、新工艺、新材料、新手段、技术研发新趋势，国家或地区技术发展的政策规划
5	人文环境	人口构成、人口增长、年龄结构、民族状态、家庭类型、受教育程度等
6	自然环境	地理位置、气候、资源、生态等

表 3-2　行业与竞争环境

序号	行业与竞争环境	具 体 内 容
1	行业动态	①行业饱和程度、行业发展前景、国家政策影响； ②行业技术及相关技术发展、社会环境、其他因素
2	竞争者、潜在进入者、替代品	①行业进入、退出成本/壁垒，潜在进入后对本企业的威胁； ②财务状况、财务支出结构、企业生产能力、产品质量、生产水平 ③企业策划、销售、执行能力的调研； ④产品研究：定位、包装、价格、市场目标受众、竞争优势替代品的竞争
3	供应商	①可供选择的供应者、原材料是否有替代品； ②供应商的讨价还价能力、企业对其依赖程度、供应商的供应能力
4	中间商	①中间商的性质：配送商、经销商、代理商（独家、总代理……）； ②中间商对本企业产品的依赖（关注）程度：本企业产品占用其资金的比例，给予其利润比例等； ③中间商给予本企业产品的支持：配送能力、资金实力、人力等

表3-3 市场供求环境

序号	市场供求环境	具 体 内 容
1	需求（目标消费者）	①需求总量：现实需求量和潜在需求量分析； ②消费者分析 A. 背景研究：收入、教育、年龄、性别、家庭组成、种族、工作等； B. 对产品和竞争品的认知及态度：质量、价值、包装、品牌声誉、品牌形象等； C. 使用情况：购买动机、购买量、何时使用、如何使用、价值取向等； D. 购买角色：决策者、使用者、影响者、购买者； E. 对现有营销活动的评价：对广告的接受程度、对营业推广的理解等
2	供给	市场上同类商品的供应企业的数量、分布、规模、供应能力及产品质量

（二）分析内部环境：寻找优势和劣势

企业内部环境分析，主要是通过与竞争对手的比较来获得，包括生产能力、营销能力、财务能力、组织能力、发展能力等，从而评价企业的内部优势和劣势。（表3-4）

表3-4 内部环境

序号	内部环境	具 体 内 容
1	生产能力	生产规模、技术与制造工艺、设备水平、产品质量、及时交货能力
2	营销能力	市场份额、覆盖地区、客户满意度、产品与服务质量、定价效果、分销效果、促销效果
3	财务能力	资金来源稳定程度、流动比率、资产负债率、总资产报酬率
4	组织能力	领导者能力、员工团队精神、创业导向、柔性及弹性能力
5	员工能力	技术人员比重、员工素质、培训能力

（三）综合分析

SWOT综合分析的目的就是为了找出企业的优势、劣势、机会、威胁，从而制定出适合企业的发展战略。（表3-5）

表 3-5 SWOT 综合分析及战略

	优势（S）	威胁（W）
机会（O）	SO 战略 发挥优势 利用机会	WO 战略 克服劣势 利用机会
威胁（T）	ST 战略 利用优势 回避威胁	WT 战略 克服劣势 回避威胁

SO 战略：即扩张战略，适合于企业自身优势明显，并且机会较大的情况。企业应发挥优势、利用机会。通常采取集中现有资源，扩张该项业务的方式，加速企业发展。

WO 战略：即防卫战略，适合于企业自身存在劣势，但机会较大的情况。企业应克服劣势、利用机会。一方面努力克服自己的劣势，另一方面可以考虑与优势企业合作。

ST 战略：即分散战略，适合于企业自身优势明显，但威胁较大的情况。企业应利用优势、回避威胁。通常采取多元化经营分散风险；或通过并购增强自身实力，形成规模效应，从而提高抗风险能力。

WT 战略：即退出战略，适合于企业自身存在劣势，并且威胁较大的情况。企业应克服劣势、回避威胁。在这种艰难的处境中，企业通常选择退出该行业，将资金投入更具吸引力的业务或行业。

环境分析的关键是抓住重点，数据翔实，有说服力，准确性高，任何一个带有结论性的说明和观点都必须建立在客观事实分析的基础上。

当然，不同的策划项目，市场调研和环境分析的侧重点不同。

三、对市场进行细分

（一）理解市场细分的含义

市场细分也称为市场区别、市场分片。它是 1956 年由美国市场学家温德尔·斯密提出来的一个重要概念。

市场细分，是企业根据消费者明显的不同特性，把一种产品整体市场分割成两个或两个以上的分市场或称作子市场，每个分市场都是由需要和欲望相同的消费者群组成，从而确定目标市场的过程。市场细分后，各个子市场之间的需求特性具有明显的差异性，但在每个子市场内部，消费者的需求具有较高的同质性。

（二）选择市场细分的依据

市场细分的客观依据是消费者明显不同的需求特性。如果消费者对某一种商品的需求完全相同，企业就没有必要进行市场细分。但事实上，消费者对各种商品的需求都有明显的差异性。例如，在购买沙发时，有人喜爱皮质沙发，有人喜爱布质沙发，有人喜爱木质沙发，这就形成不同需求特性的沙发市场。在购买轿车时，有人需要品质优良的高档豪华轿车，有人需要经济型轿车，这也形成不同的细分市场。

消费者市场的细分标准主要有地理细分、人口细分、心理细分和行为细分四大类。在对某种产品市场进行细分时，可以选择一个标准进行细分，也可以选择多个标准进行细分。（表 3 – 6）

（1）单一变量细分：根据消费者的某一个特征进行市场细分。

（2）双变量细分：按照两个特征标准进行市场细分。

（3）多变量细分：运用 3 个以上的特征标准进行市场细分。

> **知识共享 3 – 1**
>
> **服装市场的市场细分**
>
> 服装市场按照档次可以分为高、中、低档服装市场。按照性别可以分为男装和女装市场。按照年龄可以分为婴幼儿、儿童、青年、中年、老年服装市场。如果把三个标准同时采用，服装市场可以分为男性高档中年服装市场、男性高档青年服装市场、女性中档中年服装市场、女性中档青年服装市场等细分市场。同时服装市场还可以根据穿着场合等标准进行细分，分为运动装、休闲装、职业装、内衣等。

表 3 – 6 消费品市场细分的标准

细分标准	具 体 变 量
地理因素	国家、地区、城市、乡村、气候等
人口因素	年龄、性别、职业、收入、教育水平、家庭规模、家庭生命周期阶段、宗教、种族、国籍等
心理因素	社会阶层、生活方式、个性、价值观念等
行为因素	购买和使用时机、购买方式、利益诉求、使用者情况、产品使用率、品牌忠诚度、消费者待购阶段、消费者对产品的态度等

（三）认清市场细分的本质

市场细分的过程就是把一种产品或服务的整体市场分割成两个或两个以上的子市场，每个子市场都是由需要和欲望完全相同或基本相同的消费者组成。如上面的例子，皮质沙发、布质沙发、木质沙发是不同的子市场。但即使都是喜爱皮质沙发的人，他们在选择沙发的档次、款式、颜色等方面的需求也有所差别，有时甚至可以进一步细分为更细的细分市场。

但从实质上讲,市场细分是一个"聚"的过程而不是一个"分"的过程。市场细分把需求相对一致的消费者聚集在一起。例如:大学招生时把全部学生按他们填报的志愿分成许多专业,从表面看,是把整体分割了,但从实质上讲,是把需要相同的学生,也就是报考同一个专业的学生聚集在一起。所以,市场细分从表面看,是一个"分"的过程,实质上是一个"聚"的过程,把需要相同或相似的消费者聚集在一起。

(四)合理把握市场细分的"度"

市场细分到底应分到何种程度呢?

首先,不进行市场细分不行,因为这样不能满足消费者不同的需求,企业难以生存。

有人认为市场细分分得越细越好,因为这样可以更充分地满足每一个消费者的需要,根据他们需求的不同制定相应的营销方案。但是,这种超细分策略往往造成批量小、成本大、价格高,又不易被消费者接受的情况。

有一些人提出反对超细分的观点,认为通过合并过小的细分市场来达到有效降低成本,增加产量、降低售价的目的来迎合消费者的需求。

总之,对于一种产品,市场细分分到哪种程度为最佳,要具体问题具体分析,要考虑到产品特点、消费水平、消费目的等多种因素。比如,随着人们消费水平的提高,人们对产品会提出更具个性化的需求,也可以接受一定的价格提升。对于突出个性的高价值产品,比如,住宅装修,会倾向于较细的市场细分。而对于一些低价值,与个人特性联系不紧密的商品,人们需求的同质性高,对市场细分要求的度就较低。

四、目标市场的选择

在进行市场细分后,选择什么样的市场作为自己的目标市场,一般要考虑以下几个方面。

(一)拥有较理想的现实需求和潜在需求

企业选择的细分市场首先要拥有充足的量,这个足够的量包括现实需求和潜在需求两方面。只有具有足够的购买力和销售量,目标市场才具有实际意义,才具有开发的价值,使企业有利可图;也只有具有一定的尚未满足的潜在需求和充分发展的潜在购买力,目标市场的开发才能使企业获得发展。也许某个细分市场目前规模较小,需求量不大,但是可能随着某些因素的变化,有着高增长的可能,这样的市场也是值得进入的。影响市场的因素有产业发展、消费观念的变化、收入的增加、政策的变化等。

(二)企业优势符合市场的特征

一个拥有理想需求量的市场对一般企业来说都是有吸引力的,但不一定就是企业必须选定的目标市场。企业还应考虑自身的战略发展目标、自身的资源和能力是否具备进入这一细分市场的条件。

企业应该选择自己具备竞争优势，能为消费者提供超值产品的细分市场，这样才能够充分发挥优势，营销适销对路的产品，提高企业的经济效益，以巨大的优势去占领目标市场。

然而，很少有各方面的标准均能满足的目标市场，选择目标市场的过程常常是一个各方面利益的权衡过程，企业应该从自身的优势和发展的长远目标出发，权衡利弊，从中做出最佳选择。

（三）竞争对手尚未控制市场

一般来说，成熟市场的竞争必然非常激烈，各竞争企业为了保持已经占有的市场份额，或不至于被逐出市场而全力竞争，竞争手段层出不穷，高昂的竞争成本使行业平均利润下降。

规模大、吸引力强的市场一定是竞争比较激烈的市场，企业选择这样的市场时要充分考虑自身的竞争实力。一个新的不成熟的市场，由于许多潜在需求还没有被企业的营销者开发或完全开发出来，虽然已有企业进入该市场，但他们的目标还停留在开发市场阶段而不是瓜分市场阶段，对于竞争对手尚未控制的市场，市场竞争还不激烈，企业经过分析又具有相当的优势，这一市场就是理想的目标市场。这样的目标市场才是企业能够占领的，并能够取得竞争优势的目标市场。

所以，并不是所有的细分市场都可以作为企业的目标市场，企业必须选择一个或一个以上有利于本企业扩大产品营销的市场为营销对象，而不是越多越好。（图3-2）

图3-2　目标市场的选择

五、市场定位策划

在经过市场细分，选定目标市场之后，就要根据市场需求来确定企业和产品的市场地位，以便区别于竞争者的企业形象、产品，实际上是企业及其产品对消费者心智的占领，是通过对公司的供应品和形象进行设计，从而使其能在目标顾客心目中占有一个独特的位置的行动。（表3-7）

当然，伟大的产品核心是质量，再配以精心的规划、大量长期的承诺、富有创意的设计和营销执行。产品永远是企业与品牌的基本功。产品是品牌的载体，是品牌的一个基础元素，只有质量过硬、外观优美或能够完美地满足消费者需求的产品，才具备构建品牌的基础。营销是基于产品质量之上的活动。很多知名品牌都有一个共同特点，就是对产品的精益求精。

表 3-7 企业和产品的市场定位

序号	定位层次	定位战略	具 体 内 容
1	竞争战略定位	成本领先战略	①通过一系列措施在产业中实现成本方面的领先，并以此获得比竞争对手更高的市场占有率；②一方面，成本领先战略通常要求企业具备较高的市场份额，能够实现规模经济，有能力进行产品或新技术的研发，并降低投入成本减少费用开支。另一方面，成本领先战略能够获得高于产业平均水平的利润，保持领先地位，能够设置行业进入壁垒，有能力削弱替代品的威胁，增强对供应商及客户的讨价还价能力
		差异化战略	①将企业生产的产品或服务明显区别于竞争对手，形成在全产业范围中独具特质的产品与服务。差异化战略包括产品及品牌在形象、功能、外观、服务、技术优势、分销渠道等方面的差异；②实施差异化战略有利于形成顾客对品牌的忠诚，应对竞争，其次削弱顾客的讨价还价能力。但是，过度差异化会提高成本
		密集化战略	专门为某个地域或某个特定的市场群体提供产品和服务。该战略通常能获得超过产业平均水平的利润，但存在经营风险，被模仿后存在经营风险和过度竞争
2	市场地位定位	市场领导者	在相关产品的市场上占有率最高的企业，通常在价格调整、促销力量及新产品开发等方面处于领导地位，是竞争者模仿、挑战或回避的对象
		市场挑战者	通常在行业中名列第二、第三名等次要地位的企业，通常向市场领导者发动进攻，以夺取更大的市场份额
		市场跟随者	在行业中名列前几名的地位，与市场挑战者的区别在于，只想维持现状，不与市场领导者和其他竞争者产生争端。注重自身的营利性而非市场份额和地位
		市场补缺者	专心致力于市场中被大企业忽略的某个细小的细分市场，并通过专业化经营占据有利的市场空隙，获取最大限度的利益

续表 3-7

序号	定位层次	定位战略	具体内容
3	产品定位	功能定位	（详见项目四 品牌策划）
		使用者定位	
		档次定位	
		情感定位	
		比附定位	
		类别定位	
		文化定位	
		组合定位	

> **案例 3-1　聚美优品市场定位：化妆品团购网站**
>
> 自2010年3月开团以来，聚美优品就以中国第一家专业的化妆品团购网站的市场定位，秉承用户至上、品质第一的价值观，以"聚集美丽，成人之美"为理念，聚集广大爱美女性，聚集各种让女性美丽的优良产品。
>
> 能够了解女人心，真正了解其核心客户群体的内在需求是聚美优品快速发展的前提。鼓励达人形成晒单文化，分析用户特征，力求从多元角度帮助用户寻找适合自己的产品。
>
> 相比淘宝等大而全的网站，聚美优品走的是小而精的路线。只做化妆品，并且是只做好的化妆品。聚美优品的定位十分清晰，并不贪求多，而是求精，专注于化妆品领域，节省了很多时间和精力。
>
> 在化妆品市场，消费者最关注的往往是质量和价格，聚美优品采取了团购的方式，通过团购来降价，既能吸引消费者，又不会降低自身的档次。
>
> 聚美优品承诺30天拆封无条件退货，全额退款，运费由聚美优品全额承担，这是行业内最高标准退货政策。聚美优品承诺开封后可以退、使用后可以退、过敏后可以退、无理由退货四大超高标准的退货承诺，很好地打消了用户网上购买化妆品的担忧。
>
> （编写自孟韬、毕克贵《营销策划》，机械工业出版社2016年版。）

> **案例 3-2** 星巴克定位：伟大的咖啡体验的场所
>
> 星巴克从来不把自己当作一个生产咖啡的地方来经营，而是定位于提供伟大的咖啡体验的场所。对于大部分人来说，咖啡远非是一个只用来喝的产品，星巴克极力把咖啡塑造成人们温暖的第三个好去处，也就是除了家和上班地点以外的另一个社交场所。它通过柔和的灯光、精致的家具、优美的音乐以及浓郁的咖啡香气形成了一种浪漫的氛围，让顾客一进门就能感受到温馨、舒适的喜悦。对于许多顾客来说，咖啡体验的关键部分就是品味这种充满情感的饮料时的周围的环境和气氛，这也正是星巴克的魅力所在。
>
> （改编自黄尧《营销策划》，高等教育出版社 2015 年版。）

练习与思考

一、选择题

1. STP 营销策划是指（　　）。
   A. 市场细分策划　　　　B. 目标市场选择策划
   C. 市场定位策划　　　　D. 市场竞争策划

2. 消费者市场的细分标准主要有（　　）。
   A. 地理细分
   B. 人口细分
   C. 心理细分
   D. 行为细分

3. 选择什么样的市场作为自己的目标市场，主要考虑以下几个方面（　　）。
   A. 该市场进入壁垒低
   B. 拥有较理想的现实需求和潜在需求
   C. 企业优势符合市场的特征
   D. 竞争对手尚未控制市场

4. 常用的产品市场定位方法有（　　）。
   A. 功能定位法　　　　B. 类别定位法
   C. 档次定位法　　　　D. 文化定位法
   E. 情感定位法

二、判断题

1. 市场细分就是企业根据消费者明显的不同特性，把一种产品整体市场分割成两个或两个以上的分市场或称作子市场，每个分市场都是由需要的欲望相同的消费者群组成，从而确定目标市场的过程。（　　）

2. 市场细分后，各个子市场的需求特性具有明显的同质性，但在每个子市场内部，

消费者的需求具有较高的差异性。（　　）

3. 从实质上讲，市场细分是一个"聚"的过程而不是一个"分"的过程。市场细分把需求相对一致的消费者聚集在一起。（　　）

4. 市场细分分得越细越好。（　　）

三、分析题

1. 完成两种产品的市场细分练习。

2. 市场定位有哪些常用方法，并举例说明。

实战训练项目：××品牌牙膏的市场定位策划

一、项目名称

××品牌牙膏的市场定位。

二、项目目标

通过该项目的训练，学习者掌握市场细分与定位策划的基本方法，并能完成市场定位策划书的撰写。

三、项目需求说明

某日化生产企业是一家具有多年生产历史的老牌日化企业，原来以经营洗涤系列产品为主。随着企业的发展，准备进入牙膏市场，面对各路品牌的激烈竞争，该企业通过什么样的定位策略，才能杀出重围，在市场中占一席之地呢？

请帮助该企业进行产品定位的策划。

四、项目实训步骤

1. 3～5人组成策划公司或策划小组，以策划小组为单位进行讨论、市场调研、资料收集、策划方案制定、讨论与修改、策划成果展示。

2. 教师作为企业策划需求宣讲人，介绍项目背景和企业需求。

企业希望通过对目前牙膏产品的市场细分研究、消费者的需求趋势研究、市场竞争情况研究，对企业产品进行准确定位，以期在激烈竞争的市场中谋求一席生存之地并有所发展。

3. 教师引导学生策划小组分析策划项目、学习相关知识点，进行资料收集。

4. 各策划小组在教师的指导下进行牙膏市场细分和主要品牌的市场定位调研、消费者牙膏需求情况调研。

5. 在市场调研分析的基础上，各策划小组完成策划方案初稿。

6. 教师选择1～2个策划小组，对项目策划方案进行通报。

7. 讨论互评，教师进行整体评价。

8. 各策划小组根据讨论评价意见，修改策划方案。

五、项目实训要求

本项实训活动有两个重要组成部分。

1. 市场调研。

除了进行间接资料的收集外，教师担任总指导，组织学生进行两项一手资料的调研。

（1）牙膏市场现状调研。设计调查提纲，选择3个大型的牙膏销售卖场，组织同学进行实地的市场调查，了解目前主要的牙膏品牌及他们的市场细分与定位情况。

（2）消费者需求调研。各策划小组设计调查问卷，面向不同年龄、性别、收入等的消费者调研他们的牙膏需求情况，然后对调查数据进行统计汇总。

2. 方案的研讨策划。

（1）有教师担任研讨活动的总指导，在对第一阶段调查结果的汇总的基础上，交流调研情况，分析调研结果，对目前当地牙膏市场的品牌现状、竞争状况、消费者需求趋势等进行总结。

（2）各小组进行项目策划，完成初步策划方案。

（3）选择小组进行策划方案通报，老师点评后，各小组完成最终项目策划方案。

六、项目考核方式

××品牌牙膏的市场定位策划评分标准

策划小组（人）：　　　　　　　　　　评价人：

序号	评分要素	分值	评分
1	项目策划的完整性	20	
2	项目策划的思路清楚、结构清晰	20	
3	项目策划的可操作性	20	
4	项目策划的版面美观设计	10	
5	项目策划的创意	10	
6	项目策划的应用价值	20	
	总分	100	

【练习与思考】参考答案

一、选择题

1. ABC 2. ABCD 3. BCD 4. ABCDE

二、判断题

1. √ 2. × 3. √ 4. ×

三、分析题

略。

项目四　品　牌　策　划

知识目标

1. 掌握品牌策划的流程。
2. 掌握品牌定位的原则和方法。
3. 掌握品牌名称和标识策划的方法。
4. 掌握品牌推广传播方法。

能力目标

1. 能准确进行品牌定位。
2. 能有效策划品牌名称、品牌标识。
3. 能有效进行品牌推广传播策划。
4. 能撰写品牌策划方案。

华为手机品牌策划

一、背景

华为手机自成立以来，在市场上一直默默无闻，在消费者的心目中，品牌形象和普通山寨手机无异，直到2010年，华为才发力终端市场运作，并取得了不俗的成绩。与辉煌的销售数据相比，华为更大的成功在于树立了华为手机在消费市场的品牌地位，消费者逐渐意识到华为并非一般的山寨品牌，而是一个具有强大研发实力和可靠产品质量的一流手机品牌。2014年11月14日，全球领先的品牌咨询公司Interbrand正式发布"最佳中国品牌"百强榜，在发布会上特别向华为授予了"最佳全球品牌"荣誉称号，这是该榜单在全球发布15年以来，首次出现中国大陆品牌。

二、手机市场分析

1. 中国不仅是世界最大的手机消费市场，占全球手机市场份额的1/3，同时也是世界手机重要的生产和出口大国。与国际手机大品牌相比，国产手机一直是质次价廉的形象，国内曾经的手机霸主如波导、科健、东信和守信等逐渐被淘汰。

2. 手机产品的更新换代速度非常快，国内手机由于大部分从家电企业延伸而来，短时间内未能建立起相应的研发、生产和配套体系，产品质量很不稳定，产品的更新换代速度也跟不上，结果是国产手机迅速崩盘。

苹果智能手机的问世，手机的定义和消费者的需求被彻底颠覆，不再仅仅是一个通话的工具，而是一个集通信、分享、娱乐、学习、消费、办公为一体的移动终端，消费者关注的不再是耐用性、可靠性和稳定性，而是整体的使用体验，包括系统界面的友好性、产品的反应速度及配套应用软件的丰富程度以及产品使用过程中与品牌的交互作用产生的品牌共鸣，如个性、价值观、生活方式等。这些改变为国内手机厂商创造了新的机会，尤其是这些企业曾经从事 IT 行业，他们在软硬件研发实力和对消费者需求把握上比传统的家电企业要强得多。

三、华为手机业务分析

华为手机在进行品牌策划之前需要对其进行 SWOT 分析。

1. 优势：企业综合实力强，有明确的战略导向；建立了良好的品牌优势和影响力；产品和通信技术的积累；高素质、低成本的人才优势；本土化与差异化并存。

2. 劣势：国产手机品牌用户忠诚度低，财力资源相对薄弱，宣传力度相对不足。

3. 机会：中国移动互联网市场空间巨大；智能手机更新速度加快；海外市场的扩张，品牌国际化。

4. 威胁：低价优势不明显，国际贸易保护手段的阻挠，智能手机市场竞争激烈。

四、华为手机的品牌策略

企业、产品、品牌传播三要素相互协同下，迅速打造成为全国乃至全球的知名品牌，消费者逐渐形成品牌认同：用华为，我骄傲。

1. 企业品牌对产品品牌背书。

华为企业在业务和管理上的成功，扩大了华为在消费者心目中的影响力，面对这样一个企业，消费者没有理由不尊敬，并形成了"高技术、高品质、高水平"的品牌联想，把这种品牌联想嫁接到华为相关产品上也就顺理成章了。同时，手机终端和通信设备之间的高相关性也是企业品牌延伸到产品品牌的关键因素，消费者有理由相信，一个生产通信设备的优质企业也能够生产优质的手机。

2. 产品品质对品牌的支撑。

突出产品的品质定位，使消费者认识到一个高技术企业生产的手机不再是低质低价的诉求，彻底改变消费者对国产手机的传统印象。

同时，华为的技术研发能力保障产品的不断更新，支撑华为手机在消费者市场的发展和壮大。

3. 整合营销传播对品牌的塑造。

华为的营销传播分为两个层面：企业层面和产品品牌层面。前者形成华为品牌宏观和共性的品牌联想，后者形成具体产品。加大广告投入，网络推广力度不断加强。

在宏观层面，坚持"以客户为中心、以奋斗者为本"的核心价值观，秉承"品牌是诚信"的理念，通过创新的技术、高质量的产品和服务，以及积极进取的华为人，践行品牌承诺，成就客户。

（改编自孟韬、毕克贵《营销策划》，机械工业出版社2016年版。）

全球知名品牌咨询公司 Interbrand 发布 2017 年度"全球最具价值 100 大品牌"排行榜（Interbrand Best Global Brands 2017）。最新排名显示，华为名列第 70 位，品牌价值同比去年提高 14%，达 66.76 亿美元，是百强榜单中 16 家两位数增长的品牌之一。排行榜以海外销售额比例超过 30% 的企业为对象，根据财务分析及品牌对消费者的购买意愿产生的影响等，将品牌价值换算成金额。苹果以 1841.54 亿美元的品牌价值位居榜首。进入 100 强的中国品牌依然是华为和联想。

一、品牌认知

（一）品牌是什么

品牌是一种名称、术语、标志、符号或设计，或者是它们的组合运用，其目的是借以辨认某个产品或服务，并使之与竞争对手的产品和服务区别开来。

一个品牌通常能够表达出产品和服务的属性、利益、价值、文化、个性和使用者。

（二）品牌的力量

品牌是企业获取竞争优势、提升竞争力的重要手段。品牌是企业的一种无形资产，这种无形资产能够为企业带来很大的利益。消费者会因为对品牌的认知而弱化价格对比、减少寻找和决策时间、重复购买、推荐购买等行为。

> **知识共享 4-1**
>
> ### Aaker 的五维品牌资产模型
>
> 著名的 Aaker 的五维品牌资产模型提出，品牌资产的维度是由品牌忠诚度（brand loyalty）、品牌知名度（brand awareness）、可见质量（perceived quality）、品牌联想（brand association）和其他品牌资产（other proprietary assets，如专利、商标、渠道关系）等五个维度组成。
>
> 品牌忠诚度被看作品牌资产的首要组成部分。品牌资产在相当大的程度上取决于周期性购买品牌的顾客的数量。企业增强顾客的品牌忠诚度，可极大地提高经济效益。在相当多的行业里，企业的盈利能力实际上是由顾客的忠诚度决定的。赢得顾客的忠诚度，有助于企业扩大市场占有率，增加营业收入，减少促销费用，降低服务成本。

▶ 营销策划：方法、技巧与实战

> 品牌知名度表示品牌在顾客头脑中存在的牢固程度。品牌再认和记忆会对顾客的品牌选择产生重要的影响。只有具备了品牌知名度，顾客才会对其进行仔细考虑，那些不为人所知的品牌是没有机会受青睐的。
>
> 可见质量是顾客对于品牌的整体质量认定。它能够对顾客的品牌选择和购买产生重要影响，并且是品牌延伸的基础。因此，质量是品牌资产的一个关键要素。
>
> 品牌联想是指一切可以让顾客联想到某个品牌的因素，是品牌资产的第四要素。品牌名称的基本价值常常是基于与之联系的联想。

知识共享 4-2

Keller 基于顾客的品牌资产模型

Keller 基于顾客的品牌资产模型提出了一个完全意义上的基于顾客的品牌资产模型，他认为，品牌之所以对企业和经销商有价值，根本原因在于品牌对顾客有价值。

基于顾客的品牌资产模型认为，品牌知识是创造品牌资产的关键。营销人员必须找到一种能使品牌知识留在顾客记忆中的方法。品牌知识由品牌认知和品牌形象两部分特性组成。

品牌认知与记忆中品牌节点的强度有关，它反映了顾客在不同情况下确认品牌的能力。品牌认知包括了品牌认同和品牌的回想率。品牌认同是指通过品牌暗示消费者有能力确定品牌的优势所在，也就是说，消费者通过以前对某个品牌的了解，能够正确地分辨出该品牌。品牌回想率是指当给出相应的暗示时，该品牌能正确地出现在消费者的记忆中。

品牌形象是顾客对品牌的感觉，它反映为顾客记忆中对于该品牌的联想。一个积极的品牌形象，是通过将强有力的、偏好的、独特的联想与记忆中的品牌联系起来的营销活动建立的。

（三）质量是品牌的生命

1. 质量是品牌的本质，也是品牌的生命

名牌的显著特征就是能提供更高的可感觉的质量。世界上的知名品牌如奔驰、索尼、摩托罗拉、希尔顿等无不体现着高质量。

2. 服务是品牌的支持，是品牌宣传、发展的通行证

世界上知名企业在创名牌时，无不把为用户尽善尽美的服务作为他们成功的标志。

3. 形象是品牌的脸面

品牌形象是品牌在社会公众心中所表现出的个性特征。体现公众特别是顾客对品牌的评价与认知。

4. 文化是品牌的依托

文化与品牌密切联系，品牌的一半是文化，文化支撑着品牌的丰富内涵，品牌展示着其代表的独特文化魅力。

5. 管理是品牌的基础

品牌事业的发展要依靠管理，利用管理积极规划推出优质产品或服务，利用管理开展广告、公关等营销活动。

6. 创新是品牌的活力

品牌的创新不仅包括开发产品新性能、采用新工艺、开辟新市场等，还包括产品或服务质量创新、广告创新、公关创新、文化定位创新、品牌形象创新等。

7. 公关与广告是品牌的左膀右臂

品牌离不开广告，品牌锻造更需要广告的协助、支持。公关通常是利用公关活动吸引媒体关注，由媒体主动宣传企业或品牌，从而达到一种较好的宣传效果。公关可以为企业"扬名立善"，为企业带来良好的经济效益和社会效益。广告与公关是品牌的左膀右臂，像火箭的两个助推器，带动品牌冉冉升起。

二、品牌策划的内容

品牌策划包括品牌化策划、品牌使用者策划、品牌数量策划、品牌建设策划、品牌发展策划5个方面的主要内容。

（一）品牌化策划：用不用品牌

品牌化策划解决的是企业用不用品牌的问题。虽然品牌是企业获取竞争优势的重要手段，但打造一个品牌也需要一定的企业投入，所以当小型企业在初创期，同时生产的产品是消费者不太关注品牌的低价值产品时，如小型农具、新鲜水果等，可考虑采用。

但随着企业发展、消费者需求水平的提高，适用于无品牌策略的商机将会越来越小。

（二）品牌使用者策划：用谁的品牌

品牌使用者策划解决的是企业决定使用谁的品牌的问题。从生产者来讲，有三种情况。

1. 使用自己的品牌，即制造商品牌

这是绝大多数生产者的选择。虽然建设品牌需要花费人力、物力和财力，但品牌是企业的无形资产，可以为企业带来较大收益，也是企业可持续长远发展的基础。

2. 使用别人的品牌，如中间商品牌或别的制造商的品牌，即分销商品牌或许可品牌

有些企业定位为生产加工类企业，主要业务是为不同的中间商和其他制造商完成产品的加工生产环节，专注于生产，成为众多大品牌企业的外包生产上，取得规模生产的盈利。

3. 混合品牌。部分采用自己的品牌，部分采用中间商和其他制造商的品牌

既可以创建自己的品牌，又可以在条件不成熟时，通过生产其他品牌的产品积累生产和市场经验，还可以充分利用自己的产能。

知识共享 4-3　　　　　　　　　多样化的品牌策略

耐克、阿迪达斯等知名运动品牌进入中国的主要模式是在珠三角寻找加工企业，完成产品生产的环节，这些加工企业主要为不同的运动品牌完成产品的制造加工。

沃尔玛作为全球最大规模的零售商，向众多生产商外包食品、小型生活用品的生产，然后用沃尔玛中间商的品牌在自己的连锁超市销售。这些不同品牌的生产企业虽然利润低，但同时也不需要花费大量的资源创建品牌，对于资金薄弱、设计和市场经验不足的企业来讲，也不失为一种好的选择。

近年来，随着连锁经营的发展，通过加盟连锁，使用其他零售商品牌来经营的形式也越来越广泛，降低了进入市场的成本和风险，享受连锁经营成熟的经营模式和产品配送、人员培训。这是许多小投资创业者的选择。

（三）品牌数量策划：单品牌还是多品牌

品牌数量策划解决的是采用同一品牌还是多个品牌的问题。

1. 使用同一品牌

企业生产的各种产品都使用相同的品牌，如华为、海尔。好处是可以节省创建多品牌的时间、费用，集中力量打造企业声誉，新产品更易进入市场，传播费用低。适用于企业经营产品各大类相似度高，质量档次接近。

缺点是不同产品的连带性强，一种产品出了问题，对其他产品带来负面影响。

2. 多品牌

企业生产的产品的不同类别，使用不同的品牌，如宝洁。

多品牌可以给消费者提供多种选择，满足消费者的多品种多层次需求，可以分散企业的经营风险，可以截获品牌转移者，可以促进企业的内部竞争。

多品牌策略需要强大的资源支撑、管理能力和市场空间。

（四）品牌建设策划：如何创建品牌

品牌建设策划解决的是品牌定位、命名、标识、传播的问题，是品牌策划的核心内容。（图4-1）

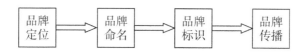

图 4-1　品牌建设策划

案例 4-1

红牛的品牌策划

品牌定位：一般的饮料会关注口味，红牛只强调功能成分。红牛品牌的全球定位是：红牛给你能量和活力，全球广告语是红牛给你力量。

品牌识别：红牛品牌的英文名是 Red Bull，品牌标识是两头相抵的红牛和一个太阳组成，设计明快、醒目，充满能量与力量，显得斗志昂扬、活力四射，与品牌定位诉求呼应。

品牌形象：红牛品牌形象决定了红牛如何与顾客进行交流。红牛具有活跃的、生命力旺盛的文化内涵，红牛明确其活力、动感的品牌形象，能够激发消费者渴望力量、渴望运动的价值感受，这已经成为红牛品牌形象的核心和灵魂，与消费者建立了紧密的关系。

品牌传播：20世纪80年代，当红牛饮料投放到奥地利市场时，通过电视台播放法拉利车队的F1赛车手哈德·伯格在海滩上一边慢跑，一边喝着红牛，红牛的销售直线上升。

红牛一直保持赞助具有亲和力的体育项目以及与体育和消费者有关的目标性活动来增加追随者的数量，这是典型的事件营销和公关宣传的思路。

（改编自黄尧《营销策划》，高等教育出版社2015年版。）

（五）品牌发展策划：是否发展品牌

品牌发展策划解决的是当一个品牌已经具有了一定的声誉时，品牌是否进行品牌延伸或者多品牌。

1. 品牌延伸

在已有相当知名度和市场影响力的品牌基础上，将原品牌运用到新产品或新服务上。如海尔冰箱，再到海尔洗衣机、空调。减少市场进入风险，降低宣传推广费用。但同样会带来连带效应，新产品的不良情况出现影响原来产品。对于产品关联度不高的新产品，要慎重。

2. 多品牌

企业或同一类产品采用多种品牌。可以是每大类产品采用一个品牌，也可以是同一类产品采用多的品牌。

新产品与原来产品的相关度低，或者同类产品有清晰的独特卖点，消费者的需求层次多，细分市场足够规模，企业拥有雄厚的实力，可以采用。

三、品牌定位策划

品牌定位是对品牌进行设计，构造品牌形象，以使能在目标消费者心目中占有一个独特的、有竞争优势的位置。品牌定位不是针对产品本身，而是对消费者内心深处所下的功夫，力求在目标顾客的头脑中占有最有利的位置，塑造良好的品牌形象，从而借助品牌的力量使品牌产品成为消费者的首选。

品牌定位是品牌建设的基础，也是品牌成功的基础。

（一）品牌定位考虑的几个问题

1. 目标消费者的心理

品牌定位能否成功关键在于能否突破目标消费者的心理障碍。所以，品牌定位策划要为消费者接受信息的思维方式和心理需求所牵引，突破信息传递的障碍，将定位信息进驻消费者的心灵。然后借助于各种传播手段让品牌在消费者心目中占据一个有利的位置。

2. 差异化

品牌定位要考虑竞争者，应选择与竞争对手不同的品牌定位，制造差异，以便与竞争者区分开来，从而有利于塑造个性化的品牌形象。

3. 产品的特点

品牌是产品的形象代表。进行产品的品牌定位策划时，要考虑产品的质量、性能、用途等方面的特点。

（二）常用的品牌定位策略

1. 类别定位

依据产品的类别建立起品牌联想，称作类别定位。

类别定位力图在消费者心目中形成该品牌等同于某类产品的印象，以成为某类产品的代名词或领导品牌。当消费者有了这类特定需求时就会联想到该品牌。

案例 4-2　美赞臣：高端婴儿奶粉

雀巢曾经是奶粉行业的第一品牌，居于绝对的领导地位，但是，雀巢在奶粉业的地位却受到同样来自美国的美赞臣的威胁。美赞臣是一个很惹人注目的品牌，它可以说是一枝独秀，始终在高端婴儿奶粉领域居于领先地位。

这两个品牌在全球市场都是鼎鼎大名的，但两者的经营方式有很大的差别。

雀巢在奶粉领域几乎覆盖了所有的品类和所有的价位，甚至连与奶粉相近的豆奶粉都做。相比之下，美赞臣就不同了，它一直锁定高端婴儿奶粉市场，并且不断强化其"益智"的品牌定位。这种长期的聚焦与建设最终让美赞臣尝到了甜头。虽然从营业额上看，美赞臣远不及雀巢，但在奶粉领域的利润总额美赞臣不容小觑，它几乎可以称得上是奶粉行业最会赚钱的品牌了。

（改编自谭慧《哈佛商学院必修课：谈判·营销》，电子工业出版社2014年版。）

2. 功能定位

将产品的某些功能特点与消费者的利益联系起来，向消费者承诺产品能给其带来某种利益。功能定位可以突出品牌的个性，增强品牌的人文关怀，从而获得消费者的认可。选择功能定位时，功能点的选择不易太多，最好不要超过2个，否则会让消费者难以辨别主要功能在哪里。

功能性定位是将品牌与一定环境、场合下产品的使用情况联系起来，以唤起消费者在特定情景下对该品牌的联想。

案例 4-3　功能定位成功典型案例

"白加黑"感冒药将感冒药的颜色分为白、黑两种形式，"白天吃白片，不瞌睡；晚上吃黑片，睡得好"，以此为基础改革了传统感冒药的服用方式，获得了不错的市场反应。

高露洁，没有蛀牙。

保护嗓子，请选用金嗓子喉宝。

预防上火，喝加多宝。

（资料来源：作者根据网络资料整理改编。）

3. 档次定位

不同的品牌常被消费者在心目中分为不同的档次。

品牌价值是产品质量、消费者心理感受及各种社会因素如价值观、文化传统等的综合反映，档次具备了实物之外的价值，如给消费者带来自尊和优越感等。高档次品牌往往通过高价位来体现其价值。

由于消费者的购买能力不同，任何产品都有质量与档次的差异需求，导致了最基本的质量/档次的定位。例如耐克、阿迪达斯、李宁、安踏都做运动服和运动鞋市场，但明显分别面向了高档和中档运动产品市场。

4. 目标消费群体定位

按照产品与某类消费者群体的生活形态和生活方式的关联作为定位的基础，深入了解目标消费者希望得到什么样的利益和结果，然后针对这一需求提供相对应的产品和利益。

根据不同消费者对同一种产品（服务）不同的需求倾向而进行的定位。例如根据年龄、性别、职业、收入、教育水平、地区、家庭规模、宗教等情况不同而导致的消费者对同一种产品的不同需求进行定位。

5. 情感定位

情感定位是运用产品直接或间接地冲击消费者的情感体验而进行定位。

市场营销专家菲利普·科特勒认为，人们的消费心理变化分为三个阶段：第一是量的阶段，第二是质的阶段，第三是感情阶段。在第三个阶段，消费者所看重的已不是产品的数量和质量，而是与自己关系的密切程度，或是为了得到某种情感上的渴求满足，或是追求一种商品与理想自我概念的吻合。显然，情感定位是品牌诉求的重要支点，情感是维系品牌忠诚度的纽带。

如果一种品牌不能深度引起消费者的情感共鸣，品牌将难以获得消费者的信任。

提升品牌文化意蕴，以情营销，培养消费者对品牌的情感，只有不断增强品牌的人性创意和审美特性，占据消费者的心智，激起消费者的联想和情感共鸣，才能使消费者对品牌"情有独钟"。

情感定位要看中品牌与消费者之间的情感沟通，让品牌和消费者产生联系。

案例 4-4　　　　　　　　　**娃哈哈：快乐的祝愿**

"娃哈哈"可以说是十几年来中国市场上最成功的品牌命名之一。这一命名之所以成功，除了其通俗、准确地反映了一个产品的目标对象外，最关键的一点是将一种祝愿、一种希望、一种儿童的天性作为品牌命名的核心，从而使"娃哈哈"这一名称天衣无缝地传达了上述形象及价值，这种对儿童天性的开发和祝愿又恰恰是该品牌形象定位的出发点。

（资料来源：作者根据网络资料整理改编。）

---

6. 比附定位

比附定位是以竞争者品牌为参照，依附竞争者定位。

比附定位的目的是通过品牌竞争提升自身品牌的价值与知名度。企业可以通过各种方法和同行中的知名品牌、美誉度高的品牌建立一种内在联系，使自己的品牌迅速进入消费者的心智，借名牌之光使自己的品牌生辉。

7. 文化定位

将某种文化内涵注入品牌之中形成文化上的品牌差异，称为文化定位。

文化定位不仅可以大大提高品牌的品位，而且可以使品牌形象独具特色。比如我们在喝可口可乐，在吃麦当劳、肯德基之时，不仅是在解渴求饱，同时也是在进行一种代表美国文化的消费，这种消费代表了一种文化的象征、一种身份、一种时尚、一种观念。而今，国内的企业也已明白，仅仅依靠国外的技术和策略是很难取悦消费者的，中国企业唯有把中华民族5000年的优秀历史文化加以继承和发扬，才能打造出真正的世界级品牌。

> **案例 4-5**
>
> **人头马一开，好事自然来**
>
> 酒在人类生活中已经成为一个不可或缺的内容，人们对酒充满了情感。白兰地酒在世界上品种和品牌多如牛毛。在中国市场，"干邑白兰地人头马一开，好事自然来"这样的吉祥广告语，迎合了华人期望吉祥顺利的心理。
>
> （资料来源：作者根据网络资料整理改编。）

8. 组合定位法

组合定位法即把多种定位方法综合使用，如档次与功能定位相结合、情感和功能定位相结合，等等，以细分出更加符合消费者需求特征的市场，满足消费者的多样化需求。

四、品牌名称策划

（一）品牌名称策划注意的问题

名称是品牌的基本的核心要素，是品牌认知和沟通的基础。更重要的是名称提供了品牌联想。好的品牌名称既可以引起消费者的独特联想，还能反映产品的特点，有强烈的冲击力，增强消费者的购买欲望。

例如，奔驰使人联想到尊贵、成功，同时也反映了汽车制造工艺的优良。

1. 易认易记

创立品牌的一个必要条件是使消费者对品牌有一个较高的认知度，为了达到这个目的，品牌名称应该从本质上是容易记忆的，这样可以促进消费者对品牌的回忆。

2. 能够暗示企业和产品特点

品牌名称本身就具有含义，而这种含义可以直接或间接地传递商品的某些信息，如关于商品的优点、性能以及使用它的好处，或是能够引发公司所渴望的品牌联想。

3. 具有适应性和拓展性

设计品牌名称时要考虑名称在品牌的发展过程中应该有适应性，主要是要能够适应时代的变化。如可口可乐、百事可乐等在历史上都有十几次的变化标识，但品名却一直不变。

拓展性是指品牌名称要能满足企业业务拓展的需要，如，可以注册商标，可以全球化，且不易被其他厂家模仿。

4. 独特、与众不同的品牌个性

产品同质化程度愈高，消费者在选择时越注重独特的品牌个性。

（二）品牌名称策划的类型

品牌名称可以是文字、数字、字母或者前者的组合，如表4-1所示。

表4-1 品牌名称的常见类型

序号	类型	含义	案例
1	以人名设计品牌名称	早在19世纪已十分流行，许多诞生于19世纪的国际品牌名就来源于创始人姓氏。既可以创始人的姓氏对商品起到信誉保障作用，同时也可以感到企业创办人的个性、精神	皮尔·卡丹、李宁、迪奥、羽西、雅诗兰黛
2	以地名设计品牌名称	一般是商品的生产地、风景名胜地或小说中虚构的地名。以产地名为品牌名称一般是因为该地区的天然环境适合于生产这种商品，消费者会认为以该产地取名的商品质量好	羊毛服装品牌"天山"和"鄂尔多斯"、酒品"茅台"等
3	以动植物名设计品牌名称	利用动植物名称的象征作用。以类似的动植物命名，最好是进行一定的加工，不要直接使用，以免类同	Apple（苹果电脑）、杉杉（西服）、白猫（洗涤用品）
4	以数字字母来设计品牌名称	①以数字、字母或两者的组合来设计品牌名称；②大多数是具有某种含义或能够传递某种信息；③IBM全称为International Business Machine，中文译为国际商用机器公司	7-11（连锁店）表示这种商店的最初营业时间是从早7点到晚11点；"三九"胃泰主要含两种中药"三桠苦"和"九里香"
5	以古典语言来设计品牌名称	这一种方法在西方国家运用的较为广泛。西方古典语言（拉丁语、希腊语）因其高雅的形象经常被用于西方品牌名称中	英国史密斯公司生产的护肤产品品牌Nivea，Nivea取自拉丁文niveus，意思是"雪白的"，用以表示该产品具有保持皮肤白皙的特性

续表 4-1

序号	类型	含义	案例
6	以新创词来设计品牌名称	全球所有的国际性品牌中，大部分来源于新创词，即利用西方语言的构词特点，创造出词典里查不到的新词。这些词并不是随便构成的，而是采用能说明产品特点的词或词根，通过某种构词方法，如缩略、组合、拼缀、词缀、变异等，创造性地设计出来，用作品牌名称。这种品牌名称一方面能指出商品的特点，另一方面又具有显著性，不违反商标法的规定	Cocacola、Pepsicola
7	借美好寓意来设计品牌名称	在品牌名称中包含有美好寓意，富有联想，能够使消费者间接地联想到商品的优点	舒肤佳、护舒宝、飘柔、帮宝适、望子成龙
8	借雅字来设计品牌名称	借用典雅的字词设计品牌名称是中国特有的设计方法。因为中国受儒家思想的影响，传统上有一种重文抑商的观念，于是一些商人把商业性场所也命名为像文人的书斋一样，常用一些"斋""闻""轩""居""园"等	北京的荣宝斋、同仁堂，广州的陶陶居
9	借迎合之词设计品牌名称	把公众喜欢的吉祥用语用在企业品牌或产品品牌的名称中，来迎合顾客心理，以此招揽生意	杭州"老板"牌、花花公子、太太口服液
10	借企业名称设计品牌名称	采取公司名称与品牌名称一致的策略，花一笔广告宣传费就可以既宣传了公司形象，又树立了品牌形象。这种设计选择形式较为适合某一大类商品品牌，不适合综合经营的企业的产品品牌名称	飞利浦电器、索尼电器、海尔、格力、TCL、长虹、微软
11	暗示产品特点设计品牌名称	一个品牌名称如果能够说明产品的某种特点，那么这个品牌名称将是一个比较好的名称，因为它首先有助于广告传播，还能有助于消费者记住该品牌名称。其次，品牌名称提示商品特点，利于消费者对产品的理解	北极人、白大夫、高露洁、淘宝、腾讯

五、品牌标识策划

好的名称要有好的标识。奔驰不仅品牌名称简洁而便于传播，而且其类似方向盘的三叉星的品牌标志更容易加深记忆。好的名称通过好的标识相互融合，并与产品相映生辉，相得益彰。

品牌标识是一种视觉语言，它通过一定的图案、颜色来向消费者传输某种信息，以达到识别品牌、促进销售的目的。品牌标识可以使文字、图形或者图文结合。

（一）品牌标识设计的几个因素

1. 简洁独特

品牌标识设计的最终目的是让公众和消费者通过标识了解和认知品牌，所以在品牌标识设计上一定要体现出营销原则，易懂易记。

由于现在品牌名目繁多，如果设计出的标识缺乏创意，没有显著性，就不会给人以区别和启迪的作用。

2. 产品联想

品牌标识的本质用意就在于使消费者能够识别和宣传产品或服务，设计的标识要醒目直观，新颖独特，有冲击力，别出心裁。与产品或服务的特征联系起来，能够传递产品特点和功能，这样就易于给人留下较深的印象。

要达到企业国际化发展趋势的目的，标识的设计要考虑各种语言、各国的民族心理等因素。

3. 美观生动

品牌标识设计时应用美学、心理学等多方面的知识，把色彩、线条搭配得尽可能协调，让图案的设计用意清晰地表现出来。标识在设计上，图案与名称应单纯醒目，易于传播，易于理解记忆，并有强烈的感染力。品牌标识设计要相对稳定，又要富有时代特征，符合消费者的审美标准。

4. 易于传播

品牌标识不仅是消费者识别品牌、认知产品的途径，也是提高品牌知名度的一种手段。品牌标识在设计上其图案与名称应简洁醒目，易于认知，易于理解和记忆，也易于传播。

美国耐克公司的品牌标志是个小钩子，这个小钩子异常单纯简洁，使人过目不忘，小钩子的造型尖锐有力，疾如闪电，使人马上联想到产品的性能。

（二）常用的品牌标识设计的方法

品牌标识的设计必须与企业名称、品牌名称紧密地联系在一起，与品牌标识的主题相一致，这样的品牌标识才能对品牌名称起到升华作用。（图4-2、图4-3）

1. 文字和名称的转化

这一方法是直接运用一些字体符号或单纯的图形作为标识的组成元素。

这种方法的优点是识别力强，便于传播，容易为消费者理解含义。在创意上，往往借助象征、装饰点缀和色彩的力量，来增强标识的美感和公众的接受。如IBM、SONY、麦当劳的"M"标志、施乐的"X"标志、李宁体育用品的"L"标志，等等。

1995年施乐公司设计了新的"施乐"标志：以红色替代原来的蓝色，给人朝气蓬勃、充满生机与活力的视觉效果。为了衬映"施乐"公司的产品技术从传统的模拟技术跨入数字技术的领域，施乐标志的首字母"X"被实际放大成在右上角做数字化处理的特殊效果。

图 4-2 知名的品牌标识（1）

2. 图形象征与寓意

以图形或图案作为标志设计的元素，都是采用象征寓意的手法，进行高度艺术化的概括提炼，形成具有象征性的形象。

图形标识因为较易被人在视觉上接受，故也得到普遍运用。特别是一些作为象征物，比如太阳、眼睛、女人的体态、星星、王冠等。在世界文化不断融合的进程中也受到了重视。虽然，这些商标在不同的国家里，象征意义有所不同，但普通大众对它们的熟知已跨越了异国传播的障碍。

图 4-3 知名的品牌标志（2）

六、品牌传播策划

品牌传播的过程也是消费者对该品牌的逐渐认识过程。

通过何种媒体及其组合并向消费者传递品牌个性的信息，用何种方式演绎和传达品牌个性，都必须注意品牌个性与传播媒介的一致性。

1. 寻找目标顾客和品牌的接触点

媒介策划应该从顾客和消费者怎样与企业的品牌进行接触开始。要弄清楚那些可能会成为企业品牌的最佳顾客或潜在消费者的人，可能会以何种方式、在什么时候、什么地点接触到企业的品牌。

知识共享 4-4

品牌接触点管理

要经营好一个品牌，广告只是一个方面，营销人员更需要关注的是品牌接触。消费者能通过不同的层面来接触品牌，每一个层面的体验都会有所不同，而品牌接触管理就是要让这些不同都变成一种核心利益的共同感受。

品牌接触点可以分为三个层面：

第一个层面是消费者只能看，只能听，却接触不到。大部分都是由企业从单一的角度来传播产品信息，他们往往会把产品的特点和利益，以较为夸张的描述传达给消费者，然后让消费者去想象、去体会。

第二个层面则是实质性的接触阶段，消费者带着企业所传播的品牌理念，进一步去实际地接触和体验品牌，消费者能全面地感受产品，感受服务，感受每一个体验的细节。

第三个层面是在消费者采取了实际的购买行为之后，对品牌和产品有了更深入的体验，如果消费者所感受到的与企业所宣传的差别不大，而且产品的确给消费者带来了很大的利益和价值的话，那么，就会形成连续消费。

企业要定期"品牌审计"，分析一下：企业的品牌是否能够传递对顾客真正有价值的利益？品牌是否被很好地定位？是否所有的消费者接触点都支持这一品牌定位？企业员工是否知道该品牌对消费者意味着什么？该品牌是否能够得到合适的、持续的支持？通过这样的品牌审计，企业可以更清晰地审视是否在每一个接触点上都给顾客创造了正面的、积极的关联体验，从而可以更好地进行品牌接触点管理。

就拿麦当劳、肯德基来说，无论到他们位于世界上任何角落的门店里，消费者都能感受到整齐划一的风格，都能体验到同样优质的服务。他们的品牌是靠每一个服务细节来不断支撑的，消费者无论是在媒介广告商看到他们的产品还是到店里去消费他们的产品，在所有的品牌接触点上，他们都是一致的，都是相吻合的，这样他们的品牌才能恒久。

---

2. 寻找目标顾客愿意接受品牌信息的方式

企业努力在顾客和消费者出现的地点和时机，以他们愿意接受的方式出现，传递必要的品牌信息。

寻找在消费者和顾客与品牌信息的接触过程中，对于顾客和潜在消费者来说，最相关、最重要的信息，以及他们认为最有意义的激励手段。

3. 通过一种简明的方式来表达

再好的品牌主张若无法准确表达，表明方式选择不对，都会致使传播过程失真，传播对象不易于理解和接受，传播目标难以实现。

4. 传播主张具有持续性

如果一种传播主张朝令夕改，消费者就会对某一具体的企业形象和品牌产生认知错乱。因此，品牌的独特销售主张（UPS）必须放到企业的战略蓝图里面去，企业的 CI 系统也要尽早定夺，将诉求的主体和主题定下来，在正确的方向下走最佳的途径。

5. 传播主张的差异性

对于消费者而言，能够比较明显地区分不同品牌，需要的就是各自的特征表现，因此在品牌传播中，企业优势和独特卖点需要淋漓尽致的阐释和重复的表达。产品与服务的质量、功能、各种细节等，都是可以被竞争者仿效、抄袭，甚至超越的。可以区分于同类、令消费者情有独钟的法宝，只有企业的品牌和品牌形象。

6. 基于消费者的心理与行为

了解目标传播对象的消费心理与消费行为，可以使传播设计更加有的放矢，加强企业与消费者的互动性，可收到事半功倍、立竿见影之效。

7. 选择一套有效的途径

通常的传播渠道分为传统途径和网络途径。

传统途径主要是指报纸、杂志、电视、广播、户外广告、POP、交通广告、社区公益广告牌等，传播的内容一定要集中在消费者的兴趣上，对企业最重要的内容和消费者最感兴趣的内容一定要交代清楚。

网络途径是指搜索引擎登录、网络论坛和新闻组、友情链接登录和网站排行榜登记以及自身商务网站的建立等。

品牌最有效的传播途径应采用传统与网络相结合，双管齐下，并驾齐驱。

8. 整合传播保持一致

整合营销传播指将各种传播方式有机地组合运用，用同一种策略、同一种节奏，作用于消费者的各种感观，达到同一种信息的有效传达，也就是"同一种声音"。

9. 选择媒体组合，并设计一套传播方式

根据目标顾客并结合自身的实力和媒体特点来进行媒体选择，挑选出最适合企业品牌传播的一组媒体，设计一套具体的行动方案，进行品牌的整合营销传播。

10. 传播方案的执行与督导

执行传播方案，并对执行过程进行监控与调整，保证品牌传播目标的实现。

> **案例 4-6**　　**宜家是怎么建立家具帝国的？**
>
> 　　宜家在家居行业的霸主地位日益凸显，在世界范围内的家具帝国地位也越来越巩固，过去60年，宜家在世界范围内取得了非凡的成就。从企业经济学的角度看，宜家的成功源自它领先的设计、世界范围内的采购和一套近乎完美的制造销售流程。巨大的销量和低成本使宜家获得了巨额利润。
>
> 　　1943年，17岁的中学生英格瓦·坎普拉德在欧洲成立了一家贸易公司，并取名为IKEA（宜家）。勤奋好学的英格瓦在高等贸易学校学习了经济学理论，教授告诉他，买便宜货的一个重要途径就是直接进口。他记住了这句话，并一直这样做。他不断地从国外进口商品，再卖给零售商。
>
> 　　英格瓦认识到，通过产品目录和简介，顾客根本无法了解商品的质量。在经过公司的思考和讨论后，他决定把商品拿出来展览，让顾客参观家具店，并通过这种眼见为实的方式赢得顾客的信任。
>
> 　　战略定位：追逐风格又图便宜的年轻人。宜家在类似居室的环境中，展示各种商品，顾客无须请设计师把这些家具搭配在一起。与展示厅毗邻的是一个庞大的仓库，顾客可以自己取货。
>
> 　　低价优势：顾客自助模式。少量的工作人员、顾客自己运输和组装、产品易于生产且多样化、现场大量的存货及从供货商那里得到长期大量订货，这些为宜家节约了大量的成本，并带来低价的结果。低价优势的来源是从低收入国家直接进货，让顾客自助服务。
>
> 　　当然，当宜家抢占一个新的销售区域时，市场营销先行，铺天盖地的产品目录是其撒手锏。
>
> 　　（改编自郭海峰《哈佛商学院必修课：经济·管理》，电子工业出版社2014年版。）

练习与思考

一、选择题

1. 品牌的本质是（　　）。
   A. 质量　　　　　　B. 文化　　　　　　C. 服务　　　　　　D. 管理
2. "开开"品牌产品的目标市场是工薪阶层，它把工薪阶层分为三个层次：收入一般、消费俭朴的普通消费群，消费超前以款式为主的青年消费群，收入丰厚、重工重料的白领消费群。这属于品牌定位原则的（　　）。
   A. 档次定位　　　　　　　　　　　　B. 比较定位

C. 类别定位　　　　　　　　　　D. 功能性定位

3. "五谷道场"方便面特意强调其"非油炸"的特性，这是采用（　　）。
A. 档次定位　　　　　　　　　　B. 比较定位
C. 类别定位　　　　　　　　　　D. 功能性定位

4. （　　）是品牌的脸面。
A. 文化　　　B. 形象　　　C. 广告　　　D. 创新

5. （　　）力图在消费者心目中形成该品牌等同于某类产品的印象，以成为某类产品的代名词或领导品牌。当消费者有了这类特定需求时就会联想到该品牌。
A. 比较定位　　　　　　　　　　B. 比附定位
C. 功能定位　　　　　　　　　　D. 类别定位

6. （　　）指企业可以通过各种方法和同行中的知名品牌建立一种内在联系，使自己的品牌迅速进入消费者的心智，借名牌之光使自己的品牌生辉。
A. 情感定位　　　　　　　　　　B. 消费者定位
C. 比附定位　　　　　　　　　　D. 功能定位

7. （　　）是运用产品直接或间接地冲击消费者的情感体验而进行定位。
A. 档次定位　　　　　　　　　　B. 比较定位
C. 文化定位　　　　　　　　　　D. 情感定位

8. （　　）的选择是品牌传播策划的关键部分，直接关系到是否能够有效地将品牌特征信息传递给顾客或潜在的消费者。
A. 品牌传播原则　　　　　　　　B. 品牌传播媒介
C. 品牌传播对象　　　　　　　　D. 品牌传播观念

二、分析题
1. 品牌策划的内容包括哪些？
2. 品牌名称设计的常用方法有哪些，举例说明？
3. 如何做好品牌传播策划？

实战训练项目：广汽集团传祺汽车品牌传播策划

一、项目名称
广汽集团传祺汽车品牌传播策划。
二、项目目标
掌握品牌传播策划的方法，能够进行一般的品牌传播项目策划。
三、项目需求说明
（一）项目背景
广汽传祺是广汽集团为提升核心竞争力，实现可持续发展而打造的国产品牌。2010年12月，首款车传祺GA5轿车成功推出市场，随后陆续推出多款车型。2017年，广汽传祺销量达50.86万辆。
广汽传祺在技术、配置、品质各个方面都具备了与合资品牌及同级别进口品牌相抗衡的实力,作为自主品牌的先锋,继续冲击中高端市场。目前,广汽传祺已在科威特、阿联酋、智利、柬埔寨、尼日利亚等14个国家布局了销售和服务渠道营销网络,并计划2019年进军北美市场。传祺GS4、传祺GS7均在北美车展上全球首发,并成为北美车展110年历史上首个进入主展馆的中国品牌,也是首个参加全美汽车经销商大会的中国汽车品牌。

广汽传祺是广汽集团的首款自主车型,定位中高端市场。以坚持"为亲人造好车让世界充满爱"的品牌理念,整合广汽集团资源与经验,坚持自主创新,致力于开发适合国人驾驶习惯与道路特点的车型。

传祺的成功诞生,填补了广汽集团的产品空白,扩宽了广汽的产品厚度,也有力彰显了广汽的研发能力。经过多年与国外品牌合资的经验,国内车企的工艺、研发、品牌管理水平都取得有质的飞跃。

(二)项目需求

自主品牌的成功与否,关系着一家车企未来几十年的发展。品质形象的缺失,已成为众多国内车企难以逾越的发展障碍。面对着广阔的市场,以"传祺"为代表的广汽乘用车,能否在市场上大获成功呢?在这一点,广汽以"传祺"的市场定位对外界传递着自信,选择了竞争最为激烈的中高级车切入市场。

请为广汽传祺做品牌传播策划方案,并完成品牌传播策划书。

四、项目实训步骤

(1)学生3~5人为一组,组建各自的策划小组,给自己的策划小组取名。

策划小组名称:_____

队长:_____

队员:_____

(2)教师作为项目企业的代言人,向策划小组进行需求说明。

(3)教师引导各策划小组,按照所学的品牌策划的知识和技能,进行项目策划。

(4)选择1~2个策划小组在进行现场通报,同学讨论,教师讲评。

(5)各策划小组对项目策划进行修改。

(6)召开仿真项目策划通报会,进行仿真演练。

(7)教师对此次策划实战项目做总结,可向同学们展示讲解企业真实的项目策划。

五、项目实训要求

每个策划小组需完成策划书或现场通报PPT,可2选1,老师根据实际情况确定。

六、项目考核方式

考核方式:每个组对其他组的策划进行评价(30%)+老师对每个组的策划书进行评价(70%)。

教师用评分标准

项目策划小组：　　　　　　　　　　　　　评阅人：

序号	评分要素	分值	评分
1	项目策划的完整性	20	
2	项目策划合理、科学，思路清楚、结构清晰	20	
3	项目策划的可操作性	20	
4	项目策划的版面美观设计	10	
5	项目策划的创意	10	
6	项目策划的应用价值	10	
7	合作默契、体现团队精神	10	
	总分	100	

学生互评评分表

评价组：

被评组	你们认为该项目策划的最大优点	你们认为该项目策划的最大缺点点	评分 1～100分
1			
2			
3			
4			
5			
……			

总评分表

被评组	教师评分（70%）	学生评分平均分（30%）	总评分
1			
2			
3			
4			
5			
6			
7			
8			
9			
……			

【练习与思考】参考答案

一、选择题

1. A 2. A 3. C 4. B 5. D 6. C 7. D 8. B

二、分析题

略。

项目五　分销渠道策划

知识目标

1. 掌握分销渠道的含义、类型和模式。
2. 掌握选择中间商的方法。
3. 掌握分销渠道策划的方法。
4. 掌握分销渠道管理的方法。

能力目标

1. 能进行分销渠道各环节的策划工作。
2. 能进行分销渠道的评估和管理。
3. 能编制分销渠道策划书。

策划方案示例

康乐运动 App 营销渠道推广方案

一、前言

2015 年，"互联网＋"被写入了政府工作报告，这说明"互联网＋"被真正纳入了国家发展战略，将促进及支撑中国"大众创业、万众创新"的国家意图。那么作为互联网行业的创业、创新者，可在"十三五"期间借助政府对互联网行业一系列的优惠及扶持政策，用"互联网＋体育"的思维盘活社会体育运动资源，激发和引导全民健身运动，提高国民身体素质及促进社会体育产业繁荣发展。

另外，"互联网＋体育"的深度融合可以有效解决社会体育运动资源高效利用，解决消费者在体育运动消费中的一系列痛点和难点。比如解决足球发烧友"约球难"的问题，可直接通过互联网平台实现约球及互动。再比如健身场馆信息与健身爱好者信息不对称问题、健身场馆设备利用不足问题等，都可通过平台功能得到很好的解决。

二、康乐运动 App 平台介绍

康乐运动 App（应用程序，Application 的缩写），是基于腾讯开放平台下开发的一款运动类兴趣社交 App，是一个独立运营管理的兴趣社交平台。基于该平台，用户可就感兴趣的体育运动话题进行交流、互动、内容分享、交友等。同时也可完成相关的运动邀请、球赛邀约、结伴运动旅游和运动场馆预订等基本功能。如图 1 所示。

康乐运动 App 社交平台筹备于 2016 年 2 月，预计于 2016 年 7 月上线。平台将

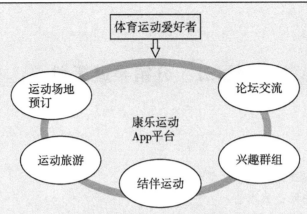

图1 康乐运动 App 平台结构简图

首先推出的是手机移动客户端［iOS（苹果公司的移动操作系统）版和安卓版］，方便用户随时随地通过手机登录平台，满足用户获取体育运动内容信息的各种需求。平台后期将继续上线 iPad 和 PC 端版本，方便客户多渠道的登录要求。康乐运动的愿景是致力于整合运动资源方便用户运动，而且基于运动兴趣话题分享、交流和交友。用户分享的 UGC（用户原创内容）内容，经过计算机整合后，转化为社区平台的大众资源，再以个性化的方式反哺给个体，形成平台内良性循环，提高用户获取内容的效率，解决用户痛点，提高用户黏度。

三、策划目的

（1）扩大目标用户群，短期内快速拉取新用户，提高用户数量。

（2）借助用户裂变式的口碑营销，快速提高品牌的知名度。

四、市场分析

1. 行业分析。

2014 年国家印发《关于加快发展体育产业促进体育消费的若干意见》中，就提出到 2025 年要实现体育产业总规模超过 5 万亿元，这说明在国家大力倡导下的中国体育产业发展前景良好且发展空间巨大。

国内 App 社交平台分为两大类：一类是维护社会真实的人际关系为基础的社交 App，如熟人社交 App 微信、QQ 等。另一类是基于某种兴趣而聚合的社交 App，如音乐社交网易云音乐、图片社交 Instgram、运动社交咕咚等。最近几年从社交 App 的发展趋势，我们不难发现，兴趣社交 App 不断涌现，社交 App 向着更加垂直化、专业化的方向发展。运动社交 App 正是基于用户对于某种运动的兴趣，在 App 中融入了社交分享的元素，使得运动爱好者之间产生关联，就共同兴趣话题进行互动交流。

2. 中国运动社交 App 用户分析。

从国内市场调查情况来看，国内运动社交用户高学历、年轻男性居多，其中 35 岁及以下用户占比为 73.7%，男性占比约为 61.7%。受国内体育运动文化影响，大部分体育赛事观看及运动项目均以男性居多。另外，35 岁以下用户体质基础更为良好，更为活跃地接收运动信息，同时，其受地区经济发展水平影响也很大。居住在一、二线经济发达城市的人更追求运动时尚，运动健康观念更强。其中一线城市用户最多，占比为40.1%，二线城市用户占比为34.0%。较高的地区经济发展水平保障了运动爱好者的消费能力和消费需求，运动用户的个人月均收入超过7000元，家庭月均收入接近2万元，属于中高产阶级人群，移动互联网的发展为运动社交App的产生提供了重要的技术支撑。

3. 康乐运动App的优劣势

康乐运动App具有明显的优势：

(1) 产品崇尚阳光时尚、注重个性化与情感化。

(2) 追求高品质，简约好用，注重用户体验。

(3) 康乐运动是一个"泛运动"的社交平台，明显差异化于单一运动社交App。囊括多种运动，内容丰富、功能齐全、注重服务创新，既满足具有单一运动爱好的用户，也可以满足具有多种运动爱好用户。

(4) 与腾讯开放平台合作，也是康乐运动App的优势之一。腾讯可给产品带来巨大的流量和精准定位的用户群体。有利于产品的营销推广，快速提升企业知名度。

康乐运动App的劣势：

(1) 行业市场主要竞争者如悦动圈、咕咚、乐奇足球等运动社交品牌已经在这一兴趣社交市场上拥有了相当稳固的用户量，且用户都有一定的惯性及黏度，快速拉取新用户将遇到困难。比如咕咚就拥有2500万超高活跃度用户。因用户使用习惯且基于兴趣已建立起一定的朋友圈，让用户重新选择新的运动社交App产品，需要有非常好的切入点及创新点。

(2) 对于要在竞争激烈的运动社交App市场上打响知名度，快速建立用户群体，需要特殊的推广方案吸引新用户。与此同时，运动社交App的先进产品理念，也不断被行业竞争对手所模仿。

(3) 缺少创新，同质化严重。目标用户相似甚至相同，用户体验没有创新，体验效果较相似。

综合以上分析，对于要在竞争激烈的运动社交App市场上打响知名度，快速建立用户群体，需要特殊的宣传方案吸引新用户。而关键取决于App的用户规模以及线下的运营能力。因此，渠道策划是康乐运动App运营初期最重要的一个环节。

五、渠道策略

康乐运动App的市场定位于一款"阳光时尚、高品质、个性化及情感化"的高品质运动社交App平台。在功能上主打"泛运动"社交。在内容运营上，强调个性化的运动模式和场地设施的整合。

因此，康乐运动App将探索一条线上、线下渠道相互配合，相互支撑的整合营销推广方案。不会单单局限于线上营销，将会同时借助线下用户接触点资源推

广，来支撑线上的营销活动。（图2）

线上营销推广活动主要通过腾讯开放平台营销推广渠道、微博营销、微信和其他网络营销推广渠道等展开主题营销活动。

线下营销推广活动则通过与高校、商业合作及用户接触点进行品牌营销活动。线下接触点主要涉及高校校园、运动场所、白领办公区域等。

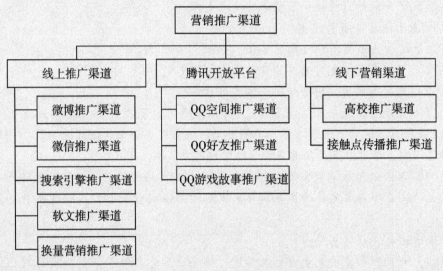

图2　康乐运动App推广渠道

六、康乐运动App推广渠道设计

1. 线上推广渠道。

（1）微博推广渠道。

目标：在新浪、腾讯网创建官方微博。有规划地营销推广品牌，为产品上线后提升下载量和知名度。

主题："我运动我快乐我健康"。

内容：围绕App的阳光时尚的品牌形象及"泛运动"社交平台亮点创造热门话题，将平台线下活动的趣味性的元素融入微博营销中。

1）利用微博话题引起讨论。比如App平台球赛转播、球星采访、知名教练健身视频、社会搞笑话题等。

2）举办线上有奖活动。线上策划发布"球队＆球员评论"活动，优秀UGC内容在规定时间内点击率超过2万次可赢得中超门票或是演唱会门票，超过5万次可赢得价值2000元的大礼包，超过20万次赢iPhone 6手机，等等。同时设置日常有奖活动，如登录积分赢球赛门票或演唱会门票，制作你最喜欢的球星、运动明星、球队的海报，如果点击量超过一定数量后可赢旅游机票等活动。

3）名人互动吸粉。关注粉丝较多、号召力较大的体育明星或是娱乐明星的微博，潜伏进去寻找机会创造话题，以第三者的身份慢慢且自然引入康乐运动App话题。

经费预算：微博营销需要花时间且费心思，预计 30000 元。

（2）微信与 QQ 聊天工具推广渠道。

目标：增加 App 用户量 8 万人。提升康乐运动 App 品牌知名度。

活动内容：

前期：完善 App 微信公众平台信息及相关内容；制作设计康乐运动 App 二维码和宣传文案；搜索 QQ 与微信群中的运动群组，并加入该群组。

中期：

1）微信公众平台推广期间，凡经微信推荐扫描二维码并关注的用户，新老用户都将获得微信红包 0.5 元钱，活动时间为 3 个月。

2）全员参与微信与 QQ 朋友圈营销推广活动，发展目标用户。

3）在 QQ 与微信目标群组内以第三方的身份渗透式地推广。

经费预算：红包派送费用预计 40000 元。

（3）搜索引擎推广渠道。

目标：增加 App 用户量下载量 5 万，提升康乐运动 App 品牌知名度。

内容：

康乐运动平台将设计自己简易的推广网站，在网站上详细介绍 App 的主要功能及操作界面。网站上会有呈现用户分享使用体验，也可一键下载 App。

此部分工作将委托外包服务来完成。康乐运动 App 通过竞价排名拉取新用户，即平台推广网站付费后让搜索引擎排名置顶。康乐运动 App 首先选择关键词是"时尚运动社交 App"。同时可以通过设定"球赛要约、运动旅游"等特殊关键词，吸引不同类型的目标访问者。

竞价搜索平台选择：

1）百度搜索推广平台。

2）360 搜索推广平台。

3）搜狗搜索推广平台。

每月登录搜索引擎查看 App 下载量及流量统计数据，评估内容包含：①App 下载量、用户数增长数。②App 下载量排名的变化，比如在各大搜索引擎下载量排名变化。③针对 App 的整体评估结果，调整搜索引擎渠道选择。

经费预算：

1）各大搜索引擎竞价排名费用，预计费用 30000 元。

2）每月搜索引擎营销推广的效果统计，并编成报表，预计费用 2000 元。

（4）"软文"推广渠道。

目标：增加 App 用户量 7 万人。提升康乐运动 App 品牌知名度。

内容：以月度为单位，从各个角度来挖掘康乐运动 App 核心内容点和宣传点进行"软文"营销。

每月可选择 2~3 则"软文"来做宣传，在每月的第 1 周和第 3 周发布出去。结合康乐运动 App 体育运动热点事件，在网络平台上强力造势，比如借助康乐运动 App 平台举办的地区高校足球联赛活动来造势。同时，借助行业专家的分析，巧妙地引出 App 创办者的构建"互联网+运动"的观点。

网络媒体选择：

优先选择百度贴吧、咕咚运动社交平台、天涯网、陌陌网、西祠胡同论坛等，选择新华网、央视网、新浪网等全国性主流网络媒体上发表。

效果评估：每月制作一个网络营销推广评估报表，评估内容包含：

1）康乐运动 App 下载量、用户数增长数。

2）App 下载量排名的变化，比如在各大 App store 市场上下载量排名变化。

3）针对 App 的整体评估结果，调整媒体渠道选择和活动方式选择。

经费预算：

1）"软文"发布每月发布到至少 8 个网络媒体，预计费用 11000 元。

2）每月撰写 3 则"软文"，预计费用 1600 元。

3）每月统计"软文"营销推广效果，编辑成报表，预计费用 2000 元。

（5）换量营销推广渠道。

换量就是置换资源，你用我的，我用你的。可跟市场应用换，也可跟其他的 App 换。一般说是等值互换，但也不可能完全相等。

目标：增加 App 用户量下载量 5 万，提升康乐运动 App 品牌知名度。

内容：

优先换量合作 App 选择

1）咕咚（专注于跑步）。

2）悦圈跑（专注于跑步）。

3）乐动力（专注于跑步、骑行等）。

4）Nike + Running（专注于跑步体育用品电商）。

效果评估：每月统计换量合作伙伴的引流及导流数据，评估内容包含：

1）App 下载量、用户数增长数。

2）各大平台 App 下载量排名的变化。

3）针对 App 的整体评估结果，调整换量合作对象。

费用预算：

1）各大搜索引擎竞价排名费用，预计费用 20000 元。

2）每月搜索引擎营销推广的效果统计，并编辑成报表，预计费用 2000 元。

2. 腾讯开放平台推广渠道。

腾讯开放平台给基于此平台开发出来的第三方 App 提供了十多种市场营销推广的渠道。这其中既有腾讯开放平台主动进行推广的，也有第三方 App 通过自主调用平台 API 接口，接入腾讯开放平台实施市场营销推广策划。

（1）平台主动是腾讯开放平台为第三方 App 提供的、直接默认的、免费的推广渠道。一旦第三方 App 接入腾讯开放平台，平台就会自动推广 App，比如在平台特定区域展现 App。

（2）App 自主是第三方开发者调用腾讯开放平台 App 自主推广渠道 API 接口，接入 App 自主推广渠道，而后在平台上，策划营销方案来实现 App 市场营销推广行为。

1）QQ 空间渠道推广方案设计了一个对接 QQ 空间 API 接口的程序，并且将程序内置于 App 中。当 QQ 空间用户登录 QQ 空间，程序就可直接获取用户信息，并向 QQ 空间用户推广 App。从而实现了借助 QQ 空间开放平台进行病毒式营销推广目的。

2）开通"QQ 好友邀请"推广渠道 API 后，康乐运动 App 的用户可直接在 App 内邀请 QQ 好友一起使用康乐运动 App。好友接受邀请下载登录康乐运动 App 后，老用户将收到邀请成功通知，引导老用户再次进入应用，从而提高应用的留存率和活跃度。

3）QQ 游戏故事渠道推广方案，康乐运动 App 接入 QQ 游戏故事推广渠道后，具有分享功能。

用户在 App 中触发分享动作时，操作界面中会出现分享弹框，用户点击"分享"按钮后，可将自己在康乐运动 App 中的新鲜事在 QQ 平台个人动态中展现给好友，吸引好友通过点击分享中的链接进入康乐运动平台 Wap 版界面，直接体验。

在使用 QQ 游戏故事渠道前，康乐运动平台策划"快乐与健康运动"为主题的相关分享内容，抓住用户偏好，鼓励用户进行分享。文案是否吸引人，是用户的好友是否愿意进入应用的关键。

3. 线下推广渠道。

（1）高校合作推广渠道。

主要任务是策划地区高校球赛与高校洽谈校内运动会、校内联赛、校内晚会等的赞助权。利用机会宣传康乐运动 App 品牌，扩大品牌知名度。

邀请足球运动员参与联赛开幕式和闭幕式。比赛场地选在高校校园内部，联赛设立各种奖杯、奖金。

高校体育活动赞助，与校方洽谈赞助合作模式，必须取得冠名权。赞助的体育活动必须要求每一场活动都得有系统的活动方案，并与 App 品牌形象相契合。同时也要对赞助活动效果进行评估，为长期合作做准备。

方案实施：

1）前期宣传工作，官方网站、App、微博等进行消息发布，与用户互动，如发起你最想见的足球运动员投票活动，邀请球员参与开幕式与高校学子互动。

2）根据微博、App 等各平台数据统计分析后，有针对性地确定主题和足球运动员，提前进行沟通策划，提前公告时间与地点。

3）考察、寻找体育产品品牌合作（李宁、安踏），承担活动费用。同时借助此话题进行线上和线下宣传，扩大品牌知名度。

4）每场球赛现场安排筹集活动，参与抽奖的用户可有机会获得国内球赛门票或是城市音乐会、演唱会门票。

5）球赛现场 Logo（标识）、横幅、宣传海报视觉宣传品牌。球赛进行的同时，可在现场进行下载App赠送珍美礼品活动，配合球赛推高人气，将高校足球联赛成为地区有知名度的赛事，从而反过来支撑App平台的宣传。

(2) 接触点传播推广渠道。

通过分析目标用户群体（都市白领、高校大学生、健身爱好者等）的活动区域，确定目标用户群体线下接触点后进行针对性广告及海报传播。

通过制作有意思的广告宣传画，吸引目标用户的眼球，提高康乐运动App的曝光率。

接触点1：运动健身场所

体育馆	健身房	足球场	羽毛球场	室内篮球场
LED（发光二极管）广告+海报	LED广告+海报	LED广告+海报	LED广告+海报	LED广告+海报

接触点2：大学生生活区域

宿舍楼	图书馆	操场	校园道路	食堂
印刷品+海报	海报	LED广告	横幅+海报	电视广告+海报

接触点3：白领生活空间

办公楼	商场	娱乐场所	交通运输	居住小区
电梯海报	LED广告	海报	交通电视+海报	海报

目标：增加App用户量下载量5万，提升康乐运动App品牌知名度。

内容：在小区门口、高校宿舍楼入口、写字楼一楼大厅及运动场馆入口等摆放宣传海报，开展扫码有礼的活动。凡扫描二维码关注康乐运动App公众平台的，将获得赠送精美小礼品，活动时间为3个月。

按要求制作精美宣传海报及广告，摆放在目标群体接触点。

经费预算：包含LED广告的制作费用，预计100000元。

七、项目总体经费预算

（略）。

八、项目总体效果评估

（略）。

（摘自曾繁武《康乐运动App市场营销推广策划方案》，广西大学2016年工商管理硕士学位论文。）

一款成功的应用，开发App只是第一步，比App开发更难的是后续的运营和推广。运营及推广策略主要是进行渠道管理,如应用市场投放、移动论坛、市场活动、"软文"投放、社交化媒体选择等。

本案例通过整合线上、线下的营销渠道进行营销推广,为中国兴趣社交平台的市场营销推广提供了新思路与新方法。同时,从这个案例中也了解到虽然线上渠道策划和线下渠道策划内容有较大的区别,但基本的策划思路和流程是一致的。

一、认识渠道策划

分销渠道是指产品由企业(生产者)向最终顾客(消费者)转移过程中所经过的各个环节,即企业通过中间商(转卖者)到最终顾客的全部市场营销结构。(图5-1)

企业是分销渠道的起点;顾客是分销渠道的终点;企业与最终顾客之间,参与了产品的销售活动或者帮助了这种销售活动的一切单位和个人,称之为中间商。

渠道策划就是为实现分销目标,企业根据自身的经营实力、行业地位、产品特性等进行分析后、对渠道模式的一种设计,包括渠道的长度、宽度、类型、中间商的选择及设计。

企业(生产者)　　　　中间商　　　　顾客(消费者)

图5-1　分销渠道示意

二、渠道策划的主要内容

渠道策划在营销策划书的基本结构上,区别于其他策划的主要内容包含三方面:确定渠道的层次,确定渠道的类型、选择合适的中间商,具体内容如下。

(一)确定渠道的层次

在产品从企业(生产者)向最终顾客(消费者)转移过程中,任何一个对产品拥有所有权或销售权力的机构就叫一个渠道层次。

1. 渠道长度

渠道长度是指产品从生产者流向最终顾客的整个过程中,所经过的中间层次或环节数。

中间层次或环节越多,则渠道的长度越长;反之亦然。

零层渠道也叫直接市场营销渠道，是指产品流向顾客的过程中，不经过任何中间商转手的销售渠道。

一层渠道是含有一个销售中间机构（代理商、批发商、零售商等）的渠道。

二层渠道是含有两个销售中间机构的渠道。

2. 渠道宽度

渠道宽度是指，组成分销渠道的每个层次或环节中，使用相同类型中间商的数量。同一层次或环节的中间商较多，渠道就较宽；反之，渠道就较窄。

> **知识共享 5-1**
>
> 广泛分销：指生产企业在同一渠道层次中同时选择较多的经销商或者代理商来推销本企业的产品。它适用于一般消费品及生产资料中的经常耗用品或标准品。
>
> 选择性分销：生产企业在同一渠道层次中选择少数几个经销商来推销本企业的产品。它一般适用于消费品中的选购品、特殊品和生产资料中的零件、辅助设备。
>
> 独家专营分销：指生产企业在一定时间、地区内，同一渠道层次中，只选择一个经销商来推销本企业的产品。它一般适用于生活消费品中的特殊品（如高级乐器）和需要现场操作表演、介绍使用方法、加强售后服务的产品。

（二）确定渠道的类型

分销渠道的长度和宽度确定好后，分销渠道的类型大致也就确定好了。

分销渠道从不同的角度划分，可分为不同的渠道类型。（表5-1）

表5-1 常用分销渠道类型及其优缺点

标准	模式	形式	优点	缺点
是否有中间环节	直接分销	上门推销、直销中心、网络直销	交易快捷、成本低	推广力度小
	间接分销	经销商、代理商、网络中间商销售	推广力度大	提高产品成本
中间环节多少	长渠道	有两层以上中间商环节	推广力度大	控制性差，成本高
	短渠道	零级、一级分销，没有或只有一层中间商环节	成本低、速度快	推广力度有限
选用中间商数	宽渠道	密集性分销	推广力度大	渠道控制力降低
	窄渠道	选择性分销、独家分销	渠道控制力强	推广力度有限
选用渠道模式多少	单渠道	选择一种渠道模式	渠道控制力强	推广力度小
	多渠道	选择两种以上渠道模式	渠道控制力弱	推广力度大

营销策划人员应该根据渠道类型的种类及其优缺点,为客户企业选择一套有着较强执行力的渠道系统。(表5-2)

企业选择合适的分销渠道类型,目的在于提高流通的效率,不断降低流通过程中的费用,确保在市场竞争中的优势地位,增加销售量,并合理分配渠道成员的利益,保持渠道的相对稳定。分销渠道的模式可以是一种,也可以是多种类型的组合。

> **知识共享 5-2**
>
> 影响渠道类型选择的主要因素:
> ● 产品因素(大小、重量、标准与否、新品、性质)。
> ● 市场因素(季节性和消费者群体的购买习惯)。
> ● 公司本身因素。
> ● 竞争因素(渠道方式、独卖权)。
> ● 中间商情况。
> ● 环境限制(宏观经济环境等)。

表5-2 不同渠道因素影响下的渠道类型选择

影响因素		渠道选择 长渠道	短渠道	宽渠道	窄渠道	影响因素		渠道选择 长渠道	短渠道	宽渠道	窄渠道
产品	价值	低	高	低	高	企业	企业实力	弱	强	强	弱
	属性	稳定	不稳	稳定	不稳		管理能力	弱	强	强	弱
	体积重量	小	大	小	大		控制愿望	小	强	小	强
	技术性	弱	强	弱	强	中间商	积极性	高	低	高	低
	通用化	高	低	高	低		经销条件	低	高	低	高
	寿命周期	后期	前期	后期	前期		开拓能力	强	弱	弱	强
市场	市场规模	大	小	大	小	环境	经济形势	好	差	好	差
	市场分布	分散	集中	分散	集中		国家政策法规	依法设计分销渠道			
	购买习惯	便利	选购	便利	选购						

> 营销策划：方法、技巧与实战

案例 5-1	奥岚雪化妆品在湖南省分销渠道的设计（线下渠道）

1. 渠道类型设计

渠道类型	说　　明
偏短型	①目标市场范围不是很大，顾客集中程度较高，只是在湖南省的各大市区而已； ②节约成本； ③容易管理和控制； ④突出中高档定位和产品品牌

2. 渠道模式设计

渠道模式	说　　明
奥岚雪公司—网络分销—消费者	①通过奥岚雪品牌官方网络品牌，建立奥岚雪化妆品专门网站； ②此分销模式成本低，不受时间的限制。随着网络营销的发展、观念的改变，网上购物的人也会越来越多
奥岚雪公司—区域代理—零售商—消费者	①在湖南地区选择一个优质代理商，赋予湖南整个销售区域的代理权； ②区域代理商把奥岚雪的化妆品铺到湖南各大市区中。如区域代理商可以在各大市区的大卖场设立具有奥岚雪化妆品品牌的专卖柜。并对专卖柜的营销人员进行专业的培训。也可通过药店、大型连锁超市、美容院、发廊进行产品销售。这个渠道的模式效率较高，稳定性较强
奥岚雪公司—专卖店—消费者	①奥岚雪公司自行在湖南地区建立专卖店。专卖店的位置应选择顾客流量比较多的地带，并且要有针对性； ②专卖店的建立必须要有一定的规模，环境舒适，店内文化必须与奥岚雪相符合；公司直接委派专业的销售人员，专卖店是最短的分销渠道，奥岚雪可以完全控制产品的营销策略，有利于奥岚雪的品牌形象的建立和维护，有利于与消费者建立良好的人际关系，有利于奥岚雪节约销售成本，有利于奥岚雪公司提高自身的利润

3. 渠道政策设计

政策	说　　明
会员制	定期向会员邮寄免费的产品目录和杂志，用户不仅第一时间能够了解到产品的最新资讯介绍，还能免费索取试用装。会员还可以通过购买产品获得积分。这种积极回馈用户的会员制度抓住了用户希望得到更多实惠的消费心理

（资料来源：作者根据网络资料整理改编。）

(三) 选择合适的中间商

1. 选择中间商的原则

(1) 选择最接近目标消费者的中间商。

企业选择分销商，建立分销渠道，就是要把自己的产品打入目标市场，让那些需要企业产品的最终用户或消费者能够就近、方便地购买，随意消费。

分销管理人员应当注意所选择的分销商是否在目标市场拥有其分销通路（如是否有分店、网店、子公司、会员单位或忠诚的二级分销商），是否在那里拥有销售场所（如店铺、营业机构）。

(2) 选择经营方向和专业能力与企业分销需求相适合的中间商。

选择的中间商应当在经营方向和专业能力方面符合所建立的分销渠道功能的要求。

长期从事某种商品的经营，通常会积累比较丰富的专业知识和经验，因而在行情变动中，能够掌握经营主动权，保持销售稳定或乘机扩大销售量。一般来说，经营历史较长的分销商早已为周围的顾客或消费者熟悉，拥有一定的市场影响力和一批忠实的顾客，大多成为周围顾客或消费者光顾购物的首选之地。

尤其在建立短分销渠道时，需要对中间商的经营特点及其能够承担的分销功能严格掌握。

一般来说，专业性的连锁销售公司对于那些价值高、技术性强、品牌吸引力大、售后服务较多的商品，具有较强的分销能力。

各种中小百货商店、杂货店在经营便利品、中低档次的选购品方面力量很强。

只有那些在经营方向和专业能力方面符合所建分销渠道要求的分销商，才能承担相应的分销功能，组成一条完整的分销通路。

(3) 选择具有良好形象的中间商。在一个具体的局部市场上，显然应当选择那些目标消费者或二级分销商愿意光顾甚至愿意在那里出较高价格购买商品的分销商。这样的分销商在消费者的心目中具有较好的形象，能够烘托并帮助建立品牌形象。

(4) 选择与企业经营理念相一致的中间商。分销渠道作为一个整体，每个成员的利益来自于成员之间的彼此合作和共同的利益创造活动。从这个角度上讲，联合分销进行商品分销就是把彼此之间的利益"捆绑"在一起。只有所有成员具有共同愿望、共同抱负，具有合作精神，才有可能真正建立一个有效运转的分销渠道。在选择分销商时，要注意分析有关分销商分销合作的意愿、与其他渠道成员的合作关系，以便选择到良好的合作者。（图5-2）

2. 选择中间商的定量方法

除了遵循以上原则，定量方法可以作为企业选择中间商的参考。（表5-3）

渠道成员的选择

选择中间商（批发商、零售商、代理商）需考虑：

图 5-2 选择中间商的影响因素

表 5-3 选择中间商的定量方法

方法	操作方式
强制评分选择法	①对拟选择作为合作伙伴的每个分销商，就其从事商品分销的能力和条件进行打分评价； ②设置评分标准很重要，注意到不同因素对分销渠道功能建设的重要程度的差异，可以分别赋予一定的重要性系数； ③强制评分选择法主要适用于在一个较小地区的市场上，为了建立精选的分销渠道网络而选择理想的零售商，或者选择独家经销商
销售量分析法	销售量分析法是通过实地考察有关分销商的顾客流量和销售情况，并分析其近年来销售额水平及变化趋势，在此基础上，对有关分销商实际能够承担的分销能力（尤其是可能达到的销售量水平）进行估计和评价，然后选择最佳的方法
销售费用分析法	①联合分销商进行商品分销是有成本的，主要包括分担市场开拓费用、给分销商让利促销、由于货款延迟支付而带来的收益损失、合同谈判和监督履约的费用。这些费用构成了销售费用（或流通费用），它实际上会减少生产厂商的净收益，降低利用有关分销渠道的价值； ②销售费用的大小主要取决于被选择的合作伙伴的各方面条件和特征； ③可以把预期销售费用看作衡量有关"候选人"优劣程度的一种指标比较的办法有三种： A. 总销售费用分析法。在分析"候选人"的合作态度、营销战略、市场声誉、顾客流量、销售记录的基础上，估算各个"候选人"作为分销渠道成员，执行分销功能过程中的销售费用。然后，直接选择总分销费用最低的"候选人"； B. 单位商品（单位销售额）销售费用比较法。考虑到商品销售量对销售费用的影响，在评价有关分销商的优劣时，需要把销售量与销售费用两个因素联系起来综合评价； C. 费用效率分析法。方法之一就是选用某分销商的预期总销售费用与该分销商能够实现的商品销售量（或销售额）之比值，即单位商品（单位销售额）销售费用，作为比较的依据，来选择最佳的分销商作为分销渠道成员； 费用效率=某分销商的总销售额（或总销售量）/该分销商的总销售费用。不难发现，费用效率是单位商品销售费用的倒数

三、网商与微商

（一）网商

所谓"网商"，我国互联网实验室将其定义为"在信息和通信技术所构建的网络上进行商务活动的个人或企业"。中国电子商务协会认为，"网商"是指运用电子商务工具，在互联网上进行商业活动的商人和企业家。企业形象设计网认为，"网商"是指利用互联网作为企业或个人的商业经营平台，进行采购、销售、企业产品展示信息发布等企业日常经营活动，并以此作为企业主要经营手段的企业家或商人。"网商"的另一个显著特征是：利用网络现有的各种商业平台（如阿里巴巴、易趣、淘宝等）的诚信规则，通过提高交易次数和交易额，逐步建立起自己的网上商业信誉，并以此作为企业在网络贸易中提升和发展的基石。

综合以上定义，"网商"就是在互联网上进行商业活动的商人、企业家和个人。"网商"基于电子商务平台，通过集成和整合各种商务服务，构建一个电子商务生态系统，实现"网商"之间的大规模虚拟协作，共同提升竞争力和整体经济的运行效率，成为新型电子商务平台下创业的先行者和实践者。

（二）网商的发展

在信息社会和网络经济的背景下，"网商"的出现是互联网从娱乐到商业化发展的必然产物。

第一阶段：2000 年前后，我国互联网用户的上网行为主要是收发邮件、浏览新闻和搜索信息。2002 年后，短信、即时通信、交友和游戏成为上网者的最爱，形成一个个不同的社区，这是一个上网者开心的时期。2004 年后，中国互联网已经从"网民""网友"时代提升到"网商"时代，网络创业开始兴起并得到了蓬勃发展。当时在淘宝和易趣上聚集了相当多的专职和兼职卖家，淘宝有 5 万多卖家，市场总成交额达到 40 多亿元。该阶段的主要特征如下：网商数量增长迅速，以个体网商为主；很大一部分"网商"是由网民和网友转化而来的，盲目性较大；家庭是经营运作的主要载体。

第二阶段："网商"规模迅速扩大。该阶段的主要特征有："网商"数量继续放量增长，个人类"网商"依然是主力军，只有部分"网商"开始由兼职转变为专职；销售快速增长，市场份额与成交量扩展迅速；"网商"呈现区域集群态势。"网商"的地域分布集中，主要分布在江苏、浙江、上海、广东、北京等地以及电子商务配套基础设施较好的区域；网购物品种类较少，集中在新、奇、特产品和非主流产品。由于在传统市场上比较鲜见，加上购买群体基本为年轻人，所以这些产品的成交率较高。

第三阶段："网商"进入迅速放量增长阶段大约在 2007 年。在这个阶段，市场份额扩张很快，企业数量迅速增加，核心产业的就业人员数量大幅增长。随着中国网购市场的稳定快速发展，市场环境进一步成熟，网络购物在全国消费品销售市场中的地位日益凸显。该阶段的主要特征有：成交量持续增长，产品数量迅速攀升。2007年上半年淘宝网成交额突破157亿元，比2006年上半年增长了近200%；网购商品范围继续扩大；专业化趋势明显，部分"网商"正式成立公司，经营企业类"网商"增多，B2C雏形呈现。仅淘宝的品牌商城在2007年上半年首次通过审批的厂商就有近2000家。全球最大的快速消费品公司宝洁、Apple等国际品牌以及李宁、美特斯邦威等新兴品牌通过网络进行销售，连北京同仁堂等曾经远离网络的老字号也纷纷尝鲜。随着电子商务的发展，"网商"开始由沿海发达地区向欠发达的内地扩展，地区分布更加广泛。

第四阶段：2010年后，"网商"群体获得了长足发展。"网商"开始普及；"网商"多元化格局出现；"网商"大规模协作出现，"网商"系统逐渐成形；"网商"逐渐从线上走向线下，并最终发育出一个商务氛围浓厚、商业服务种类繁多、产业链和价值链完整联动的商业系统。

（三）"实体+互联网"融合发展

其实，关于实体店没落的言论一度引起行业内广泛关注，但从2017年上半年我国零售业发展形势来看，实体业态出现普遍好转，表现为销售增长提速、企业盈利能力增强、实体业态大面积好转以及企业开店意愿增强等特点。

有专家表示，这一趋势会促使企业开店意愿增强，使线上、线下融合成为一种常态。零售企业积极制订开店计划的同时，也要兼顾老店改造，大力推行"实体+互联网"融合发展模式。"实体+互联网"模式可以推动互联网与各行业深度融合，对促进"大众创业、万众创新"，加快形成经济发展新动能，意义重大。

所谓的实体店没落，实际指老的实体店没落。当下应运用新零售思维，跨界进行多业态融合，如零售与休闲服务、文化传播融合。而结合互联网、智能设备打造的智慧门店则在兴起，这才是实体店铺应起到的文化传播作用。

现在越来越多的企业从原来的线下走到线上，改为线上+线下融合发展，而且线上企业也同步从线上模式走到线上+线下协同处理，包括以京东和阿里巴巴这样的电商巨头在内，都在向着新零售转型。

阿里巴巴、苏宁等纷纷布局实体店。阿里巴巴与零售巨头百联集团达成战略合作关系。除此之外，阿里巴巴还投资苏宁、海尔日日顺、银泰等，广泛布局"新零售"。可见，实体零售与网络电商逐步从独立、对抗向融合协作、优势互补、实现共赢的发展方向。

> **案例 5-2　"互联网制造"塑造新供给，网商大会勾勒新零售路径**
>
> 网商大会回来了。从马云率先提出"网商"概念，2004年召开第一届网商大会到2012年网商大会暂停，网商已从一个"毛头小子"成长为全球最大的商业群体。五年之后，网商大会重启，网商变成了新网商。

新网商，必定有不一样。马云透露，差不多五天之前，他们才确定了本届网商大会的主题：Made in Internet。但对这个主题的思考，从2015年就开始了。他表示，当年开网商大会，是隐隐觉得很多人并不相信电子商务、互联网，但现在，人们开始恐慌，认为电子商务、互联网冲击了所有实体行业。

是时候重启网商大会，讲一讲在供给侧结构性改革的大逻辑下，如何在互联网上做生意了！

五年时间，互联网发生了翻天覆地的变化，网商这个群体的内涵也在发生转变，更重要的是，在思考重启网商大会的2016年，马云提出了"五新"（新零售、新金融、新制造、新技术、新能源），一切重构也将始于此。

融合重构，新需求带来新供给。

浙江桐乡，世界互联网大会的永久会址地，一场互联网带来的产业变革正在悄悄进行。桐乡，海诺威制衣厂的负责人王振波告诉记者，工厂在2015年加入了阿里巴巴1688的淘工厂平台，现在有超过九成的生产订单来自线上。"互联网的特点是小单、快返。互联网上做生意特别单纯，你付定金下单，我按期生产交货，没有赊账和库存压力问题。"王振波说，去年销售额达到2000多万元。也有传统生产线应对不了的事。比如，打样一件衣服后，淘卖家会在自己的店铺挂出预售链接，写明几日发货。从接单到真正发货，加工时间特别短。为了赶上这个"时差"，王振波在淘工厂页面找到了其他几家加工厂，通过分享平台的模式，对订单进行分配。

"去年下半年，我们打通了与淘卖家之间的数据，你很清楚你的衣服每天在哪里。"他打开手机，给记者展示一个"毛衣智造"App，这是工厂自己研发的，淘卖家可以在上面自主定制下单，如今，分享平台已经汇聚了20多家桐乡的加工企业，它们的订单主力都源自线上，它们有数据，更懂得柔性生产。

"淘工厂不再是生产者的角色，以淘卖家的需求为导向，他们正在成长为服务型角色。"阿里巴巴1688淘工厂负责人观德表示，目前，淘工厂平台上的入驻企业超过万家。利用数据优势，这些企业与电商卖家精准匹配，内容的分发、货品的销售乃至体系的组织都被高效重构。

新零售正在重构一切商业要素，数字商业和实体商业正在融合。比如，线上生意不光是买卖，更催生出一种创新的商业生态体系：线上，一些设计类、原辅料供应商的角色逐渐演化形成；线下，跟单服务体系等第三方不断生长，帮助工厂解决面料等问题，更高级的，已经涉及选款等决策领域。同样在发生改变的，包括供应链、渠道、物流、支付，更有网商本身。

上下联动，新零售吹响集结号。

（摘自《浙江日报》2017年7月13日第007版。）

（四）微商

微商是指利用微信、QQ、微博等社交工具作为平台来开拓市场，展开销售活动以实现销售目标或进行分销的组织或个人。2013年为微商发展元年，然后迅猛发展。

微商的产品最初主要是化妆品，逐渐扩展到多数生活用品、内衣（裤）、孕婴用品、针织品、洗护用品等，同时也有一些自产自销的产品，如蜂蜜、山药、水果等产品。

微商是一种新型的商业模式，效仿于英美发达国家的经济原则，让每一个人既是经营者，又是消费者。

《2016—2020年中国微商行业全景调研与发展战略研究报告》中资料显示，美妆、针织、母婴、大健康、农特占据着微商主要市场份额。

四、线上推广渠道

（一）网络广告推广渠道

它主要是指利用电子计算机联结而形成的信息通信网络作为广告媒体，采用相关的多媒体技术设计制作，并通过计算机网络传播的广告形式。

网络广告推广渠道就是找寻并选择各类网络广告平台，开展针对性推广活动。网络广告平台有很多形式，最常见且占主导地位的是旗帜广告，其他线上广告形式为赞助、分类广告、推荐、插播广告、E-mail广告、富媒体广告以及关键词搜索。（详见项目六广告策划）

（二）自媒体推广渠道

自媒体又称"公民媒体"或"个人媒体"，是指私人化、平民化、普泛化、自主化的传播者，以现代化、电子化的手段，向不特定的大多数或者特定的单个人传递规范性及非规范性信息的新媒体的总称。自媒体平台包括博客、微博、微信、百度贴吧、论坛/BBS（电子公告板）等网络社区。

自媒体推广渠道又分为：官方渠道、社群渠道。

官方渠道包括：

(1) 企业自身网站渠道：自身网站与App广告位、短信通道、站内信息、弹窗等。
(2) 搜索引擎优化渠道：如百科、知道、贴吧。
(3) 官方媒体渠道：包括服务号、订阅号、微博官号、官方博客、官方社区。
(4) 新闻自媒体渠道：如虎嗅、百度百家、今日头条、搜狐、网易、腾讯、新浪自媒体等。
(5) 视频自媒体渠道：如优酷、土豆、爱奇艺、搜狐视频、新浪视频等。
(6) 其他：如客服、销售、门店、代理商等。

社群渠道主要是进行"软文"推广，在产品上线前进行各类预热活动。包括：

（1）综合社群：如 QQ 空间、人人网、天涯等。
（2）垂直社群：如携程旅游、马蜂窝旅游、汽车之家、易车网、搜房、安居客、辣妈帮、宝宝树等。
（3）社交社群：如微信群、QQ 群、豆瓣小组等。

社群渠道容易找到目标用户，但是对广告的抵触也强烈。同时企业可以组建社群，或者企业派驻相关人员进入到社群进行推广。

自媒体渠道中的官方渠道，能帮助企业树立良好的形象，保持在市场上合理的声音；社群渠道，能帮助企业针对核心目标用户群进行锁定，制造热点，拉动企业与用户的关系，塑造企业的形象与美誉度。

企业在选择线上推广渠道时，应根据企业的产品特点、市场定位等，选择不同的推广渠道。只有制定合理的推广渠道，才能实现企业的推广目的，达到既定目标。

五、分销渠道管理

在选择了分销渠道的模式并确定了具体的中间商之后，企业还应当对其分销渠道进行管理，即对中间商进行激励、评估和必要的调整。

（一）对中间商的激励

（1）向中间商提供物美价廉的产品。
（2）合理分配利润。
（3）授予独家经营权。
（4）利用广告扩大产品知名度和对中间商进行技术支持。
（5）资金资助。
（6）提供市场信息。

（二）对中间商的评估

企业必须定期评估中间商的销售指标完成情况、向顾客交货的快慢程度、对损坏和损伤商品的处理、与企业宣传及培训计划的合作情况以及对顾客的服务表现等。企业要公布对各个中间商的考核结果，以鼓励那些销量成绩显著的中间商。

（三）分销渠道的调整

为了适应多变的市场需求、确保分销渠道的畅通和效率，要求企业对其分销渠道进行适时调整。调整分销渠道主要有以下几种方式。

1. 增减渠道成员

在某一分销渠道里增减个别中间商，而不是增减某种渠道模式。企业决定在其目标市场增加一家批发商，就要考虑这样做会给企业带来多大的盈利、有何影响、这种调整是否会引起渠道中其他成员的反应。一旦决定增减某个中间商就要采取相应的措施，防止出现一些不必要的矛盾。

2. 增减分销渠道

增减某一渠道模式，而不是指增减渠道里的个别中间商。如果增减渠道成员不能解决问题，企业可以考虑增减分销渠道的模式。

3. 调整分销系统

改变整个分销渠道系统，即对企业原有的销售体系、制度进行通盘调整。此类调整难度较大，它不是在原有分销渠道的基础上进行完善，而是改变企业的整个分销系统，将会引起市场营销组合的一系列变化。

练习与思考

一、选择题

1. （　　）是指组成分销渠道的每个层次或环节中，使用相同类型中间商的数量。
   A. 渠道层次　　　　　　　　B. 渠道的长度
   C. 渠道的宽度　　　　　　　D. 渠道的类型

2. 选择分销商的定量方法有（　　）。
   A. 强制评分选择法　　　　　B. 销售量分析法
   C. 销售费用分析法　　　　　D. 感情评价法

3. 以下属于分销渠道设计应考虑的因素有（　　）。
   A. 产品　　　B. 环境　　　C. 中间商　　　D. 市场

4. 评估分销渠道要遵循以下哪些原则（　　）。
   A. 经济型原则　　　　　　　B. 可控性原则
   C. 适应性原则　　　　　　　D. 优先性原则

5. （　　）指生产企业在同一地区同时选择较多的经销商或者代理商来推销本企业的产品。它适用于一般消费品及生产资料中的经常耗用品或标准品。
   A. 广泛分销策略　　　　　　B. 选择性分销策略
   C. 独家专营分销策略　　　　D. 混合分销策略

6. 对中间商的激励手段，可以采用（　　）。
   A. 向中间商提供物美价廉产品
   B. 合理分配利润
   C. 授予独家经营权
   D. 利用广告扩大产品知名度和对中间商进行技术支持

二、判断题

1. 分销渠道是指产品由企业（生产者）向最终顾客（消费者）转移过程中所经过的各个环节，即企业通过中间商（转卖者）到最终顾客的全部市场营销结构。（　　）

2. 顾客是分销渠道的起点；企业是分销渠道的终点；企业与最终顾客之间，参与了产品的销售活动或者帮助了这种销售活动的一切单位和个人，称之为中间商。（　　）

3. 企业选择中间商时，规模越大越应优先考虑。（　　）

4. 一般来说，采用中间商可控性小些，企业直接销售可控性大，分销渠道长，可

控性难度大，渠道短可控性较容易些，企业必须进行全面比较、权衡，选择最优方案。（　　）

5. 高价值商品一般适合长而且宽的渠道。（　　）

三、分析题

1. 对比常用的分销渠道类型及优缺点？
2. 请列举有哪些常用的线上的推广渠道？
3. 举例说明，企业应如何选择中间商？

实战训练项目：立白净博士洗衣片渠道策划方案

一、项目名称

立白净博士洗衣片渠道策划方案。

二、项目目标

掌握分销渠道策划流程、方法。

三、项目需求说明

（一）项目背景资料

1. 立白净博士洗衣片凝聚了立白集团 22 年的研发实力，有别于市场原有洗衣片产品的创新技术，开创绿色洗涤新时代。

2. 立白公司是广州的知名品牌日化公司，但净博士洗衣片属于创新性产品，而且目前大部分的洗衣片是走微商渠道，消费者对此产品的认知度不高，对洗衣片的使用习惯并未养成。

3. 高端洗衣片，除了自身优秀的洗涤效果和洗涤科技外，对安全环保的执着与重视，也是净博士区别于普通洗衣片的原因。

4. 净博士甄选全球一流原料供应商，多种原料采购达到化妆品甚至牙膏用品标准，从源头把控安全性，保证生产的洗衣片无铅汞等重金属、无二乙醇胺等潜在致癌物质。

5. 不含磷，无毒，无荧光增白剂。它的 pH 是中性的。洗涤过后的废水对环境危害小，能有效保护水资源。

6. 净博士洗衣片采用的新计量方式便于存储及定量使用，出差旅游都能轻松携带。

（二）策划目标

1. 构建产品线上线下相结合的创新性的销售渠道。
2. 提高目标消费者对品牌及产品认知度。
3. 推动产品销售。

四、项目实训步骤

1. 3～5 人组成策划公司或策划小组，以策划小组为单位进行讨论、资料收集、现场调研、策划方案制定、谈论与修改、策划成果展示。

2. 教师作为企业策划需求宣讲人，介绍项目背景和企业需求。

3. 教师引导学生策划小组分析策划项目，进行现场调研，学习相关知识点，进行资料收集。

4. 各策划小组在教师的指导下共同完成项目策划初稿。（策划书或者项目通报PPT）

5. 教师选择1～2个策划小组，对策划项目进行通报，由其他同学进行评价后，老师进行整体评价，有条件的讲解企业真实的策划方案。

6. 各策划小组根据老师的评价意见，修改方案策划。

7. 组织仿真项目策划通报会，教师选择1～2个策划小组，对策划项目进行通报。

8. 老师并对本次项目实训进行整体总结。

五、项目实训要求

以小组为单位，完成策划方案或项目通报PPT各1份。

六、项目考核方式

教师评价为主，条件允许，可以采用小组互评、企业指导教师等评价相结合的方式。

教师用评分标准

项目策划小组： 评阅人：

序号	评分要素	分值	评分
1	项目策划的完整性	20	
2	项目策划合理、科学，思路清楚、结构清晰	20	
3	项目策划的可操作性	20	
4	项目策划的版面美观设计	10	
5	项目策划的创意	10	
6	项目策划的应用价值	10	
7	合作默契、体现团队精神	10	
	总分	100	

【练习与思考】参考答案

一、选择题

1. C 2. ABC 3. ABCD 4. ABC 5. A 6. ABCD

二、判断题

1. √ 2. × 3. × 4. √ 5. ×

三、分析题

略。

项目六 广告策划

知识目标
1. 掌握广告定位的方法。
2. 掌握广告创意的方法。
3. 掌握广告媒介策略的方法。
4. 掌握广告效果评估的方法。

能力目标
1. 能进行有效广告定位。
2. 能撰写广告创意文案。
3. 能进行广告媒介策略制定。
4. 能对企业广告投放效果进行评估。
5. 能够有效进行系统的广告策划,撰写广告策划书。

策划方案示例

加多宝携手《中国好声音》互联网广告策划案

一、前言

自从2010年改名为加多宝凉茶以后,加多宝集团分别在2010年广州亚运会、2012年伦敦奥运会期间举行公关活动开启品牌国际营销战略,加多宝作为中国民族品牌的杰出代表,正在依托国际性大型体育赛事,加速国际化进程,成为一个世界级的饮料品牌。现在市场正处于更加复杂的"后凉茶时代",对于加多宝来说既有机遇又有挑战,挑战来自已经得到"王老吉"商标的广药集团为首的凉茶生产企业的迅速崛起,随着广药集团生产能力的提高和原材料供应问题的解决,加多宝凉茶面临的压力会越来越大。加多宝集团需要找寻和王老吉的差异化发展道路,在市场占据一席之地。

二、市场分析

1. 公司及产品历史分析。

加多宝集团是一家以香港为基地,分别在北京、浙江、福建、广州设立生产基地的大型专业饮料生产及销售企业。加多宝集团非常重视自身形象和品牌建设,成立"加多宝扶贫基金",多年来坚持在救灾、扶贫、公益的第一线。所经营的红色罐装加多宝是功能型饮料行业的第一大品牌。并且一直以来,加多宝都很重视广告营销。

2. 竞争对手分析。

2012年之前，王老吉这个品牌在功能性饮料市场上有较高的知名度，但加多宝集团作为幕后重要品牌建设者并不广为人知，现在以加多宝企业名命名的产品品牌需要以新产品的形象出现在消费者面前，加多宝只需揭开神秘的面纱便有机会迎来"柳暗花明又一村"的开阔境地。

3. 分析与结论。

整个饮料市场的价位差距不大，所以，市场份额之争将是品牌知名度之争。加多宝若想在市场竞争中领先，就必须让消费者认可，采用合适的推广方式将加多宝这个品牌重新推广。而2012年，由浙江卫视购买版权、强力打造的大型专业音乐评论节目《中国好声音》网罗了中国最强实力明星作为评委，刘欢、那英、庾澄庆、杨坤这四位当今华语乐坛的一线巨星。这对于加多宝来说是个难得的提高品牌知名度的机会，而广告策划无疑是最佳的推广方式。加多宝集团决定携手《中国好声音》展开一次互联网广告策划。

三、广告策划目标

（1）提升消费者对更名后的"加多宝"品牌认知度，传达正宗、本源的独家身份。

（2）树立《加多宝中国好声音》在网友和消费者心目中的"正宗好凉茶、正宗好声音"的形象。

（3）巩固并增强消费者对加多宝的品牌关注度。

四、广告定位

此次广告定位："正宗好凉茶，正宗好声音。"

让加多宝和好声音成为共生体，大家一提到好声音，就想到加多宝；提到加多宝，就想到好声音。

五、广告创意策略

1. 正宗好凉茶配正宗好声音。

《中国好声音》是一档全新节目，并不一定能成功，加多宝进行冠名捆绑，可以增加曝光率，而且费用会稍低。

2. 独特广告词播放设计。

浙江卫视当家主持人华少在《中国好声音》的节目上以43秒350字的疯狂语速念完加多宝的广告词及其他赞助商名单。广告词如下：

正宗好凉茶正宗好声音欢迎收看由凉茶领导品牌加多宝为您冠名的加多宝凉茶中国好声音……（省略62字）。发短信参与互动立即获得苏宁易购的100元优惠券感谢苏宁易购对本节目的大力支持。我们的好声音学员如果获得三位或者三位以上导师认可即可获得苏宁易购提供的1万元音乐梦想基金。感谢上海新锦江大酒店为《中国好声音》导师提供的酒店赞助。关注加多宝凉茶《中国好声音》台前幕后更多精彩内容，你可以@中国好声音新浪微博，或者是腾讯微信以及登录《中国好声音》百度贴吧参与节目互动，还可以登录优酷、搜狐视频、爱奇艺、土豆网观看节目的精彩花絮,关注网易娱乐了解更多节目的信息或者登录官方数字音乐平台,下载每期节目最精彩的歌曲彩铃。

六、广告策划主体内容

时间:2012年7月13日—9月30日。

整合包括平面媒体、户外广告、广播以及网络在内的媒体资源,同时结合线下路演宣传,为《加多宝中国好声音》造势。包括一个核心信息、两类推广渠道、三项互动活动。

1. 一个核心信息:全国销量领先的红罐凉茶改名加多宝。

围绕这一核心信息,在媒介推广、互动活动以及内容营销中反复强调、强化记忆。借助节目和活动的影响力配合,让这一信息充分形成受众认知。

2. 两类推广渠道:节目自有推广渠道和活动拓展推广渠道。

借助节目自有的推广渠道,保护加多宝冠名赞助权益,在节目直接关联的平台上充分占位体现冠名身份,借助节目自身影响力扩大品牌和活动的认知。

拓展渠道为活动平台引流,选择节目高关注度的人群聚集的渠道,通过对人群的拓展影响为活动吸引更多人气。

3. 三项官网平台的互动活动。

导师评选 + 晋级猜想 + 互动游戏

在《加多宝中国好声音》活动官网首页设置了活动链接。活动内容包括:

(1) 晋级猜想:利用节目晋级悬念,吸引网友到平台上参加互动。

(2) 导师评选:利用明星导师人气,发动网友对导师进行评价和讨论。

(3) 互动游戏:强化更名信息的记忆,用简单却富有黏性的玩法留住人气。

七、广告媒介策略

广告媒介策略关键词:高曝光、多覆盖、高频次、齐参与。

除了在硬广告演示外,在新浪、网易、搜狐、优酷、爱奇艺、迅雷以及百度进行投放并开设专题,借助门户网站、主流网站的《加多宝中国好声音》专题进行台网联动。通过百度专区合作,展现企业信息的同时,宣传活动信息。

八、广告效果评估

在浙江卫视《加多宝中国好声音》首播之后,短短一周时间节目就飙升至网络最热搜索词排行榜首位,收视率也早已破4,力压中国所有综艺节目。加多宝趁势开展围绕广告、社交媒体,以及官方活动平台的营销活动。规划一系列与《加多宝中国好声音》相关的网络评选活动,吸引消费者参与互动。借助各媒体特色资源,通过线上传播与线下活动紧密配合,在《加多宝中国好声音》的强势播出下打造出加多宝正宗凉茶的最强音!"以正宗之声,传正宗之名;借节目之力,扬更名之实",加多宝通过网络推广实现了品牌与节目的统一,其正宗凉茶的气质与《加多宝中国好声音》的"正宗好声音"融为一体。

主要评估指标:
1. 平台效果。
(1) 活动网站总浏览量。
(2) 活动参与人数。
(3) 互动游戏参与人数。
(4) 导师正宗榜投票总数。
(5) 晋级猜想导师团队周投票总数。
2. 广告效果。
(1) 广告总点击。
(2) CPC 广告。
(3) 广告总曝光。
(4) CPM。
九、广告策划实施方案
(略)。
十、经费预算
(略)。
(改编自:加多宝《中国好声音》互联网推广,http://a.iresearch.cn/case/4465.shtml。)

    2012 年,加多宝携手浙江卫视《中国好声音》,用 6000 万元冠名费用,让当时还在凉茶之争中的加多宝确立了品牌印象;2013 年,携两亿元冠名费的加多宝打败了诸多对手,再续《中国好声音》的缘分;2014 年,2.5 亿元冠名费和内定的身份,加多宝与"好声音"再次携手。据中国饮料工业协会的数据,2015 年加多宝在凉茶饮料细分市场的市场份额达到 52.1%。从此案例我们可以获得很多启示:

    其一,进行品牌推广前,一定要找准热点事件,寻觅良好的资源配置以产生更大的价值,加多宝和《中国好声音》被设定为"正宗好凉茶配正宗好声音",两个正宗可以说有异曲同工之妙。加多宝选择《中国好声音》这一合适的表现方式,是非常成功的。

    其二,广告策划中,需要精准定位,三年的加多宝和《中国好声音》携手,加多宝的推广内容设定都是围绕"正宗"这一定位,打造与其他同类项目的差异化。

    其三,加多宝擅于运用各类媒体,制定合适的线上线下广告媒体策略。电视+微博+网络推广+终端推广,各方资源充分整合,立体式的推广模式,成效显而易见。

    最后值得一提的是,一个成功的营销策划案往往是糅合了各种策划方式,而不是单一的策划方式。在后面加多宝的持续广告策划中,加多宝还突破性地跨界合作,与腾讯达成全面战略合作伙伴关系。根据协议,加多宝将整合腾讯旗下新闻客户端、视频客户端、QQ 音乐客户端、游戏、微信、手机 QQ 等多渠道多终端,在多个栏目展开合作,2014 年,加多宝首次让 V 形标志上罐,并依托这个标志,辅助传播技术创新、传播内容创新,线下渠道支持、各种资源配合打造了一场"人生 V 时刻"的话题传播。

加多宝与《中国好声音》的合作,打破了广告策划的传统手法,不只是简单的广告冠名商,而是深度合伙人;打通硬广告、微信、微博、短信等线上线下渠道,连续三年在同一个节目上深耕细作,实现品牌认知度和识别度的节节高升。

一、认识广告策划的流程

广告策划,是根据广告主的营销计划和广告目标,在市场调查的基础上,制定出一个与市场情况、产品状态、消费群体相适应的经济有效的广告计划方案,并加以评估、实施和检验的活动。

广告策划的目的是使广告准确、独特、及时、有效地传播,以刺激需要、诱导消费、促进销售、开拓市场。

一个较完整的广告策划主要包括四方面的内容:
(1) 确定广告定位。
(2) 设计广告创意。
(3) 选择广告媒介。
(4) 测定广告效果。

其中重点是确定广告定位和设计广告创意。在广告策划中,广告预算可先于其他策划内容,即根据广告预算确定广告的具体目的与要求,设计制作广告产品和选择广告媒体;也可在广告目的和具体要求的基础上设计策划广告方案,确定所需预算。(图 6-1)

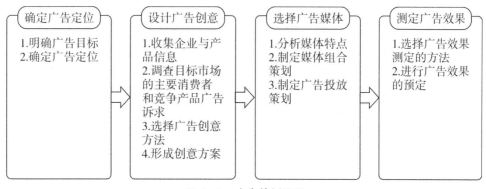

图 6-1 广告策划流程

二、广告定位策划

(一) 明确广告目标

广告有广义和狭义之分,广义广告包括非经济广告和经济广告。

非经济广告指不以盈利为目的的广告,又称效应广告。

狭义广告仅指经济广告,又称商业广告,是指以盈利为目的的广告,通常是商品生产者、经营者和消费者之间沟通信息的重要手段,或者企业占领市场、推销产品、提供劳务的重要形式,主要目的是扩大经济效益。

广告目标根据产品的市场生命周期、市场需求、竞争状况、企业的经营目标等来确定。它与企业的营销、促销目标有紧密联系。(表6-1)

表6-1 企业主要的广告目标

序号	目标	适 用 情 况
1	告知	①产品引入期; ②当产品刚刚进入市场或市场推出新品新款时,向公众或目标消费者介绍该产品能满足的消费需要; ③告知广告比较简单,广告词及相关说明很短,传播频率不必很高,我国电视中常见的"5秒"广告大多是告知性广告
2	劝说	①应用于产品生命周期的成长期; ②产品知晓度提高,准备购买产品的顾客增多,需要引导、劝说消费者购买产品; ③劝说广告应突出产品的性能和优点,强调产品能给消费者带来的诸多利益,提高广告促销的频率,增强消费者对产品的兴趣和信心; ④劝说广告需采用版面较大的报刊和时间较长的电视广告来容纳文字、图示和使用效果等信息; ⑤制定促销策略时,将劝说广告和销售促进相结合,广告促销的效果会更加明显
3	辨别	①应用于产品生命周期的成熟期; ②由于竞争者的大量介入,产品、价格和促销竞争全面展开,产品广告需要更加突出产品个性,体现与竞争者的差别,方便顾客在竞争性品牌中做出选择; ③产品的特殊功效和形体方面的创新设计应当在广告信息中尽可能地体现; ④辨别广告需要利用影响大的传播媒体,抢占有利的传播时段、版面或地理位置
4	提示	①目的是保持顾客对产品的记忆,提醒消费者增加消费数量和加快产品更替,影响用户的消费观念和生活习惯; ②根据不同的营销目的,在同一广告中,企业也可以将两种以上的广告形式体现于同一广告设计中

(二) 确定广告定位

1. 广告定位选择

广告定位选择主要包括产品广告定位的选择和企业形象广告定位的选择。

好的广告定位一般具有如下特点：

（1）能够体现广告差异化。优秀的广告策划定位应与消费者的需求相吻合。不单是指出产品的具体的、特殊的功能利益差别，更要显示和其他品牌内涵的区别。

（2）更容易说服消费者产生购买行为。准确的广告定位能够更加集中精力，寻找消费者最想要的东西，从而做出更能够打动消费者的广告来，并以更有效的沟通方式接近消费者，从而使消费者对产品产生"信得过"的购买信心与动力，促进商品销售。

（3）为广告传播和广告评价打好基础。广告传播是以广告定位为核心展开工作。准确的广告定位既是广告表现的基础与基准，又应该是广告评价的前提基础之一。

2. USP

USP 即"独特的销售主张"（unique selling proposition）或"独特的卖点"。"USP"是罗塞·里夫斯（Rosser Reeves）在 20 世纪 50 年代首创的，他当时是美国 Ted Bates 广告公司董事长。里夫斯比较早地意识到广告必须引发消费者的认同。他认为，USP 是消费者从广告中得到的东西，而不是广告人员硬性赋予广告的东西。

USP 的基本要点是：

（1）每一则广告必须向消费者"说一个主张"，必须让消费者明白，购买广告中的产品可以获得什么具体的利益。

（2）广告所强调的主张必须是竞争对手做不到的或无法提供的，必须说出其独特之处，在品牌和说辞方面是独一无二的。

（3）所强调的主张必须聚焦在一个点上，集中打动、感动和吸引消费者来购买相应的产品。向消费者讲各种共有的东西毫无意义，唯有专注于那些微不足道的不同之处才能体现广告创意的独创性。

3. 产品广告定位选择

产品广告定位可分为两大类：实体定位和观念定位。

实体定位就是在广告宣传中突出产品的新价值，强调本品牌与同类产品的不同之处以及能够给消费者带来的更大利益。

观念定位是在广告中突出宣传品牌产品新的意义和新的价值取向，诱导消费者的心理定式，重塑消费者的习惯心理，树立新的价值观念，引导市场消费的变化或发展趋向。（表 6-2）

表6-2 产品广告定位类型

大类	类型	具 体 形 式
实体定位	市场定位	①把市场细分的策略运用于广告活动,确定广告宣传的目标; ②只有向市场细分后的产品所针对的特定目标对象进行广告宣传,才可能取得良好的广告效果
实体定位	品名定位	①任何产品都有一个名称,但并不是随机地选定一个名称都可以的; ②企业开发和生产的产品,不仅仅是产品本身,而且是在创造一种文化现象,这必然要求产品的名称与文化环境相适应
实体定位	品质定位	广告把其产品定位在品质上,以产品质量是否卓越决定产品能否拥有一个稳定的消费群体
实体定位	价格定位	把自己的产品价格定位于一个适当的范围或位置上,以使该品牌产品的价格与同类产品价格相比较而更具有竞争实力,从而在市场上占领更多的市场份额
实体定位	功效定位	在广告中突出广告产品的特异功效,以增强竞争力。美国七喜汽水的广告宣传,就以不含咖啡因为定位基点,以显示与可口可乐等众多饮料的不同
观念定位	逆向定位	当大多数企业广告的定位都是以突出产品的优异之处的正向定位,采取逆向定位反其道而行之,利用社会上人们普遍存在的同情弱者和信任诚实的人的心理,反而能够使广告获得意外的收获
观念定位	观念引领定位	打破既定思维模式下的观念体系,创立一种超乎传统上理解的新观念
观念定位	情感定位	借助消费者的感情诉求,进行广告定位

案例 6-1

宝洁公司洗发水定位

宝洁公司进入中国市场以来,在洗发水系列中,先后推出了"海飞丝""飘柔""潘婷""沙宣"四个主打品牌,每一品牌都以基本功能之上的某一特殊功能为诉求点。在广告中,这四个品牌依仗 USP(独特的销售主张)以及卓越的创意表现,加以传播,强化品牌的个性定位。如"海飞丝"定位于去头屑专家,"头屑去无踪、秀发更出众";"飘柔"定位于洗发、护发合二为一,令头发飘逸柔顺;"潘婷"定位于营养专家,含有维生素原B5,兼含护发素,令头发"拥有健康,当然亮泽";"沙宣"定位于发型专家,保持发型持久。

(作者根据宝洁公司相关介绍编写而成。)

4. 企业形象广告定位选择

企业形象是组织的识别系统在社会公众心目中留下的印象,是企业物的要素和观念的要素在社会上的整体反应。

现代企业形象的理论是以 CIS 理论,即理念识别(mind identity)、行为识别(behavior identity）和外在表征识别（visual identity）所构成的企业识别系统（corporate identity system）为基本理论框架，企业形象广告定位应该围绕理念识别、行为识别和外在表征识别所展开。（表6–3）

表6–3　企业形象广告定位分类

大类	类型	形　　式
理念识别的定位	经营宗旨的定位	经营宗旨的定位事实上是企业自我社会定位 经营宗旨的定位类型大体可分为三类： 第一类是经济性，它突出的是企业经济效益； 第二类是经济社会型，它讲求经济效益和社会效益并重，或者把重心偏重社会效益； 第三类是经济、社会、文化并重型，它既讲求经济效益，也要求社会效益，亦十分注重对人类社会的文化贡献
	经营方针的定位	经营方针是企业运行的基本准则。在为企业经营方针定位时，既要注意行业自身的特点又要注重经营方针的指导性
	经营价值观的定位	①企业的经营价值观是企业文明程度的标志，反映出企业的文化建设水准； ②经营价值观的定位，就是要使企业的形象连同它的口号，深入到公众心目中
行为识别的定位	实力定位	指在广告中突出企业的实力，其中主要是展示企业在生产技术、人才、营销和资金，企业历史现在和未来等方面的实力
	产品形象定位	以突出企业的名牌产品在同类产品中具有的优势和特质，而这种优势和特质与企业整体形象的优势与特质具有某些方面的融合性，即具有企业整体形象的鲜明代表性
	经营风格定位	经营风格定位即在广告中突出高层决策者、经营管理者、技术人员、销售人员乃至全体员工的管理水平、经营特点和风格，其目的是使企业从众多经营同类产品的企业中脱颖而出
	企业行为定位	这是指通过把企业经营管理活动在广告中进行定位宣传，把企业经营行为、企业社会责任感传递到社会公众，以达到赢得支持和赞誉的效果
	文化定位	就是在广告中突出、渲染出一种具有个性的、独特的文化气氛，其目的是使公众自然而然地为其所吸引，从而树立起企业在公众中的形象。文化定位是使广告的内容不仅显示商品本身的特点，更重要更关键的是展示一种文化，标示一种期盼，表征一种精神，奉送一片温馨，提供一种满足
外在表征的定位	外在表征的定位	企业的外在表象特征又被称为企业的视觉识别或企业的感觉识别，它是企业的静态识别符号，是对企业形象具体化、视觉化的直观传达形式，其传播力量和感染力量是最为直接和具体的

知识共享 6-1　　　　　著名的广告定位策划

经营风格定位：
"Q、S、C+V"（即品质、服务、清洁和附加值）——麦当劳

文化定位：
品全兴万事兴——四川全兴大曲
孔府家酒，叫人想家——孔府家酒
团团圆圆——达利圆

品质定位：
愉悦一刻，更享丝滑——德芙巧克力
上上下下的享受！——三菱电梯
农夫山泉有点甜——农夫山泉

功效定位：
多实惠，多乐趣——拼多多
美味营养，快乐成长——达能饼干
排出毒素，一身轻松——排毒养颜口服液
去头屑，用雨洁——雨洁洗发露
就是让你白——白大夫
喝了娃哈哈，吃饭就是香——娃哈哈饮品

观念引领定位：
因爱而生——强生
送礼就送脑白金——脑白金

经营价值观定位：
全心全意，小天鹅——小天鹅电器
原来生活可以这样美的——美的电器

企业实力定位：
中药世家——霸王洗发露
车到山前必有路，有路必有丰田车——丰田汽车

经营方针定位：
让无力者有力，让悲观者前行——南方周末

经营宗旨定位：
让世界爱上中国造——格力
海尔，中国造——海尔集团
让世界了解中国，让中国了解世界——中国日报

逆向定位：
不要太潇洒呀——杉杉西服

情感定位：
我的眼里只有你——娃哈哈纯净水
飘柔，就是这么自信——飘柔洗发水

三、广告创意策划

广告创意在英语中的表达为 idea & creative。用中文来阐述，就是通过大胆新奇的手法来制造与众不同的视听效果，最大限度地吸引消费者，从而达到品牌传播与产品营销的目的。广告创意由两大部分组成，一是广告诉求，二是广告表现。

广告创意是广告策划的核心和关键，也是策划方案的生命和灵魂。广告定位所要解决的是"做什么"，广告创意所要解决的是"怎么做"，只有明确做什么，才可能知道怎么做。一旦广告定位确定下来，怎样表现广告内容和广告风格才能够随后确定。除了告知广告，其他属性的产品广告对广告创意均有很高的要求。

案例 6-2

甲壳虫的创意

德国大众甲壳虫车的一则广告很有意思，该广告是针对一般人误以为甲壳虫车无法在高速公路上超车加以澄清。广告标题是："他们说它根本就办不到。"画面则是一位驾驶摩托车的警察，正在高速公路上给一位驾驶甲壳虫车的青年开超速的罚款单。

（作者根据甲壳虫相关介绍编写而成。）

(一) 收集企业与产品信息

企业的内外部环境分析是进行创意的依据。

了解和熟悉产品性能、特点非常重要。设计人员必须确认产品质量，分析产品与竞争产品的差异，进而在掌握产品特点的基础上大胆设计，凸显产品新的定义和不为人知的效用，表达产品对用户的特殊利益和增量价值。

(二) 调查了解目标市场的主要消费者和竞争产品广告诉求

如果希望消费者对产品产生兴趣并形成识别能力，就必须依据目标市场的消费群的喜好进行创意的设计，确保广告形式和艺术上的创意得到潜在用户的普遍认同。

另外，广告创意策划前后，收集竞争企业及产品的广告信息，避免产生广告诉求的混同，缺乏广告创新性。

(三) 选择创意策划的方法

每种创意方法都有它的优缺点，应按照最适用的原则来选择。下面介绍六种比较常用的广告创意方法。（表6-4）

表6-4 常用的广告创意方法及运用方式

常用广告创意方法	定　　义	运用成功的关键
移植法	是将某一领域的成熟的原理、方法、技术、构思，或者成功的事物、做法、经验移植到另一领域而形成新事物的方法	要有充分的信息和判断能力，寻找移植对象与策划对象之间的共同点，从而产生新的创意
组合法	是将多种因素通过建立某种关系组合或整合在一起，从而形成组合优势的方法。组合法是最常用的创意方法之一	通过一定的程序、规则、方法等，将若干分立因素巧妙地结合或重组，各组成要素必须能建立某种关系而成为整体
分解法	是指把一个事物按照一定的规则、程序和方法，分解成若干个相对独立的部分的方法。是与组合法相反的一种方法	将一个整体按照一定的规则划分为细小的部分。要抓住关键要素按照规律分解
联想类比法	是指通过对已知事物的认识而联想到未知事物，并从已知事物的特性去推测未知事物也有类似特性	要充分了解和熟悉已知事物，再通过已知事物去产生联想或进行类比
模仿法	是指仿照已知事物来构造未知事物的方法	是适时、适地采取最适合的方法对已知事物进行借鉴和仿照
奥本斯法	是利用各种事物的基本属性，通过感觉的主动引导，产生新的想法，是一种专门用于创新思维的方法	提出以下9个问题：有没有其他用途？有没有类似的创意？如果改变某些要素会怎样？变大？变小？替换？对调？颠倒？结合起来？这样从9个不同角度或变换角度进行思考或尝试，看能否产生新的创意

案例 6-3

联想类比法：飞利浦剃须刀

在飞利浦剃须刀电视广告中，将一个剥了壳的鸡蛋涂上剃须膏，剃刀刮过以后干干净净，鸡蛋分毫不损。它运用联想类比的手法传达出竞争优势：飞利浦刀片锋利、舒适、安全，所有的戏剧化都集中在鸡蛋与刀片的关系上。

（摘自 http://www.philips.com.cn 飞利浦剃须刀的创意广告）

案例 6-4

奥本斯法

"幽默"的警示牌

由于西方国家车祸多，到处都有警告司机的大牌子。美国伊利诺伊州有一十字路口。旁的牌子上写道："开慢点吧，我们已经忙不过来了！"署名是："棺材匠。"

"智激"

缅甸仰光的妇女有戴帽子看电影的习惯，许多观众因为被前排妇女的帽子挡得无法正常欣赏电影，愤怒地向电影院经理提出抗议。电影院也一再告知妇女观众看电影时不能戴帽子，均无效果。最后一位经理灵机一动，贴出一张广告。那广告词内容是："本院为照顾衰老高龄女客的装饰需要，允许她们照常戴帽子看电影，不必取下。"

（摘自冯章《广告创意与策划》，经济管理出版社 2009 年版。）

（四）形成广告创意文案

当形成创意构思，就要把他们形成书面的、易于交流的文案，用于广告制作。创意文案一般包含七部分。

（1）命名。命名要简洁明了、容易理解、立意新颖、意蕴深远。

（2）文案说明。说明策划者相关信息。

（3）创意的目标。目标概述用语要准确、肯定。避免概念不清和表达模糊。

（4）创意的内容。此部分也是文案的主体，要说明创意依据、创意的详细内容、创意的内涵以及表现的特色。

（5）费用预算。详细列出创意计划实施所需要的各项费用，以及分析可能收到的效益，以及围绕效益进行的可行性分析。

（6）参考资料。列出完成创意的主要参考资料。

（7）备注。说明创意产生及实施过程中的注意事项。

案例 6-5　雀巢咖啡广告创意文案

电视广告篇（用一杯咖啡的时间来想你）
产品名称：雀巢咖啡
广告客户：雀巢集团
广告长度：30～60秒

从历史的角度来看，雀巢咖啡的广告经历的3个阶段：
第一阶段，强调因速溶带来的便利性。
第二阶段，强调产品的纯度、良好的口感和浓郁的芳香。
第三阶段，广告的重点转变为生活形态导向，广告尤其注重与当地年轻人形态相吻合。由此得知三个阶段从程度上是不断递进的，但三个阶段都没把雀巢咖啡上升到文化阶段。

这则广告创意文案以雀巢咖啡发展的第三阶段为目标，意在表达通过雀巢咖啡向消费者所传递出的情感。将雀巢咖啡和年轻人为爱情奋斗联系起来，向人们传递雀巢咖啡已不是一种咖啡，更是一种文化、一种精神象征。

产品说明：雀巢咖啡起源于1930年。当巴西政府开始与雀巢公司接触时，咖啡权威马克思·莫根特尔立刻同他的研究队伍着手研究一种调配，一杯高品质咖啡的方法——一种只要用水冲调同时又能保持咖啡原汁原味的方法。经过在瑞士实验室长达7年的调查研究，最终他们找到了答案。雀巢咖啡现已成为世界知名的品牌，据权威统计，平均每秒有近3200杯雀巢咖啡被饮用。

广告说明：根据我们的问卷调查，雀巢咖啡主要的消费群是19～35岁的年轻人。广告采用年轻人普遍接受的感情诉求方式，意在说明雀巢咖啡与爱情一样，伴人奋斗。用一杯咖啡的时间来想你，同时表现出雀巢咖啡"浓情"的主题。

广告语：用一杯咖啡的时间来想你。

广告构思：这则广告主要是为了突出雀巢咖啡"浓情"这一主题。广告通过分居两地的情侣互相思念对方，共同饮用雀巢咖啡回忆起过去的点滴，虽然相隔万里，但为了两个人的未来努力奋斗的故事。

广告片设计：通过一对异地恋情侣配合雀巢咖啡。突出雀巢咖啡"浓情"的主题，整片运用一系列富有美感的镜头的连接、叠化，给人以温暖。"用一杯咖啡的时间来想你"，向人们传递的雀巢咖啡已不仅仅是一杯咖啡，更是一种感情、一种精神的象征。

拍摄要求：

（1）镜头连接力求自然、平稳。镜头富有美感，在忙碌情景中给人温暖，催人奋进。

（2）演员要求：男主角表演自然，帅气干练；女主角清新宜人。要求若干名群众演员表演到位。

（3）音乐：以钢琴为主，中速愉快，温暖观众的同时催人奋进。

（4）场地：一间带有休息室的办公室和大学的图书馆，这两个场地都必须有窗户，形成一个便于拍摄的角度。

分场景脚本：

场景一：办公室忙碌的工作中，打印机、上级交代工作的声音交杂在一起，男主角疲惫地从忙碌的工作中抽身出来，走到休息室的窗边，手里端着一杯雀巢咖啡，想起在外国读大学的女友，回忆起两人的甜蜜时光，想起两个人对彼此的承诺，嘴角上扬，喝下一口雀巢咖啡。（心中想着要为了对方的未来应该继续奋斗），喝完整杯雀巢咖啡，继续投入到忙碌的工作中。

场景二：就在男主角想女主角的时候，女主角正坐在大学图书馆内，休息时，身边放着一杯雀巢咖啡，女主角端着咖啡，眼睛望着窗外，想起在国内的男友，此刻的疲惫和孤单仿佛随着喝下去的雀巢咖啡一起消失了。

画外音：用一杯咖啡的时间来想你，雀巢咖啡。（伴随音乐）

场景三：展示雀巢咖啡标志。

费用预算（略）。

（改编自 http://wenku.baidu.com，雀巢咖啡广告创意文案。）

（五）优秀广告创意的特点

1. 贴切达意

"贴切"的"贴"是指贴近产品，"切"是指切中消费者心理，这是最为重要的两个着眼点。贴近产品就是要找出产品的特点和个性。个性存在于产品概念中，广告创意所要做的就是发掘产品可见的或非可见的感性差别。

广告创意要表达得贴切，关键在于紧扣产品和消费者，并采用简单、关联、创新、震撼人心的点子，而这些点子就藏在产品的背后、消费者心里以及日常生活当中。

2. 有创新

有创新的东西才叫创意。广告创意力求在创新上做文章，这个不单要求策划人员不断学习新的东西，观察新的事物，还要善于借鉴一些伟大的创意来提升创意的高度。

3. 融入文化

卓越的广告创意必须能对产品的文化内涵进行深层开发，从文化内涵的边际效应中寻找创意的切入点，以更好地满足市场中的消费者的个性化消费思维和多元化的文化价值观。广告创意的文化底蕴主要表现在三个方面：

(1) 精神寄托。广告创意可以从产品低层次的物质需求入手，暗示或寓意高层次的消费，让消费者从单纯的物质产品演绎成有文化内涵的精神寄托。

(2) 人文精神。广告创意文化通过把握某一阶段社会情感的流向，从而提炼出能够成为广大消费者知音的广告创意。

(3) 精神价值。广告创意通过创建独特的精神价值，反映一种社会导向和一种精神追求。

案例 6-6　旺旺的文化创意

旺旺这个名字本身就带有好、财的意味，"让你旺一下"是贯穿整个广告的主题。正是相同的文化传统，使台湾企业运用广告成功迎合了中国人"图吉利、爱热闹"的心理。

（作者根据旺旺相关介绍编写而成。）

四、广告媒体策划

广告媒体是广告产品传播的渠道。

广告媒体与广告产品是两个完全不同的概念。

广告产品是经设计并完成制作的成果，是广告内容及信息的物质载体，广告内容及其创意通过广告产品体现出来。

广告媒体是广告产品传播的渠道。

广告媒体是指借以实现广告主与广告对象之间联系的物质或工具。凡是能刊载、播映、播放广告作品，在广告宣传中起传播广告信息作用的物质都可称为广告媒体。例如，大众传播媒体（包括电视、广播、报纸、杂志）、路牌、交通工具、互联网、霓虹灯、商品陈列、橱窗、包装物以及产品说明书、企业名录等。

（一）分析广告媒体的类型及特点

广告媒体从不同的角度，有不同的分类。（见表6-5、表6-6、表6-7、表6-8、表6-9、表6-10）

1. 按媒体的传播功能分

表6-5　按广告媒体的传播功能分类

分类	主要特点	具体内容
视觉媒体	通过对人的视觉器官的信息刺激，影响人的心理活动中的感觉过程，从而使人对广告的内容留下一定印象	报纸、杂志、邮递、海报、传单、招贴、日历、售点广告以及户外广告、情景布置、实物和交通广告等媒体形式

续表 6-5

分类	主要特点	具体内容
听觉媒体	通过对人的听觉器官的信息刺激，激发人的心理感知过程，使人留下对所感知的事物的印象	无线电广播、有线广播、宣传车、电话等
视听两用媒体	用语言、音响、文字、形象、动作、表情等综合方式，通过刺激人的视觉和听觉器官来激发其感知过程，完成其信息传递	包括电影、电视、表演性媒介、网络等
嗅觉媒体	通过刺激人的嗅觉器官激发购买欲望	如各种香味广告媒体

案例 6-7　嗅觉媒体

美国香水厂商在各种杂志中埋设"香水地雷"。当人们翻阅杂志，触及"香水地雷"时，名牌香水的芬芳就扑鼻而来，引起人们的购买欲。现在，美国人也把香味广告推广到其他行业。制造商将巧克力、水果、鸡肉、咖啡、皮革等的味道制成味浆，然后掺进印刷材料中印成广告，附在杂志中，以招徕更多的顾客。还有将酒类、食物和调味品的香味"注入"杂志里的嗅觉广告。

（作者根据网络资料整理改编。）

2. 按媒体传播途径分

表 6-6　按广告媒体的传播途径分类

分类	具 体 内 容
印刷媒体	以文字为传播符号，以印刷品为符号载体的媒介。主要包括报纸、杂志、小册子、传单、商品目录和说明书、年历、包装纸等
电子媒体	是以一定的电子手段，通过先进的电子信息技术来进行广告宣传的媒体。包括电视、电台、广播、电影、霓虹灯、电子显示屏幕、网络等
邮寄媒体	通过邮寄信函的方式传递信息的媒体。它包括广告信函、商品目录、产品说明书、征订单等。邮寄媒体的针对性强、形式简单、效果明显，在现代广告中使用较多
销售现场媒体	在销售场所开辟的传播媒介，如橱窗等
户外现场媒体	室外露天的各种广告媒体的总称，包括招贴、路牌、屋顶、霓虹灯、灯箱等形式；户外媒体具有周期长、美观醒目、成本低等特点，较常用
交通媒体	利用移动的交通工具和交通场所的建筑物传递广告信息的媒体。轮船、火车、汽车等交通工具和交通宣传车以及车站、码头、机场的建筑物、墙壁等

3. 按广告传播的规模分

表6-7 按照广告传播的规模分类

分类	具 体 内 容
大众传播媒体	主要指报纸、杂志、广播、电视、网络等受众比较广泛的传播工具
其他传播媒体	其他传播媒体则是指邮寄品、传单、橱窗、包装纸、招贴、路牌等

4. 按传播广告信息时间的长短分

表6-8 按传播广告信息时间的长短分类

分类	具体内容	主要特点
瞬时性媒体	是指那些传播广告信息的时间短暂快捷的媒体，如电视、广播、电影、网络视频广告、微视频广告等	信息传播转瞬即逝，不易记忆；表现形式上别出心裁，引人注意；诉求重点明确单一；在一段时间内要连续发布广告，进行周期性的反复传播
短期性媒体	短期性媒体是指在一段时期内使用的媒体，如报纸、杂志、传单、橱窗、POP广告等	人们对广告信息有较充裕的时间细细阅读，品味广告内容，增强记忆，可对产品做较详细的介绍和较复杂的说明
长期性媒体	具有较长使用时期的媒体，如霓虹灯广告、路牌广告等。还有能伴随产品进入流通或进入用户或最终消费者甚至家庭的媒体。如产品的销售包装、专用运输包装、产品说明书、产品自身上的厂牌和商标、专业性杂志或书刊等	有使消费者主动或被动地保留、收藏和使用的价值，具有相当潜在的极大的重复宣传的功能，广告设计注重美观，或注重实用，或注入留存价值，或使其具有艺术品般的欣赏，乃至收藏价值

5. POP广告

POP广告是企业在营业现场为宣传产品、刺激顾客消费欲望所布置的特殊广告物，如悬挂小旗、张贴宣传画或是在店门口设置大型夸张物件等。这是一种历史悠久的广告形式。现在所有能在消费现场促进经营的因素都被纳入了POP广告的范畴，甚至店内的音响、色彩、光线及员工的仪容装扮等也被有的营销学家列入POP的范围之中。

POP的种类：

（1）悬挂POP。吊牌、饰物、彩条、旗帜等。

（2）墙面POP。张贴海报、招贴画、装饰旗等。

（3）路牌POP。招贴海报牌、橱窗等。

6. 线上广告媒体

线上广告，又被称作在线广告、互联网广告等，它主要是指利用电子计算机联结而形成的信息通信网络作为广告媒体，采用相关的多媒体技术设计制作，并通过计算机网络传播的广告形式。

线上广告是基于计算机、通信等现代网络技术和多媒体技术的一种广告形式。线上广告是通过数字技术对传播内容进行艺术加工和处理，并通过互联网传播广告信息，从而使人们对其产品、服务或观念等给予认同和接受，并诱导人们的兴趣和行为，以达到推销其产品、服务和观念的目的。

线上广告有很多形式，最常见且占主导地位的是旗帜广告，其他线上广告形式为：赞助、分类广告、推荐、插播广告、E-mail 广告、富媒体广告以及关键词搜索。

（1）旗帜广告。

旗帜广告（banner）是网上最常见的广告形式，一般以限定尺度表现商家广告内容的图片形式，放置在广告商的网页上，最醒目的旗帜广告是出现在网站主页的顶部（一般为右上方位置，也称为"页眉广告"或"头号标题"，其形式颇像报纸的报纸广告）。一般每个网站主页上只有一个"旗帜广告"，因其注目性强、广告效果佳而收益最高。它是线上广告中最重要、最有效的广告形式之一。为充分利用网页广告区块，不同厂商的旗帜广告可以滚动式出现在同一位置，这样一来也分摊了广告费用，降低了广告成本；而少数几个不同的旗帜广告滚动出现对广告效果影响不大。

旗帜广告也分为横幅和竖式两种：横幅广告一般出现在网站主页的顶部和底部，竖式广告一般设在网站主页的两侧。

旗帜因为不可能占据太大的空间，一般是一个简短的标题加上一个标志，通过链接功能，打开新的页面，从而让消费者去了解更详尽的广告信息。

旗帜广告一般采用 GIF 格式的图像文件。除普通 GIF 格式外，新兴的 Rich Media Banner（富媒体 Banner）能赋予 Banner 更强的表现力和交互内容，现在经常被厂商采用。

目前，绝大多数站点应用的旗帜广告尺寸如表 6-9 所示，它们一般反映了客户和用户的双方需求和技术特征。

表 6-9 旗帜广告尺寸

尺　　寸	类　　型
468×60	全尺寸 Banner
392×72	全尺寸带导航条 Banner
234×60	半尺寸 Banner
125×125	方形按钮
120×90	按钮 1
120×60	按钮 2
88×31	小按钮
120×240	垂直 Banner

(2) 富媒体广告。富媒体广告一般指使用浏览器插件或其他脚本语言、Java 语言等编写的具有复杂视觉效果和交互功能的 Banner，这些效果的使用是否有效，一方面取决于站点的服务器端设置，另一方面取决于访问者的浏览器是否能顺利查看。一般来说，富媒体广告要占据比一般 GIF BANNER 更多的空间和网络传输字节，但由于能表现更多、更精彩的广告内容，往往被一些大型站点所采用。

(3) 视频广告。视频广告（V-Banner）将 3～5 秒的视频剪辑内容集成到传统的广告 Banner，以增强广告的视觉冲击力，几乎所有的浏览器用户都可以顺利查看而无须担心是否已经安装了插件 V-Banner 的视频传播功能，它在品牌传播和把电视广告移植到网络上具有明显的优越性。同时，它还可被用来制作视频点播节目的多媒体索引页面，使得用户在下载较大的视频文件前可以预览动态图像。

(4) 按钮式广告。按钮式广告（Button/Iron）主要尺寸有四种，它们分别是：125×125、120×90、120×60、88×31（单位：像素）。由于尺寸偏小，表现手法较简单，它的位置一般设在竖式旗帜和网络门户下面，当然也有相互交错放置的。图标在主页上是不动的，通过点击链接到客户的广告内容上去。

(5) 电子邮件广告。

电子邮件广告是通过互联网将广告发到用户电子邮箱的网络广告形式，它针对性强，传播面广，信息量大，其形式类似于线下直邮广告。电子邮件广告可以直接发送，但有时也采用搭载发送的形式：比如通过用户订阅的电子刊物、新闻邮件和免费软件以及软件升级等其他资料一起附带发送。也有的网站使用注册会员制，将客户广告连同网站提供的每日更新的信息一起送到该注册会员的电子信箱中，这种形式的邮件广告容易被接受，具有直接的宣传效应。例如，当你向新浪网申请免费的邮箱成功时，在你信箱里，除有一封确认信外，还有一封就是新浪网的电子邮件广告。

这种广告形式直接方便。但值得注意的是，那些未经同意发送的垃圾广告邮件很容易引起用户的反感。

(6) 网上分类广告。网上分类广告的形式、原理和报刊上的分类广告专栏没有什么本质区别，主要的区别是网上分类广告利用超级链接，可以使用详细的分层类目，构建庞大的数据库，提供最详尽的广告信息，可以利用强大的数据库检索功能让用户方便地获得自己需要的广告信息，同样也能让你方便地发布自己的广告。

(7) 赞助式网络广告。赞助式广告分为三种赞助形式：内容赞助、节目赞助、节日赞助。赞助式广告形式多样，广告主可根据自己所感兴趣的网站内容或网站节目进行赞助。

(8) 自动弹出式线上广告。自动弹出式线上广告也称"插入广告""弹跳广告"，当进入某一个网页，就有可能自动跳出一个窗口，一般大小约为正常网页的 1/4 或更小，内含广告图片和标语，甚至伴有动画和声音，用跳动的图标和字眼呼唤你去点击。

(9) 链接式广告。链接式广告往往所占空间较小，在网页上的位置也比较自由，它的主要功能是提供通向厂商指定网页的链接服务，链接式广告一般占幅很小，可以是一个小图片、小动画，也可以是一个提示性的标题或文本中的热字。

(10) 在线互动广告。在线互动广告是一种新型的网络广告形式，它被预先设计在网上的互动游戏或者影视节目中。在游戏或节目的开始、中间、结束的时候，广告都可随时出现，并且可以根据广告主的产品要求定做一个属于自己产品的互动广告。

（11）关键字广告。每则广告都会提供一些关键字，当使用搜索引擎（如百度、搜狗等）搜索到这些关键字的时候，相应的广告就会显示在某些相关网站的页面上。是一种文字链接型的网络广告，通过对文字进行超级链接，让感兴趣的网民点击进入公司网站、网页或公司其他相关网页，实现广告目的。链接的关键字既可以是关键词，也可以是语句。这样的优点是以快捷、灵活、迅速的方式给客户以大量的相关信息。关键字广告主要有五种类型。

1）公司关键字。即网页中凡涉及公司名称、产品或服务品牌，都以超级链接方式，链接到公司相关的主页或网站。这种形式是网络广告的早期形式，少有人采用。

2）公众关键字。即将网页中出现的公众感兴趣的关键字链接到公司（产品）相关网站或主页，如目前的"十九大""创新"等，当然更多的主要还是影视明星、体育明星、歌星、社会名流等公众人物。如果企业经营与这些关键字相关，并与企业的整体营销活动相结合，公众关键字具有较好的补缺作用。例如，有公司或产品形象代言人的企业，就可以用形象代言人的姓名作为关键词。

3）语句广告。即以一句能够引起网民注意的话语超级链接到公司相关网站或主页，吸引网民点击进入浏览。这种关键字广告是目前广告主最常用的。

4）搜索关键字。即公司预先向搜索引擎网站购买与企业、产品和服务相关的关键字，在网民使用搜索引擎，用到公司所购买的关键字搜索其所想找的信息时，与公司网站或网页超级链接的相关信息就出现在搜索结果页面突出位置的一种关键字广告形式。

5）竞价排名广告。这种形式的广告是企业注册属于自己的"产品关键字"，这些"产品关键字"可以是产品或服务的具体名称，也可以是与产品或服务相关的关键词。当潜在客户通过搜索引擎寻找相应产品信息时，企业网站或网页信息出现在搜索引擎的搜索结果页面或合作网站页面醒目位置的一种广告形式。由于搜索结果的排名或在页面中出现的位置是根据客户出价的多少进行排列，故称为竞价排名广告。这种广告按点击次数收费，企业可以根据实际出价，自由选择竞价广告所在的页面位置。因而企业能够将自己的广告链接更加有的放矢地发布到某一页面，而只有对该内容感兴趣的网民才会点击进入，因此广告的针对性很强。

总之，随着线上数字广播和数字电视的发展普及，还会有其他的网络广告形式，如：随线上可下载的资料一起的附加式搭载广告，可节省网页空间的下拉菜单式广告和鼠标指向放入式广告，鼓励网民点击的有奖广告，等等。

7. 对比常用广告媒体的优劣势

表6-10 常用广告媒体的优劣势对照

媒体	优势	劣势
报纸	①传播面广、发行量大、触及面广、传播迅速； ②具有新闻性，阅读率较高； ③文字表现力强； ④便于保存和查找； ⑤传播费用较低	①时效性短； ②传播信息易被读者忽略； ③理解能力受限； ④色泽较差，缺乏动感
杂志	①时效性长； ②针对性强； ③印刷精美，表现力强	①出版周期长； ②声势较小； ③理解能力受限
电子媒介	①传播面广； ②传播迅速； ③感染力强； ④多种功能。与当代科学技术联系紧密，所以具有极强的时代特征	①传播效果稍纵即逝，信息的储存性差，难以查询和记录； ②内容按时间顺序依次排列，受节目顺序限制，只能被动接受既定的内容，选择性差
线上媒介	①范围广泛； ②突破时空和地域的限制； ③双向互动； ④个性化； ⑤多媒体、超文本等多种表现形式； ⑥低成本	①网站点击率低，广告宣传受限； ②网络制度不完善，广告可信度较低； ③不易了解广告效果

（二）确定广告媒介组合策略

广告媒介组合运用是广告传播中经常采用的一种方法。

广告媒介组合是在同一时期内，运用两种或两种以上媒介发出内容大致相同的广告。

媒介组合的方式多种多样，可以在同类媒介中进行组合，也可以用不同类型的媒介进行组合，每种组合方式均有其独特的长处，而最佳媒介组合是通过使各种媒介科学地相互协调、相互配合。

选择媒介组合也要考虑需要考虑成本、产品特点和市场特点。

表 6-11 广告媒介组合形式

主要考虑因素	广告媒介组合
扩大销售额	①要求广告能够促使消费者缩短购买决策过程,尽快地做出购买决策; ②在媒介上较为理想的选择顺序应该是电视、广播、售点(POP)、直邮(DM)、报纸、杂志等
增加市场占有率	①增加市场占有率就是争取新的消费者,甚至把自己竞争对手的消费者吸引过来,以加强企业自身的竞争地位; ②选择的媒介以报纸、杂志的效果为最佳,其次是电视与广播,再次是焦点、POP、直邮及户外等媒介
树立企业或产品形象	使消费者产生对企业或产品的好感,提高企业或产品的知名度与美誉度。在媒介选择上,报纸、户外交通和赛场等媒介较为适宜,同时,在电视、杂志上进行形象广告宣传,也会产生良好的效果
区域市场	①可以分为全国范围目标市场和区域目标市场; ②如果目标市场为全国范围的话,媒体的选择应尽可能寻求一个成本低、广告信息总暴露量大的媒介组合,国家一级的电视台、电台、杂志和全国范围内发行量较大的报纸; ③如果主要针对某个区域市场进行的广告传播,则需选择当地目标消费者和顾客高频接触的地方性媒体
消费群体	根据消费者的年龄、性别、职业、受教育程度、收入等因素。把广告集中投放到最有可能购买企业产品的消费群体中去,根据消费群体的需求选择最能适应的媒介
社会意识形态	①许多国家,由于社会意识形态的限制,导致在某类媒体上的偏重。如挪威、瑞典、丹麦等国家,禁止在电视、广播上播放广告; ②有的国家法令禁止香烟、酒类在电视和广播上做广告; ③在伊斯兰国家,对于电视、电影的限制比较严格,这些国家的广告选择便偏向于其他的媒介
人口密度	①人口密度与广告媒介的传播范围与传播速度有一定关系; ②在人口密度低的地区,对于媒介传播的速度与范围要求就高
受教育程度	对于受教育程度低的目标消费者,宜于用电视及广播这两类媒介,售点(POP)和户外广告两种媒介也可以在文盲率高的地区经常使用

(三) 确定广告投放策略

在选择好广告媒体及媒体组合方式之后,就要考虑广告信息发布的时间、持续时间的长短、广告发布的频率以及采用什么样的排期策略等问题。

1. 选择广告发布的时序

广告发布的时序问题是指广告发布与企业其他相关营销活动在时间上如何配合,一般可有三种考虑:

(1) 领先发布。广告在产品导入市场或者其他相关营销活动开始之前就发布。目的是先制造气氛，为新产品的入市或其他营销活动的开展做铺垫。

(2) 同步发布。指广告的发布与相关活动同时展开。目的是使广告发布配合新产品的投放，或与其他营销活动相互配合，造成整合传播之势，形成强大的市场影响力。

(3) 延迟发布。在产品进入市场后一段时间，或者其他营销推广活动开展一段时间后，根据市场反应进行更有针对性的广告传播。

2. 选择广告发布的时点

广告发布的时点是指广告在某种媒体发布的具体时间和时段，广告发布的时点策略主要是选择最佳的广告时间点来发布广告。

广告发布的时点选择，企业要考虑不同媒体的特点、消费者在不同时点的媒体接触习惯等关键因素。

3. 选择广告发布的持续时间

广告发布持续的时间是由企业的经营目标、营销活动总体持续时间、广告预算等因素决定的。

在总的时限确定的情况下，广告的发布可以进一步细分出不同长度的时间单元，各单元的持续时间等。

4. 选择广告发布的频率

广告发布的频率是指在一定时间内广告发布的次数。一般来讲，新进入市场的企业和产品、销售旺季来临前、处于市场竞争激烈的产品等，广告的发布频率要高一些，而在其他情况下，广告的频率可以低一些。

广告发布的频率可以根据市场情况进行不断的调整。

5. 选择广告排期的方式

（1）集中式排期。

将广告安排在一个特定的时间集中发布。

这种策略的优点在于能够在较短时间内集中多种媒体进行广告宣传，引起消费者的注意和兴趣。

季节性商品、企业强力推出新产品时可以采取此方式。

这种方式具有一定风险，短期强大的广告之后，如果没有传播和营销手段的跟进，容易造成新产品市场导入的夭折或者产品销售的不利影响。

（2）连续式排期。

指在一段时间内有计划地匀速投放广告的形式，目的是保持记忆。

连续式排期常用于消费者频繁购买的日常用品或当广告主要进行市场拓展的时候。

连续式排期可以是产品广告持续地出现在消费者面前，不断地积累广告效果，防止广告记忆下滑。但是，这种排期方式需要足够的广告投放费用的支持，需要根据产品的淡旺季进行必要的调整。

（3）起伏式排期。

在一段时间内大量投放广告，然后间歇一段时间，又在下一阶段内大量投放广告。这种间歇性排期常用于季节性产品。

这种排期方式可以根据市场和竞争的需要来调整最有利的广告露出时机，提高广告费用的利用率，集中火力以获得较大的有效到达率。但要合理掌握间歇期的时间长短，因为间歇期可导致消费者广告记忆下降、品牌的知晓度下降、竞争品牌的威胁等。

(4) 脉冲式排期。

指广告主连续地以一般水平投放广告，但在某些特定阶段加大投放力度。它是一种将连续排期和起伏排期结合在一起的排期策略，适用于全年排期比较稳定，但又有一定季节性特征的产品。

脉冲式排期可以持续积累广告效果，并根据产品的市场特点加强在重点期间广告的强度，缺点是需要强有力的广告经费的支撑。

五、测定广告效果

(一) 广告效果测定的内容

狭义的广告效果是指广告所获得的经济效益，即广告传播促进产品销售的增加程度，也就是广告带来的销售效果。

广义的广告效果则是指广告活动目的的实现程度，是广告信息在传播过程中所引起的直接或间接变化的总和，它包括广告的经济效益、心理效益和社会效益。

广告效果测定就是运用科学的方法来鉴定广告的效益。

广告效果的测定主要包括三个方面的内容（表6-12）：

表6-12 广告效果测定分类

分类	具 体 内 容
广告的经济效益	广告带来的经济效益。广告弹性系数、单位销售量承担广告费、单位广告费销售增长率等
广告的心理效益	广告对受众在知晓度、了解度和偏好度方面产生的影响
广告的社会效果	广告所达到的社会教育作用

1. 广告的经济效益测定

广告经济效果测定是对整个广告运作的一次全面检阅，它涉及广告对于产品的品牌提升和销售促进所起的作用究竟有多大，带来的经济效益究竟如何等方面，以使企业对发布的广告有一个清醒的认识，并根据测定的结果，调整广告策略，让企业的有限资源得到最大的利用。

> **知识共享 6-2**
>
> 以××乳制品公司为例，如该公司2015年投入的广告费总额为5000万元，总销售量为20000万盒；2016年广告费增加到8000万元，总销售量增加到35000万罐，其中，售出价格为3元/盒，那么，需求的广告弹性系数为：
>
> $Eg = (\Delta X/X_t)(/\Delta G/G_t) = \Delta X G_t/\Delta G X_t$
> $= [(35000-20000) \times 5000]/[(8000-5000) \times 20000] = 1.25$
>
> 其中：X_t为上期（或广告前）需求量（或销售量），即20000万盒；ΔX为本期（或广告后）与上期相比的需求增量（或销售增量），即35000-20000（万盒）；G_t为上期广告费，即5000万元；ΔG为本期与上期相比的广告费增量，即8000-4000（万元）。
>
> Eg为需求的广告弹性系数，即1.25。
>
> 需求的广告弹性系数越大，则市场对广告的反应越灵敏，广告效果越好，反之，广告效果差。另外，需求的广告弹性系数的本质意义即：每增加1%的广告费，可增加销售量1.25%。
>
> 另外，可计算销售额的增量：
>
> 广告效果（1）$= \Delta X \cdot P/\Delta G = (35000-20000) \times 3/(8000-5000) = 15.00$
>
> 广告效果（2）$= \Delta X \cdot P/G_t + 1 = (35000-20000) \times 3/8000 = 5.63$
>
> 上述广告效果（1）和广告效果（2）均用销售额的增量，其区别在于，广告效果（1）为用广告费的增量，而广告效果（2）为本期广告费总额。
>
> 效果（1）表明本期比上期每增加1元广告费，可增加15.00元的销售额。
>
> 效果（2）表明本期每投入1元广告费，可增加销售额5.63元。
>
> 其中，P为广告产品的单位价格。可以计算单位销售量所承担的广告费（每盒）费用（C）= 广告费（G）/销售量（额）（X）。
>
> $C_{2015} = G_t/X_t = 5000/20000 = 0.25$（元/盒）
>
> $C_{2016} = G_t+1/X_t+1 = 8000/35000 = 0.23$（元/盒）
>
> 计算结果表明，该公司2015年、2016年单位销售量所承担的广告费（每盒）分别为0.25元和0.23元。并由此可得出以上两年单位销售额所承担的广告费（每元）分别为0.083元和0.076元，两组数据比较，2016年的广告效果比2015年略有提高。

2. 广告的心理效益测定

心理效果测定的目的是为了了解广告对受众在知晓度、了解度和偏好度方面产生的影响。

（1）广告知晓度。

广告知晓度是指广告受众了解某则广告的比率和程度。计算公式为：

知晓度 = 被访者中知道某则广告的人数/被访者总人数 ×100%。

（2）广告了解度。

广告了解度是指此则广告的受众对于广告宣传内容有较深入了解的比率和程度。计算公式为：

了解度 = 被访者中对广告宣传的内容有较深入了解的人数/知晓此则广告的人数 ×100%

（3）广告偏好度。

广告偏好度则是指对广告内容有较深入了解的受众中对广告有好感的比率和程度。计算公式为：

偏好度 = 被访者中对广告的内容有喜好的人数/了解此则广告的人数 ×100%

（二）选择广告效果测定的方法

表 6-13 选择广告效果测定方法

方法	执 行 方 式
实验法	①主要在事前测定与事中测定中使用； ②采用实验法必须选择与目标销售区域或对象具有类似特征的实验范围与对象。对于接受实验者来说，一切都必须是全新的，不带任何假想的，甚至是一无所知地接受实验，这样才能使所获结果尽量接近真实
问卷法	可以通过邮寄、公开征集回函或访问员上门访问进行。给予被调查者一定的利益回馈是需要的，这是一个比较费时、费力的方法，但测定对象覆盖面广，问题可以比较全面地了解。比如消费者的品牌认知度、品牌忠实度等
产品销售效果的分析	产品销售额与广告费用之比。当然需排除其他因素的影响
市场占有率变化描述	广告活动前与广告活动后产品在市场中的位置和力量对比
利润与利润率变化比较	事实上，企业能够享用的不是销售额，而是利润。利润率则是衡量付出与得到是否相当的天平

练习与思考

一、选择题

1. 广告策划的主要内容（   ）。

A. 确定广告定位　　　　　　　　B. 选择广告媒体

C. 测定广告效果　　　　　　　　D. 广告公司选择

E. 设计广告创意

2. 利用各种事务的基本属性，通过感觉的主动引导，产生新的想法的一种专门用于创新思维的广告创意方法是（　　）。

A. 移植法　　　　　　　　B. 组合法
C. 分解法　　　　　　　　D. 模仿法　　　　　　E. 奥本斯法

3. 报纸作为常用广告媒体具有（　　）的劣势。

A. 声势较小　　　　B. 传播信息易被读者忽略　　　C. 理解能力受限
D. 时效性短　　　　E. 色泽较差，缺乏动感

4. 企业主要的广告目标有（　　）。

A. 告知广告　　　　　　　　B. 劝说广告
C. 辨别广告　　　　　　　　D. 提示广告

5. USP的基本要点是（　　）。

A. 告诉消费者，我的产品是最好的
B. 每一则广告必须向消费者"说一个主张"，必须让消费者明白，购买广告中的产品可以获得什么具体的利益
C. 广告所强调的主张必须是竞争对手做不到的或无法提供的
D. 所强调的主张必须聚焦在一个点上，集中打动、感动和吸引消费者来购买相应的产品

6. 常用的广告定位类型有（　　）。

A. 市场定位　　　　　　　　B. 品名定位
C. 品质定位　　　　　　　　D. 价格定位
E. 功效定位

7. 常用的广告创意方法有（　　）。

A. 移植法　　　　　　　　B. 组合法
C. 分解法　　　　　　　　D. 联想类比法
E. 模仿法

8. 按广告媒体的传播功能分，广告媒体有（　　）。

A. 视觉媒体　　　　　　　　B. 听觉媒体
C. 视听两用媒体　　　　　　D. 嗅觉媒体
E. 平面媒体

9. 电子媒体的优势有（　　）。

A. 传播面广　　　　　　　　B. 针对性强
C. 传播迅速　　　　　　　　D. 感染力强
E. 多种功能，与当代科学技术联系紧密，所以具有极强的时代特征

10. 互联网媒体的优势有（　　）。

A. 范围广泛　　　　　　　　B. 突破时空和地域的限制
C. 双向互动　　　　　　　　D. 个性化
E. 多媒体、超文本等多种表现形式

11. 广告排期的方式有（　　）。
   A. 集中式排期　　　　　　B. 连续式排期
   C. 起伏式排期　　　　　　D. 脉冲式排期

二、判断题

1. 广告策划，是根据广告主的营销计划和广告目标，在市场调查的基础上，制定出一个与市场情况、产品状态、消费群体相适应的经济有效的广告计划方案，并加以评估、实施和检验的活动。（　　）

2. 广告媒体按媒体的传播功能，分为大众传播媒体和其他传播媒体。（　　）

3. 为了树立企业或产品形象，最好选择售点（POP）、直邮（DM）媒体。（　　）

4. 美国麦当劳广告："Q、S、C＋V"（即品质、服务、清洁和附加值）体现了产品形象定位。（　　）

5. 劝说广告需采用版面较大的报刊和时间较长的电视广告来容纳文字、图示和使用效果等信息。（　　）

6. 经营价值观的定位，就是要使企业的形象连同它的口号，深入到公众心目中。（　　）

7. 将多种因素通过建立某种关系组合或整合在一起，从而形成组合优势的创意法是分解法。分解法是最常用的创意方法之一。（　　）

8. 将某一领域的成熟的原理、方法、技术、构思，或者成功的事物、做法、经验移植到另一领域而形成新事物的创意方法叫移植法。（　　）

9. 广告媒体是广告产品传播的渠道。（　　）

10. 企业应该根据设定的广告目标，结合产品特点和媒体特点，制定切合实际的媒体组合策略。（　　）

11. 广告效果测定就是运用科学的方法来鉴定广告的经济效益。（　　）

12. 广告主连续地以一般水平投放广告，但在某些特定阶段加大投放力度，将连续排期和起伏排期结合在一起的一种排期策略是集中排期方式。（　　）

13. 广告发布的频率是指在一定时间内广告发布的次数。（　　）

三、分析题

1. 如何组织好广告策划工作？
2. 广告创意文案有哪些部分组成？
3. 如何进行广告时机的选择？

实战训练项目：2018年线上线下相结合的唯美筑广告策划案

一、项目名称

2018年线上线下相结合的唯美筑广告策划案。

二、项目目标

通过对市场的全面分析，了解美妆O2O行业的竞争状况，能给该品牌以正确的广告定位,并以小组为单位设计广告创意。学生能掌握广告策划的基本方法和执行步骤。

三、项目需求说明

(一)公司和产品基本情况

1. 公司基本情况。

唯美筑采用的是美妆 O2O 平台,在国内率先启动"O2O"销售模式,利用在线平台加强与实体店铺的完美结合,为顾客提供一个全新的购物体验。2012 年,唯美筑 Willmeet 成立。2014 年,唯美筑 Willmeet 线下的依涣青颜护肤店 Echanyan、"近来美"香水店 Recentbeauty、爱丽和玛丽黛佳彩妆店相继在天河区万菱汇广场开业。

2. 主推产品介绍。

(1) 唯美筑原来的万菱汇体验店占地 200 多平方米,展示有彩妆、护肤、香水等几十个国外知名品牌上千款热卖商品。

(2) 2014—2016 年,唯美筑实行线下地推模式,大量拓展会员,目前积累的客户已经超过 11 万。

(二)项目要求

根据以上材料,各小组进行广告创意和广告媒体策划,并完成策划方案或策划通报 PPT 一份。

(建议:可考虑影视、网络、报纸、户外、杂志、车体、POP 等广告媒介,并进行相应的线上线下创意策划和媒介传播策划。)

四、项目实训步骤

1. 3～5 人组成策划公司或策划小组,以策划小组为单位进行讨论、资料收集、策划方案制定、讨论与修改、策划成果展示。

公司(小组)名称:_____

策划小组负责人:_____

策划小组成员:_____

2. 教师作为企业策划需求宣讲人,介绍项目背景和企业需求。

3. 教师引导学生策划小组分析策划项目、学习相关知识点,进行资料收集。

4. 各策划小组在教师的指导下共同完成项目策划初稿(策划书或者项目通报 PPT)。

5. 教师选择 1～2 个策划小组,对策划项目进行通报,有其他同学进行评价后,老师进行整体评价,有条件者讲解企业真实的策划方案。

6. 各策划小组根据老师的评价意见,修改方案策划。

7. 组织仿真项目策划通报会,教师选择 1～2 个策划小组,对策划项目进行通报。

8. 老师对本次项目实训进行整体总结。

五、项目考核方式

教师考核为主,有条件的可进入企业、策划公司专业人员进行考核。

教师用评分标准

项目策划小组：　　　　　　　　　　　评阅人：

序号	评分要素	分值	评分
1	项目策划的完整性	20	
2	项目策划合理、科学，思路清楚、结构清晰	20	
3	项目策划的可操作性	20	
4	项目策划的版面美观设计	10	
5	项目策划的创意	10	
6	项目策划的应用价值	10	
7	合作默契、体现团队精神	10	
	总分	100	

【练习与思考】参考答案

一、选择题

1. ABCE　　　2. E　　　3. BCDE
4. ABCD　　　5. BCD　　6. ABCDE
7. ABCDE　　8. ABCD　　9. ACDE
10. ABCDE　　11. ABCD

二、判断题

1. √　　　2. ×　　　3. ×
4. ×　　　5. √　　　6. √
7. ×　　　8. √　　　9. √
10. √　　11. ×　　　12. ×
13. √

三、分析题

略。

项目七　公 关 策 划

知识目标

1. 掌握营销公关策划的常用方式。
2. 掌握营销公关策划的基本流程。
3. 掌握营销公关策划的基本方法。

技能目标

1. 能够进行新闻公关、赞助活动公关、庆典活动公关、广告公关等营销公关策划，掌握危机公关的基本原则。
2. 能够撰写营销公关策划书。
3. 能够组织实施营销公关策划工作。

策划方案示例

"百事可乐2012广州新年庆典"公关策划案

一、活动目的

1. 以庆祝新年为切入点，对公众表达美好祝福，体现百事可乐对客户的关怀和回报。

2. 传播百事可乐"渴望无限"的企业理念，倡导积极进取的生活态度，树立良好的企业形象。

3 扩大在年轻人中的影响力，巩固百事品牌在中国市场的凝聚力。

二、活动时间

2012年12月22日—12月31日晚24：00

三、活动主题

主标题：用渴望，点亮广州塔

副标题：祝您百事可乐

四、活动构思

本次公关活动将与广州电视台、腾讯微信平台合作，通过赞助广州电视台主办的2012广州新年系列庆典活动，达到品牌传播目的。

活动分为三个部分：

第一部分，幸运抽奖活动。通过微信"摇一摇"，送出由广州电视台主办的"2012广州海心沙跨年盛典"和"广州塔2012祝你百事可乐新年倒数嘉年华"门票若干及QQ网购物券及美食优惠券若干。

第二部分，赞助演唱会。赞助12月24日平安夜和12月31日跨年夜在海心沙举办的群星专场演唱会，通过微信"摇一摇"，给现场幸运观众送出iPad。

第三部分，赞助新年倒数嘉年华"点亮广州塔"活动。新年倒数时，邀请广州全城的微信用户参与"点亮广州塔"活动，用户通过微信"摇一摇"功能，在城市的任一角落摇动手机，成为广州塔的"点灯者"，随着参与人数和摇动次数的增加，广州塔被一格一格点亮，现场观众更能见证广州塔这座亚洲第一高楼被一格一格点亮、逐渐变成百事可乐特色的红白蓝Logo。

微信是腾讯公司于2011年年初推出的一个为智能手机提供即时通信服务的免费应用程序，面世一年，微信已成为年轻人的新宠，取得众多媒体和用户的认可。据悉，光是"摇一摇"功能的日启动量就已达到1亿次，用户数破5000万。腾讯是中国互联网最具号召力的品牌之一，这个网络渠道聚集了3亿多最具创造力的网络用户，在年轻一代中具有绝对的领导地位。随着腾讯多年来的发展，其高黏性的用户群体也逐步成长为社会干流力量，成为经济、文化等各领域不可忽视的庞大前锋力量，这与百事可乐的目标消费群体形成了精准对接。

活动选在广州市地标性建筑——海心沙和广州塔，点亮象征性高塔迎新年，这已足以引起广州市民的好奇与关注。

此次活动搭载广州电视台主办的系列新年庆祝活动，届时随着广州电视台4个频道的实况转播及新闻报道，品牌传播覆盖面将达到非常理想的目标。据悉，届时广州市市长、广州电视台台长等地方名流亦将出席活动现场，这无疑也将提升百事可乐品牌的形象。

五、活动设计

活动一：幸运抽奖

1. 活动时间：2012年11月22日—2012年12月31日（共10天）。

2. 活动办法：12月22日至31日，广州手机微信用户，在广州任何地方，运用微信"摇一摇"功能，就有可以摇到百事可乐的官方号"祝你百事可乐"。用户只需跟其打招呼，并发送"百事可乐"，就可100%中奖。

奖项设置：

一等奖：2012广州海心沙跨年盛典门票2张，共100份。

二等奖：广州塔2012祝你百事可乐新年倒数嘉年华门票2张，共150份。

三等奖：1000元QQ网购现金券，共40份。

参与奖：欢乐美食优惠券（100%中奖）。

3. 兑奖办法：中奖者将在手机微信收到电子中奖凭证，门票可凭电子中奖凭证在现场兑换纸质门票或直接通过扫描凭证入场；QQ网购现金券及美食优惠券可直接用于指定合作商家。

4. 宣传文案：宣传文案仍将沿用百事可乐惯用的广告词"渴望无限"，传播百事可乐积极进取的品牌理念。同时，应简单、易记、易传播活动信息，建议宣传文案主标题为"用渴望，点亮广州塔—祝你百事可乐""摇一摇，用渴望，点亮

2012",再配以活动说明,文本中包含"祝你百事可乐"品牌信息,设置二维码扫描进入百事可乐公众号活动页面,同时,为扩散影响,文本中加转发好友要求。

5. 活动海报:主要用于活动信息的传播,引起关注并引致行动。推荐海报设计:

6. 宣传渠道:新浪微博、百事微信公众号及百事线下销售渠道,包括经销商、商场、超市、便利店、餐饮。

活动二:赞助平安夜及跨年夜演唱会

1. 活动时间:2011年12月24日及2012年12月31日夜晚,群星专场演唱会。

2. 活动地点:广州海心沙。

3. 活动办法:

(1)为演唱会提供赞助,获得冠名权及现场广告展示权。

(2)现场抽奖,为幸运观众送出iPad。节目进行过程中,插入5次摇奖环节,现场观众通过微信"摇一摇",产生5名幸运观众,主持人宣布他们将获得由百事可乐公司送出的礼品——iPad2。

4. 现场品牌展示。

(1)通过背喷灯箱片、立式展板、现场电子显示屏、观众席手执LED板展示品牌Logo及宣传文案,文案主要有3条:"用渴望,点亮广州塔""用渴望,点亮2012""祝你百事可乐"。

(2)演唱会进行中,通过主持人台词,展示百事品牌。

(3)节目进行间隔,主持人宣布"用渴望,点亮广州塔"活动规则,以通过电视直播,在传播品牌信息的同时,将活动三信息传递出去。

活动三:赞助新年倒数嘉年华"点亮广州塔"活动

1. 活动时间:2012年12月31日夜晚。

2. 活动地点:广州塔、海心沙。

3. 活动办法:新年倒数时,通过主持人邀请广州全城的微信用户参与"用渴望,点亮广州塔"活动,用户通过微信"摇一摇"功能,在城市的任一角落摇动手机,成为广州塔的"点灯者",随着参与人数和摇动次数的增加,广州塔被一格一格点亮,现场观众更能见证广州塔这座亚洲第一高楼被一格一格点亮、逐渐变成百事可乐特色的红白蓝 Logo。

4. 活动宣传方式：活动前期宣传目标为吸引更多市民参与或围观，以达到品牌宣传覆盖面目标。主要宣传方式：

（1）腾讯微博。鼓励用户用微博写下新年渴望并转发好友。

宣传文案：用你的渴望点亮广州塔！写下你的渴望，你每一个渴望，都能点亮广州塔的一盏灯，你的每一个渴望，都有机会让你亲临海心沙参加倒数晚会。发表"#2012我的渴望#@祝你百事可乐 + 内容"的微博，并@3个以上好友，就有机会获得 iPad2 和亲临海心沙参加倒数晚会，更有机会到电视塔现场观看电视塔的倒数亮灯。不要犹豫，只要你有渴望，就能点亮广州塔。

（2）线下通路海报。在活动的海报中传递本活动信息。

（3）百事可乐微信公众号。12月31日通过企业微信公众号，推送活动规则。

（4）演唱会。节目期间由主持人宣布相关信息（多次）。

六、媒体宣传策略

1. 广州电视台新闻。

2. 新浪微博。

3. 微信公众号。

4. 企业内部网站。

七、费用预算

费用项目	数量	单价	金额	报价依据
—	—	—	—	—
—	—	—	—	—

八、活动效果预估

本次活动,通过前期线下线上推广,品牌信息覆盖将达到××万人次,活动现场品牌信息直接覆盖观众××万人。同时,点亮广州塔活动预计将吸引××万人的参与,通过广州电视台4个频道的转播,百事可乐的品牌信息将覆盖到×××万人。同时,由于活动有广州市政府要员及地方社会名流的参与,将进一步提升此次品牌传播的档次和质量。

[改编自《中国网络营销年鉴》编委会:《中国网络营销年鉴:案例卷(2011—2012)》,辽宁科学技术出版社2013年版。]

该方案是百事可乐公司以庆祝新年为切入点,进行品牌传播、巩固品牌凝聚力的一次公关活动。活动选择与微信联手、搭载广州电视台新年庆典活动,精准地锁定了百事可乐的目标消费群,同时也选择了高效的传播通道。

活动设计时尚、创意独特,与品牌理念契合,可操作性强,策划文案逻辑清晰、表达准确,非常便于理解。

一、认识营销公关

(一)公共关系

公共关系(public relation)是指组织(包括营利性组织和非营利性组织)在运行管理过程中,为树立良好的组织形象,改善与社会公众的关系,促进公众对组织的认识、理解、信任、支持与合作,运用信息传播媒介,沟通组织与公众之间的关系,求得组织的生存与发展的组织活动、管理过程以及由此形成的社会关系。

(二)公关三要素

构成公关活动的三个基本要素是:组织、传播沟通、公众。

(1)组织(主体)。即公关的承担者、实施者和行为者。公关组织分为四类:政治组织、经济组织、公益组织和社会服务组织。

(2)公众(客体)。即公关的对象,如政府、消费者、新闻媒体、社区、竞争者、内部员工等。

(3)传播沟通(媒介)。传播媒介是公共关系必不可少的三要素之一,它包括两种含义:一是传递信息的手段、方式或载体,如语言、报纸、杂志、宣传册、横幅、彩旗、纪念品、礼品、广播、电视、互联网等。二是指从事信息采集、加工、制作和传播的社会组织或传媒机构,如报社、出版社、电台、电视台、网站等,后者习惯上称为媒体。

伴随着互联网等新技术的发展，出现了许多新的传播媒介形态，如数字杂志、数字报纸、数字广播、手机短信、移动电视、桌面视窗、数字电视、数字电影、触摸媒体等。而互联网及移动互联网的广泛应用，也使"自媒体"这样一种颠覆性媒体形式大行其道，在互联网环境下，任何企业、公民个人都可以借助互联网平台，向其他人传播信息，人人都可以做媒体。

自媒体平台包括企业网站、微博、微信公众号、论坛、贴吧、播客、视频直播平台等，相对于报刊、户外、广播、电视四大传统意义上的媒体，新媒体具有自主性强、运作门槛低、交互便利等诸多优良特性，这使得越来越多的企业将新媒体运作作为品牌传播工作的重要内容。

（三）营销公关及特点

营销公关（marketing public relation）是指以营销为目的的公关，主要是企业与下游客户及消费者之间的关系。营销公关的主体是企业，营销公关的对象包括消费者、企业供应商、分销商、股东、政府、社会团体、公众、企业内部员工以及股东等。

营销公关的核心任务，在于帮助企业树立良好的品牌及产品形象，处理企业与公众的关系，消除公众对企业的误解，促进产品和服务的营销。（图7-1）

图7-1 公关活动

与一般公关不同，营销公关有以下特点。

1. 营销公关的主要对象是消费者

营销公关将主要的公共关系锁定在消费者关系，营销公关以改善和维护企业、品牌和产品与消费者的关系为主要职责，将其他与市场营销关系关联不太密切的公共关系交给专门的公关部门和具体对口部门处理，比如将政府公关、社区公关交给行政事务部处理，将内部员工公关交给人力资源部门处理。

2. 营销公关的最终目的是支持营销

营销公关的最终目的是支持市场营销，促进产品销售。因此，凡是与市场营销和产品销售直接相关的问题，都属于营销公关的范畴。

3. 营销公关的主要手段是媒体传播

营销公关的主要对象是数量众多的消费者，因此主要沟通方式就是大众媒体传播。而政府公关、社区公关、内部公关，由于沟通对象明确，数量不多，可以通过人际沟通直接且有效地实现，一般不需要通过大众媒介形式实现。

4. 营销公关的主要考核标准是投入产出效益

与一般公关效果的间接性、滞后性不同，营销公关的促销效果应该是直接的、当期可见的。营销公关的评估和考核需要讲究投入产出效益，以考核营销公关对市场营销的支持度来检验营销公关目标的达成度。

二、营销公关的常用方式

从公关目标来分，营销公关可分为主动营销公关和被动营销公关。

主动营销公关是根据公司的营销目标而采取的主动的公关行动，它是进攻性的而不是防御性的，着重于捕捉市场机会而不是解决问题。

被动营销公关是指针对公众对企业态度或评价的恶化而采取的公关活动。被动营销公关需要应付的是对公司造成负面影响的变化，这种营销公关活动的目的是修补公司的声誉和形象，防止市场份额下降，并夺回失去的销量，通常也称为危机公关。

营销公关常用的方式包括：利用或策划新闻、赞助或参与公益活动、组织公众活动、发布公益广告、发布企业宣传片等。（表7-1）

表7-1　营销公关常用方式

序号	营销公关方式	操作方式
1	新闻	利用和策划有价值的新闻事件，通过新闻媒体的公开宣传报道，传播企业形象，开展营销造势，形成对企业有利的公众认知
2	赞助	通过无偿地提供资金、物质、技术等资源对各种社会公益事业做出贡献，以提高社会声誉，树立良好的社会形象
3	公众活动	通过发起、倡导、组织各种有意义的公众活动，引起社会公众的关注，创造向消费者近距离传播品牌形象的机会，拉近品牌和消费者的距离，塑造品牌亲和力，提升企业和品牌的美好形象
4	公益广告/微电影	通过公益广告或微电影的形式，传递或倡导某种积极、健康的理念或生活方式，以提升品牌形象
5	企业宣传片	通过视频制作，介绍企业情况，展现企业在技术、管理、人才、资金等方面的实力和取得的成就，向社会宣传企业的理念、精神风貌等方面的内容，以获得公众信任

（一）新闻公关

新闻公关是利用和策划有价值的新闻事件，通过新闻媒体的公开宣传报道，传播企业形象，开展营销造势，形成对企业有利的公众认知的企业公关行为。（表7-2）

表 7-2 新闻公关的方式

新闻公关的方式	操 作 方 式
发布新闻	企业将本企业发生的有新闻价值的消息和重要事件以及需要向公众解释或澄清的问题主动向外传递,借助各种媒体向公众传播的一种公关手法。发布新闻通常采用以下方式进行: ①通过企业自己的宣传媒体(如官网、官微、企业公众号等)发布; ②召开新闻发布会、记者招待会; ③邀请新闻记者参与企业活动以获得对企业的新闻报道; ④由企业主动向媒体提供新闻素材或稿件
制造新闻	制造新闻是营销公关传播中独有的一种传播手段。制造新闻也可以理解为策划新闻事件。它是营销公关人员在真实的、不损害公众利益的前提下,有计划地策划、组织、举办具有新闻价值的活动、事件,吸引新闻界和公众的注意和兴趣,争取被报道的机会,并使本组织成为新闻报道中的主角。同时,使所报道的消息尽量产生轰动效应,以达到提高企业知名度、美誉度、扩大企业的社会影响力的目的,例如邀请名人到访、进行专项活动、组织社会公众感兴趣的有奖竞赛等

企业新闻一旦被权威媒体发布,由于其可信度高,会给企业带来非常好的公关影响,所以媒体关系是很多企业非常重视的工作,甚至有些企业会设置专门的媒体公关部,其日常工作就包括经常向媒体输送企业资讯。

制造新闻必须遵循三大基本原则:

(1)以事实为前提。虚假是新闻报道的大忌,制造新闻不等于编造新闻。制造新闻必须以事实为依据,而不是弄虚作假。

(2)传播正能量。"正能量"指的是一种健康乐观、积极向上、给人力量、充满希望的动力和情感。它表达了大多数公众的渴望和内心情感,传播正能量,容易获得大多数公众的心理认同。

(3)提炼角度有高度。同一个事件,从不同的角度来描述,受众感受到的信息会不同。因此,结合企业公关的目标,将事件提炼到相应高度,是新闻公关策划的基本要求。

案例 7-1 "百事获中国马铃薯产业大奖"新闻公关

2015年8月25日,在北京延庆召开的"第十七届中国马铃薯大会"上,百事食品中国有限公司被授予"2015年度突出贡献奖",这件事被新华网等多家媒体报道,给百事公司带来了较高的曝光度及品牌美誉度。

> 百事公司获中国马铃薯产业大奖-新华网
> 2015年8月25日 - 这是百事公司继获得"2011-2014年度企业对中国马铃薯产业发展特殊贡献金奖"后,再……百事公司获得该项业界大奖实至名归。1993年,百事公司食……
> news.xinhuanet.com/food/2015-08/25/c_1... - 快照 - 新华网
>
> ○ 为您推荐: 百事收购马铃薯 百事马铃薯 百事可乐深圳
>
> 百事公司荣获中国马铃薯产业大奖_会议活动_财经_中金在线
> 2015年9月6日 - (以下简称百事公司)凭借在可持续的马铃薯农业方面的卓越表现,被授予"2015年度突出贡献奖"。这是百事公司继获得"2011-2014年度企业对中国马铃……
> news.cnfol.com>财经>会议活动 - 快照 - 中金在线财经频道
>
> 百事公司荣获中国马铃薯产业大奖_商讯_产经频道首页_财经网-...
> 2015年9月6日 - (以下简称百事公司)凭借在可持续的马铃薯农业方面的卓越表现,被授予"2015年度突出贡献奖"。这是百事公司继获得"2011-2014年度企业对中国马铃……
> industry.caijing.com.cn>...>个股查询 - 快照 - 产经频道首页
>
> 百事公司荣获中国马铃薯产业大奖_中国经济网——国家经济门户
> 2015年9月9日 - (以下简称百事公司)凭借在可持续的马铃薯农业方面的卓越表现,被授予"2015年度突出贡献奖"。这是百事公司继获得"2011-2014年度企业对中国马铃……
> 12365.ce.cn>质量频道>质量资讯 - 快照
>
> **新华网** 新闻 新华网 > 食品 > 正文
>
> ## 百事公司获中国马铃薯产业大奖
>
> 2015年08月25日 15:21:34 来源: 新华食品
>
> 近日,在北京延庆召开的"第十七届中国马铃薯大会"上,百事食品中国有限公司(以下简称百事公司)凭借在可持续的马铃薯农业方面的卓越表现,被授予"2015年度突出贡献奖",这是百事公司继获得"2011-2014年度企业对中国马铃薯产业发展特殊贡献金奖"后,再获殊荣。百事公司是唯一获得突出贡献奖的跨国企业。
>
> 本届中国马铃薯大会主题为"马铃薯产业与现代可持续农业",是"马铃薯主粮化"上升为国家战略后的首次业界盛会。来自全国30个省、市、自治区的近千名专家学者、产业和政府部门代表参加了大会,并围绕该主题共同探讨中国马铃薯产业的发展。百事公司大中华区营运及农业高级总监黄宇清女士受邀主持了"马铃薯消费与市场"的专题研讨会。
>
> 百事公司获得该项业界大奖实至名归。1993年,百事公司食品业务随着乐事薯片的引进而进入中国。多年来,百事公司在内蒙古、河北、广东、广西、湖北等地建设并运营自有农场,在中国马铃薯领域精耕细作,在土壤保护、品种培育、种薯处理、施肥时机、药剂选择

新闻稿对百事公司在中国实施可持续农业方面的努力和成效做了报道,给百事公司带来了较高的美誉度。

(资料来源:新华网,http://www.xinhuanet.com/food/2015.08/25/c_11163669.52/html。)

> **案例 7-2**
>
> ## 谷歌新闻公关:"请给我爸爸放一天假"
> ### ——一位小女孩写给谷歌的信
>
> 一次看似平常的通信,经过策划,变成了一件很有新闻价值的事件。
>
> 2014年,谷歌公司用一封小女孩的来信和一封公司回信,很好地进行了一次新闻公关活动。
>
> 小姑娘的信件内容是这样的:
>
> 亲爱的谷歌:
>
> 你可以在我爸爸上班的时候,给他放一天假吗?比如,让他在周三休息一天。因为我爸爸每周只能在周六休息一天。
>
> 凯蒂
>
> PS:那天是爸爸的生日。又:这是暑假。
>
> 而谷歌方面,爸爸的上司——谷歌高级设计经理丹尼尔·席普蓝克夫(Daniel Shiplacoff)给小姑娘回了信,信中不仅称赞了凯蒂爸爸的辛勤工作,而且还批准了他一个星期的假。回信如下:
>
> 亲爱的凯蒂:
>
> 感谢你的来信和你提出的要求。你的父亲在工作上一直很努力,他为谷歌和全世界千千万万人设计出了很多漂亮的、令人欣喜的东西。
>
> 鉴于他的生日已快到来,以及我们也意识到了暑期休假的重要性,我们决定让他在7月的第一周休假一个星期。
>
> 祝好!
>
> 丹尼尔·席普蓝克夫
>
>
>
>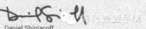

> 就是这么简单的一个事情,谷歌公司却敏锐地看到了它的新闻价值。"小女孩替父亲请假谷歌居然准了!"的新闻一经发布到网上,立即在全球范围内获得了广泛的关注和媒体报道,并且在Facebook、Twitter及我国各大社交网站被大量转载,在美国一家流量较高的网站上浏览量有80多万人次,消息发布不久后,谷歌搜索到的相关信息就超过7500万条。
>
> 谷歌公司通过发掘新闻,对公司形象和价值观做了一次很好的传播。
>
> (资料来源:腾讯科技 2014 年 6 月 23 日,http://tech.qq.com/a/20140623/06158/。)

(二) 赞助公关

赞助公关是指企业通过无偿地提供资金、物质、技术等资源或者直接参与支持社会福利、社会公益和慈善事业等活动,并以此来证实企业的实力,表明企业愿意承担社会责任的态度和能力,以赢得政府、社区及相关公众的支持,获得社会的普遍好感,提高企业知名度和美誉度,增强公众信任度,树立良好社会形象。

赞助公关作为一种有效的公共关系手段,是一种信誉投资和感情投资行为。目前,赞助公关已经成为营销公关中不可缺少的重要组成部分,为越来越多的企业所重视。

从某种意义来说,赞助公关的实质是建立在双赢原则上的交易行为,企业向赞助对象提供赞助,一方面使赞助对象获益,另一方面,也使企业自身获得间接或直接的经济回报。在一些赞助项目中,赞助商可以在赞助活动期间进行直接促销,也可以在活动期间发放优惠券或产品目录等达到间接促销的目的。

对于市场开拓性赞助活动,赞助更是能达到无形的推广效果。

赞助公关的类型多种多样,一般企业会选择赞助有较大社会意义和社会影响的事业,如教育事业、公益活动、体育活动、文化活动、社会福利和慈善事业。(表7-3)

表7-3 赞助公关的类型

赞助公关的类型	操 作 方 法
赞助体育运动	①也称之为"体育公关",由于受众众多,因此是企业赞助中最常见的一种形式。具体赞助的项目包括联赛、冠军赛、特殊邀请赛、主要巡回赛以及对一流球队的赞助等; ②可口可乐通过对奥运会的赞助,耐克、阿迪达斯公司通过对NBA的赞助,大大提升了其品牌影响力

续表 7-3

赞助公关的类型	操 作 方 法
赞助文化事业	①赞助文化事业不仅可以大大提高组织的社会效益和知名度，而且还可以培养与公众的良好感情； ②文化赞助的成功诀窍是，顺应社会主流意识倾向和公众心理，支持和赞助的是具有充分公众基础的艺术形式，立意创新。蒙牛公司赞助"快乐女生"，取得了良好的社会效益和经济效益； ③常见的文化赞助项目有：世界文化遗产保护和传承、地方传统文化风俗活动、群众性文艺活动等
赞助教育事业	①奥运会期间，海尔集团宣布，中国健儿每获得一枚金牌，海尔就捐建一所希望小学，此举使海尔集团的美誉度大大提升； ②较著名的教育赞助项目有：希望工程、春蕾计划、资助贫困大学生等，也可以是一些专项赞助，比如校舍维建、运动器材、场地捐建、图书捐赠、信息化设备捐建等
赞助社会慈善和福利事业	这是企业和社区、政府搞好关系的重要途径，是向社会表明其承担义务和责任的手段。慈善赞助的具体项目包括病残、孤寡等多方面
赞助社区公共事业	是指对企业所在地公共事业的赞助。如百事可乐大中华区在其土豆种植示范基地附近的农村学校建立"百事图书馆"，捐赠图书、桌椅等，扩大了企业在当地的影响范围，也使企业在当地获得了和谐宽松的生存环境
赞助各种展览和竞赛活动	①借助这些活动本身的受关注度和民众参与度，扩大企业影响力。如赞助旅游展、美术展、庆六一的儿童竞赛活动等； ②阿里巴巴公司通过在全国高校组织"明日网商挑战赛"，每届都吸引了十多万大学生参与，对阿里巴巴及其旗下品牌的推广以及培养阿里巴巴电子商务平台的潜在用户起到了巨大的作用
赞助学术活动	如赞助学术研讨会、学术著作的出版等。可提升企业在相关领域的专业形象。如百事可乐赞助海峡两岸暨香港、澳门"全谷物营养与健康论坛"

案例 7-3　"做百事，圆百梦"：百事可乐大中华区公益事业

除了一般的商业性赞助，百事公司大中华区和百事基金在中国积极开展和支持了一系列公益活动，为百事公司带来赞誉无数。这些公益项目主要包括：

1. 母亲水窖项目——提供安全饮用水。2000年，中国妇女发展基金会启动了一项名为"母亲水窖"的全国性公益项目，通过公众的参与，来帮助中国中西部贫穷缺水地区的人们解决安全饮水问题。该项目通过修建家庭式集雨水窖、小型集中供水工程、校园安全饮水工程等，为供水网络欠发达的地区提供安全而有效的饮水解决方案。如今，"母亲水窖"已然成了中国最受认可的公益项目之一，为中国240万人口提供了安全和清洁饮用水。百事公司自2001年项目初始即为该

项目主要支持方,也是该项目的第一个"财富500强"合作伙伴。在过去的10多年间,百事公司为该项目规模和影响的扩大提供了坚实的支持。截至2014年年底,百事基金会、百事公司大中华区及员工已共同捐资超过5500万元,共建水窖1500多口,新建或升级改造小型安全饮水工程170多处,修建校园安全饮水工程90多处,培训农村群众17万余人;项目已经惠及了包括四川、云南、甘肃、贵州、广西、河北、内蒙古、青海、重庆及陕西在内的10个省、自治区、直辖市的724000多人。如今,百事公司仍是该项目最大的跨国企业捐赠方。

2. 公益教育项目——知识改变命运。2007年,百事公司大中华区启动了一项员工参与推动的公益项目,帮助百事公司在中国的土豆示范农场所在地附近的农村学校建立"百事图书室",捐赠图书、阅览桌椅和图书室设施以及资金。

截至2015年年底,百事公司及大中华区员工捐款总计超过290万元,在百事公司可持续示范农场所在地的内蒙古、河北、广西、山东、广东和甘肃已经建立了九个"百事图书室"和一个幼儿园。该项目还通过调动广大员工的参与,筹集二手书和捐款,设立了"百事读书小明星"和"百事奖学金"项目,奖励优秀学生,激励学生们的读书、写作热情。百事还为项目学校添置了大量的电脑、新图书和书桌、书架和教学设备等。

除"百事图书室"项目外,百事大中华区还资助了另一个针对外来工子弟教育的项目——"百事明天计划"。自2008年起,百事大中华区已经逐步按区域推动此项目,通过为农民工子弟学校提供奖学金、设立图书室和运动器材等物资援助,帮助改善农民工子女的学习环境。截至2011年年底,百事公司已为该项目捐款190万元人民币,在全国15个城市(北京、济南、重庆、南昌、长春、上海、广州、深圳、天津、西安、南京、河源、武汉、成都、郑州)资助了16所农民工子弟学校,共有16200名学生从"百事明天"计划中受益,其中的3500多名学生获得了"百事博爱奖学金"。

3. 助力高等教育发展——开设企业责任课程。2014年百事公司向清华大学经济管理学院捐赠300万美元,支持清华经济管理学院设立的"讲席教授"项目,开设"企业责任课程",旨在与世界一流学府一起,共同培养能将商业愿景和社会需要统一结合的未来商业领袖。这是百事公司支持中国高等教育事业单笔捐款数额最大的一笔捐赠。课程内容将包含企业发展如何与社会热点问题关联,与利益相关者的有效沟通,如何平衡和管理短期业务及利益和长期发展战略设定,如何建立和管理可持续发展的衡量标尺等。

4. 母亲邮包项目——为贫困母亲送去关爱。自中国妇女发展基金会2012年发起"母亲邮包"以来,百事公司已多次支持该项目。2013年4月,雅安地震发生后,百事基金会第一时间做出反应,向中国妇女发展基金会捐赠100万美元,其中包括2万个灾区急需的"母亲邮包"。至2018年,百事公司大中华区已连续7年参与"母亲邮包"活动,捐赠总额超过400万元人民币,惠及12个省市的3万多名贫困母亲及家庭。同时,还充分利用旗下明星代言人的号召力,发起

"把乐带回家——母亲邮包·送给贫困母亲的新年礼物"公益活动,借助网络众筹的模式,带动更多的年轻人把快乐送给中国的贫困地区母亲。

5. 灾后救援。2008年年初,中国中部和南部遭受了严重冰雪灾害。百事公司第一时间向中国红十字会和其他当地救灾中心捐助了资金和物品,捐助总额约合33万元人民币。2008年5月,汶川发生里氏8级地震,百事公司与中国人民共同分担,累计捐赠现金和实物超过1900万元人民币。2010年3月,中国西南五省遭受严重干旱,百事大中华区授权昆明百事捐赠价值达20万元人民币的百事饮料产品以缓解旱情,其中包括4697箱"果缤纷"果汁饮料和2000箱"佳得乐"运动饮料。2010年4月,青海省玉树县发生了里氏7.1级强烈地震,上海百事、深圳百事、广州百事、长春百事、长沙百事等地的员工迅速做出反应,倡议募捐,慷慨解囊,帮助灾区渡过难关,累计捐款约57.5万元。2013年4月,四川省人民又一次遭遇了强烈地震。为应对这一灾难,向灾区人民提供援助,百事公司基金会向全国妇联中国妇女发展基金会捐赠100万美元。除捐款外,百事公司还协同其在华战略合作伙伴——康师傅控股有限公司,在地震发生几小时后即向地震灾区提供援助物资,其中包括10000箱百事冰纯水。2014年8月,云南鲁甸地震发生后,百事公司大中华区和百事基金会向中国妇女发展基金会捐赠130万元人民币,用于鲁甸灾区的灾后饮水安全项目建设。

截至2014年年底,百事基金会、百事公司大中华区及员工已经为中国的公益事业捐资超过1.04亿元人民币。

[资料来源:百事可乐(中国)公司官网, https://www.pepsico.com.cn。]

(三)组织公众活动

通过发起、倡导、组织、赞助各种有意义的、公众喜闻乐见、参与性广泛的公众活动,以引起社会公众的关注,提高企业知名度和美誉度的公关方式。

通过组织公众活动,可以创造向消费者近距离传播品牌形象的机会,拉近品牌和消费者的距离,塑造品牌亲和力,提升企业和品牌的美好形象。

公众活动的形式多种多样,可以在线下进行,也有很多通过网络开展。在企业公关实践中,较常采用的方式包括:有奖征集(如征集企业新产品名称)、竞技比赛、选秀、游戏、开放日、游园会、交友会等。

案例 7-4　国航"感动在身边——最美微故事"大赛

2015年6月,国航开启"感动在身边——最美微故事"大赛。大赛本着突出"感动"这一主题,鼓励全体员工多观察、多发现身边的感人故事,传递正能量,形成客舱服务部全体员工上下"传递感动，共同打造暖心服务"的优良风气，营造"员工小进步带来客舱大变化"的良性互动氛围，更好提升服务品质，树立服务品牌。

此次微故事大赛历时6个月，在国航cabin的微信平台上每周推送，最终依据点赞数量和专业评审的打分选出月度和年度最佳微故事。

一个个温暖小故事的传播，加深了公众对国航优良服务的认知。

（资料来源：国航微信公众号——国航CABIN。）

（四）公益广告和微电影

1. 公益广告

公益广告是指以付费方式，通过专业媒体，向大众传递或倡导某种积极、健康的理念或生活方式的广告。这种广告与促销广告不同，它不强调企业业务，甚至内容完全不涉及企业业务，但它以企业为倡导者，向大众传递积极健康的理念，通过这种方式，在公众中树立、强化正面、积极的形象，从而建立起公众和企业之间的良好关系。

2. 微电影

微电影是近年来备受青睐的一种营销手段。微电影是指适合在各种新媒体平台上播放的、具有完整故事情节且具有完整策划和系统制作体系支持的短视频，具有时长短（不超过30分钟），制作周期短（7～15天或数周）和投资规模小（数千/数万元每部）的特点，微电影形式简单，短小精悍，契合了当前"碎片化"的信息接收方式，它既可以满足时间上的"碎片化"需要，也可以满足传播上的"碎片化"需求。人们可以充分利用各种时间碎片，包括坐车、等人、排队等闲暇时间，在智能终端看完一部微电影。另外，随着中国网民素质的提高，网民自我意识的崛起，广大网民对硬广告的容忍度越来越低，于是，将产品和品牌信息与微电影故事情节巧妙结合的这种更软性、更灵活、更易接受的营销方式，自然受到企业青睐。

案例 7-5

桔子酒店：催泪微电影《母爱无边》

2012年春节前，一部不到9分钟的微纪录片《母爱无边》让网民热泪盈眶，故事的主角是桔子酒店的3位做母亲的员工，为了孩子而离开，远赴大城市打工，为的是让孩子生活幸福和努力学习，忙碌的工作让她们春节无法回家与孩子团聚，3位妈妈脸上的思念和无奈，让人心酸。

但是，桔子酒店今年决定送3位员工回家，与孩子团聚。事先没有告知员工，员工接到回家的消息感到很突然，将信将疑，同样，母亲也没有告诉孩子，于是，当亲人相见的那一刹那，孩子的表情从不敢相信到欣喜若狂甚至到喜极而泣，母子母女相拥亲吻，孩子撒娇地紧紧地搂着妈妈的脖子，真情自然地流露，那感人的画面催人泪下,看到此时,观众也对这些母亲和孩子生出些许忧虑和牵挂:明年怎么办呢?

整个故事没有植入任何企业信息,但最后缓缓跳出的四帧字幕,让人感到欣慰,似乎刚刚的忧虑和牵挂,有人承担了,可以放下心了。这四帧字幕是:

> 为了孩子而离开,母爱无边
>
> 3年来,我们为200多位做母亲的同事,提供了助学金,从小学、中学,到大学
>
> 只要企业能生存,我们一定会坚持做下去
>
> 桔子水晶酒店/桔子酒店、教育基金委员会

在这里,我们看到了一个企业的担当,内心已经为桔子酒店点了一个大大的赞!

(资料来源:新浪视频,http://video.sina.com.cn/p/ent/s/m/2012-01-15/104361641765.html。)

2010年,第一部营销微电影《一触即发》由凯迪拉克推出,这部由吴彦祖主演的90秒微电影情节惊心动魄、场面宏大、制作精良,巧妙地将凯迪拉克的品牌信息嵌入,堪称精妙之作。2011年6月,好莱坞巨星莱昂纳多·迪卡普里奥为OPPO拍摄的广告片在各大媒体播出,广告也采用故事片的方式,以John(莱昂纳多饰)寻觅一名神秘女子为主线,近似好莱坞大片的场景和扑朔迷离的情节引起了众多观众的热议,OPPO品牌的巧妙植入,让OPPO品牌完美地完成了一次定位升级。

微电影在企业公关中得到了更广泛的应用,很多企业都尝试用微电影的方式进行品牌宣传,用精心制作的故事打动公众的心,从而拉近公众与企业的距离,获得公众的认同和好感,如开篇中的百威啤酒,为了宣传酒后不开车,制作了两部微电影《爱的代驾》和《爱的代驾之非诚勿驾》,视频获得了超高的点击量,可见其影响。

(五)企业宣传片

通过视频制作,介绍企业基本情况,展现企业在技术、管理、人才、资金等方面的实力和取得的成就,向社会宣传企业的理念、精神风貌等方面的内容,以获得公众信任。

一般情况下,企业宣传片由于时长较长,并不适合通过大众媒体(电视媒体)对公众传播,但是通过企业"自媒体"(如企业官网、微信公众号、视频播放平台等)对外宣传,只要推广手法得当,也能取得很好的宣传效果。

企业宣传片也较常用于企业线下活动,如企业开放日活动、企业庆典、赞助活动等。

三、营销公关策划的基本流程

营销公关活动的策划的基本工作流程如图7-2所示：

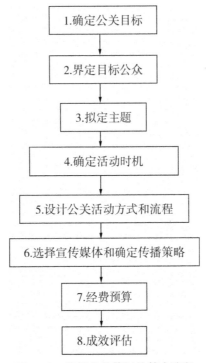

图7-2 营销公关策划的基本流程

（一）确定公关目标

营销公关的最终目标是传播信息，增进公众对企业的了解，改变公众的态度，促使公众产生有利于企业的行为。但是，每一项具体的公关活动策划都有其特定的目标，这些目标包括：提高知名度、提高美誉度、证明实力、增强企业与公众亲和力、新产品推广、技术推广、澄清事实消除误解等。

（二）界定目标公众

营销公关活动不可能面对所有公众，它所面对的往往是与企业有特定关系的公众和与本次公关活动有联系的公众。

（三）拟定主题

主题是对整个公关活动的高度概括和凝练，是唤起公众关注、博得公众内心认同感的最重要的信息，主题的设计应达到以下三个要求：

（1）主题表达力求精练传神，简洁、上口，并与公关目标一致，一句话点出活动目的。

（2）主题设计应突出企业自身特色，便于围绕主题开展活动，树立起独特的企业形象。

（3）主题设计要考虑到不同阶段营销公关的特点，使之具有针对性。

> **案例 7-6**
>
> **为了千千万万个失学儿童**
>
> "为了千千万万个失学儿童"是希望工程的宣传主题，这一主题精练、简洁，充分表达了"希望工程"的目标，也获得了公众的广泛认同，希望工程的各种专题展览、宣传画、印刷品、文艺演出等，自始至终都围绕这一主题，活动自推出，得到社会各界的广泛支持。
>
> （作者根据网络资料整理改编。）

（四）确定活动时机

一般来说，可以考虑在以下时间开展营销公关活动：
（1）企业开业或新产品、新项目、新服务、新技术推出时。
（2）企业更名、转产或与其他组织合并时。
（3）企业获得荣誉、引起关注时。
（4）企业遇到某种偶发事件、发生某种失误或被公众误解时。
（5）重要的节日、社会上发生重要事件时。

（五）设计公关活动方式和流程

营销公关的方式多种多样，企业应根据营销目标、市场环境的变化、经济实力、竞争状况选择恰当的公关方式。在设计执行流程时，应细致、谨慎、周全、紧凑、突出特色，尤其是有较多公众直接参与的公关活动，如新闻发布会、开放日等公众活动，更应细致、周全。

（六）确定传播媒介及传播策略

传播沟通是公关活动的基本要素之一，传播沟通不到位，公关活动也往往难以到达期望的效果，因此，传播策略策划是公关策划的重要内容。

1. 选择传播媒介的原则

（1）联系目标原则。根据企业公共关系的具体目标和工作要求选择和使用传播媒介。即选择和使用的手段和方法必须符合公共关系工作的性质和要求，才能充分发挥其功能。

（2）适应对象原则。根据公共关系对象的特征去选择和使用传播媒介。不同的受众对象接触传播媒体的习惯和方式不同，选用适当的传播方法，才能使信息有效地到达目标受众，并被受众所接受。

（3）区别内容的原则。根据传播内容的具体特点来选择和使用传播媒介，即根据传播的内容来决定传播的形式，使传播形式的优势得以充分发挥。

（4）合乎经济的原则。根据具体的经济能力和最经济的条件选择和使用传播的方法。即根据公司的公共关系预算和传播投资能力，量力而行，精打细算，争取在最经济的条件下获得最大的传播效果。

2. 传播策略的制定

传播策略的制定绝不是只给媒体提供信息和搜集信息，更不是只给媒体投放广告份额，而应该根据营销公关的目标，进行整体规划和部署，主动挖掘公司信息的新闻价值，采用恰当的方法，通过恰当的传播途径，及时有效地向目标公众传播企业信息和形象。

（七）经费预算

营销公关的费用除了考虑每次具体活动的费用，还应考虑相应公关传播的费用。一般来说，实际活动费包括人力酬金（如主持人、摄影师、保安等的酬金）、场租费、器材设备费、会场布置费（如摆花、气球等）、饮料食品、交通住宿、礼品、资料制作等费用项目，公关传播费则主要有广告、宣传单张制作、派发等费用。

（八）成效评估

对公关活动实施后的成效进行评估，是否能实现公关策划的预定目标，以及实现的程度。

知识共享 7-1　　公关策划案文案的一般格式

1. 前言（交代策划背景）。
2. 公关的目标（根据公关调查的结果确定公关实际工作的目标）。
3. 公关的目标人群（确定本次公关需要影响的目标人群）。
4. 执行时间。
5. 执行地点。
6. 公关的策略（此次公关活动的整体构想）。
7. 公关的活动方式（具体行动方案）。
8. 公关的沟通媒介及传播策略（这是公关策划必不可少的环节）。
9. 预算。
10. 成效评估。

四、典型营销公关策划

(一) 新闻公关

1. 新闻公关策划的创意

新闻公关的创意应突出主题的"新",形式的"奇",内容的"特",方法的"巧"。

在公关实务中,新闻公关策划的创意可以从以下方面发掘:

(1) 对国家新政策的积极应对。国家一项相关政策的出台,往往具有重大的新闻影响力,作为企业媒体策划人员必须要有敏锐的洞察力和迅速行动的能力,就企业的应对策略进行策划和传播。

(2) 利用民生新闻事件,搭载进行企业新闻公关传播。重大民生问题,往往会得到社会的广泛关注和思考,企业巧妙利用民生新闻事件策划新闻公关,表达企业对民生问题的认真关注,树立企业勇担社会责任的形象,提高企业美誉度。

(3) 借助与企业形象和产品使用有关的重大社会、科技、体育活动及各种娱乐节庆活动,进行企业新闻公关传播。不仅借助新闻传播提升企业和品牌的知名度,而且可借助重大社会活动本身的社会人文背景与意义打造企业和品牌的美誉度。如,某合金制造商借助我国载人飞船成功升空并顺利返回的重大事件,宣传其如何成为飞船材料提供商,使公众认知了企业实力和产品质量。

(4) 联系有纪念意义的事件和日子制造新闻。广州某企业在雷锋纪念日向全市志愿者派赠"爱心包",用实际行动支持"雷锋",倡导雷锋精神,此行动被电视台报道,企业在市民中的形象得到提升。

(5) 选用与企业形象和产品使用有关联的社会名流及其新闻事件,进行企业公关形象传播。通过社会名流的名人效应,提高企业与品牌的知名度和影响力。玛花纤体美容美体机构借助香港著名影星钟丽缇产后成功瘦身的事件,开展一系列公关宣传活动,公司品牌形象得到了有效推广。

(6) 参与有争议的辩论。当社会生活中出现重大主题或观念更新时,企业可针对社会关心的热点问题参与讨论,展示企业的胆识和灵感,表明企业关心社会进步的态度,容易引起公众关注,提高企业知名度,起到宣传效果。

(7) 利用一些突发事件,进行新闻公关策划。突发事件,尤其是突发性的灾害事件,往往都是政府、媒体和社会公众都十分关注的问题,此时,企业如能适时策划并实施积极有效的救灾活动,将获得媒体和公众的关注和好评。

案例 7-7　公关无处不在

很多企业经营者认为,主动公关是件需要花很多精力和金钱去筹划的事情,难度大,效果未知,所以不太重视主动公关。但实际上,只要有强烈的公关意识,有善于捕捉公关机会的眼光,外加一点公关操作的套路,就能让很多瞬间成为企业展示自己的大好机会。下面举三个例子,说明企业是如何利用一些看似平常的事件来做公关的。

1. "厉害了,我的国"内容众筹,京东小黄人震撼亮相。

2017年上半年,中央电视台财经频道隆重推出以"厉害了,我的国!"为主题的内容众筹纪录片,该片联合多家网络征集平台,向全国观众发出邀请:在中国的飞速发展中,哪些瞬间让你热泪盈眶?哪些事件让你顿生荣誉感?哪些成就让你忍不住感慨"厉害了我的国!",都可以通过自己的镜头,讲述身边的变化和眼中的中国故事。

这次活动让不少企业看到了展示品牌形象的机会。京东向节目组提供的视频——京东广东东莞麻涌机器人分拣中心,京东员工的讲解加上300多台智能分拣机器人忙碌但有条不紊工作的壮观场面,不得不让人对京东的实力和创新能力由衷地发出"厉害了,京东!"的感慨。视频网址:

(资料来源:央视网,http://tv.cctv.com/2017/07/14/VIDEo4lNiDzwnjW3V9Q3qHuv170714.shtml。)

2. 三段声明,刻画"有温度的顺丰"。

2016年4月17日下午,网络上流传开一段顺丰快递哥被打的视频,一位顺丰快递小伙因为不小心把一辆正在倒车的车刮了,招致司机的打骂。视频引来众多围观,一下子把向来低调的顺丰公司推到了公众面前。

4小时后,顺丰的官微@顺丰集团针对此事件做出了回应:"我们的快递小哥大多是20多岁的孩子,他们不论风雨寒暑穿梭在大街小巷,再苦再累也要做到微笑服务,真心希望发生意外时大家能相互理解,首先是尊重!我们已经找到这个受委屈的小哥,顺丰会照顾好这个孩子,请大家放心。"

这个不到140字的回应里,顺丰快递小哥被公司称为"孩子",最后那句"顺丰会照顾好这个孩子,请大家放心!"一下子把这家公司爱护自己员工的形象提了上来,顺丰瞬间赢得了很多人的好感。

4月18日上午8:40,顺丰再次对此事发出了正式的声明,声明中顺丰表示会"遵循客观事实",也就是说,如果车主的车确实是被快递小哥刮擦,顺丰会承担责任,但是顺丰必须追回"尊严",顺丰会对员工的合法权益保护到底。

18日下午,@顺丰的官微再次发了一段"心怀感恩,再出发"的声明。声明里虽然没有说明事件的处理结果,但表示快递小哥的状态已经好转,他委托顺丰向关心这件事情进展的人表示感谢,并表示:"我已准备好再出发。"

同时，这段声明里，再一次强调"一线快递小哥是我们最大的财富"。并表达了顺丰正在朝"服务价值化、技术科技化、流程现代化"的方向努力，为中国快递行业的发展做贡献的公司愿景。

声明里最后那句"今天北京的天气微凉，但我们的心是暖的"，让"有温度的顺丰"这一形象跃然纸上。

快递小哥与人发生摩擦，可能很多人认为是很普通的小事，但出事之后，顺丰迅速反应，连发三段声明，有理有据，同时打感情牌，把每一个快递小哥当成顺丰的孩子去照顾，三段声明带来了巨大的价值——安抚凝聚员工、提升顺丰在受众心中的形象。

（资料来源：顺丰集团官方微博，2016 年 4 月 17 日。）

3. 扎克伯格的公关情商。

2016 年 3 月的一天，一条消息轰动朋友圈——扎克伯格在天安门广场跑步！有图有真相。实际上，当天，扎克伯格也发了个 Facebook 炫耀："回到北京真是太棒了，我来的第一件事，是跑步经过天安门广场、故宫，最后到达天坛"。注意他用的词是"回到"（back），It's great to be back in Beijing！，亲切、自然，让多少中国人心生好感！

实际上，扎克伯格对中国公众的公关秀还远不止这个。2014 年 10 月，扎克伯格挂名"清华大学经济管理学院顾问委员会委员"，在清华做了一场 22 分钟的演讲，全中文！不光是念稿子，还有对话！相比很多虽身在中国但不学中文只讲英文的外企高管，这位公司市值 3276 亿美元的 CEO（首席执行官），为了这场全中文演讲，也是拼了力做足了功课，当然，也收获了满满的敬意！

> 2014年年底，国信办主任鲁炜访美，参观了苹果、亚马逊、Google、Facebook等互联网公司，大部分公司都在谈产品谈技术，而高情商的扎克伯格却巧妙地用自己的办公桌做了一回公关：他的办公桌上赫然摆着中国主席习近平的书《习近平谈治国理念》，他还说："这本书我也给同事买了，我要让他们了解中国特色社会主义。"不管他是否真的读过这本书，这种举动确实给足了到访的中国客人面子，而且自然不做作。
>
> 扎克伯格也不止一次在演讲中称赞小米、淘宝等中国互联网公司，一方面是他真的想了解快速崛起的中国互联网公司，另一方面，也无疑为他在中国集聚了人脉。
>
> 2015年9月，第八届中美互联网论坛在西雅图举行，参加论坛的扎克伯格和中国国家主席习近平面对面用中文进行交流，两人聊了一分多钟，后来，扎克伯格在Facebook上说，这次见面是他的personnal milestone（人生里程碑）。最让人感到意外的是，扎克伯格还请习主席给他女儿取个中文名，这个要求不仅不唐突，还让人大赞扎克伯格机智，无论习主席取不取，这条新闻都可以上头条啊！虽然后来习主席婉拒了，但扎克伯格不仅做出了姿态，又借着一次公事的见面添加了一点私人的情感交集。后来他自己给孩子取了中文名，过年也发了一家三口的中文拜年视频。
>
> 虽然看上去都是一些小细节，但传达出来的公关潜台词却是大大的两个字：诚意。不是嘴上说说喜欢中国，而是真的努力尝试理解中国，他的表现，博得了许多中国人的好感，人们亲切地称他"小扎"，他也是受到中国最高领导层接见最多的外企CEO。可以说，小扎的公关秀，实实在在为Facebook进入中国加分不少！
>
> （作者根据网络资料整理改编。）

2. 新闻发布会策划

（1）新闻发布的常见方式。

企业对外发布新闻，常用的方式有：酒会、记者招待会、新闻发布会、主动向媒体提供新闻素材、主动向媒体提供新闻稿件等。

酒会更自由、随意、非正式一些，气氛也相对轻松一些，它可以单独召开，也可以附属于其他形式。比如，在招待会后举行酒会或茶会。

记者招待会一般是专题性的，以"答记者问"为主要特色。

新闻发布会最为正式，向新闻媒体提供新闻素材，引起媒体的兴趣并获得新闻媒体的关注和报道。

另外，企业也可以就企业新闻写好新闻稿件（一般由企业公关部门专业人士完成），以投稿的方式提供给媒体，争取媒体的刊发。

上述新闻发布方式中，酒会、记者招待会、新闻发布会可以同时面向多家媒体，影响力较大。企业可以对媒体报道的角度、内容、观点等进行指向,以能充分反映企业的传播意图。

(2) 新闻发布会策划的主要目的。

发布新闻是企业主动对外进行新闻传播的重要工作内容。发布新闻的方式包括记者招待会、新闻发布会、酒会等多种形式,在这些形式中,新闻发布会是最常采用也最正式的新闻发布方式。

新闻发布会是特定组织把有关新闻媒体的记者以及相关公众邀请到一起,宣布有关消息或介绍有关情况,解释各种问题和误解,让记者提问,由专人回答问题的一种特殊会议形式。新闻发布会的目的在于通过与广大的新闻媒介进行面对面的直接双向交流,公开向社会公布各种重大新闻,同时获得各种不同媒体的广泛报道。(图7-3)

企业召开新闻发布会的目的通常有三个:

一是传播本企业的重要信息,谋求新闻界对某一事件的客观报道。

二是与新闻界保持一种密切的联系。

三是让公众及时了解事实真相。

图7-3 新闻发布会

(3) 新闻发布会策划的主要内容。每一场新闻发布会的具体内容不同,但涉及的事情大同小异,一般来说,新闻发布会的策划包括以下内容(表7-4、表7-5):

表7-4 新闻发布会策划的主要内容

序	程序	具体内容
1	明确发布会所要达成的目标及发布会规格	发布会的规格规定了发布会的影响范围、参会对象、选择发布会址等一系列后续工作都受此约束
2	明确信息发布的目标受众	这关系到公关信息传播媒体的选择和传播的方式

续表 7-4

序	程序	具 体 内 容
3	确定拟邀请对象	①相关性原则,根据发布内容,选择相关性强的人员参加; ②拟邀请的参会者在目标受众中还应有较高的影响力和权威性,同时,邀请对象与新闻发布会的范围规格对应; ③一般可以邀请政府相关主管部门领导、行业协会或消费者协会等组织的领导、行业技术权威专家、上游供应商、合作伙伴、下游分销商、用户代表等。新闻记者则是发布会的重点邀请对象; ④一般来说,先造一份拟邀请的名单,至少提前一周时间发出邀请函,然后电话落实
4	确定发布会主题	①发布会的主题,可以有多种取法,常见的是在主题中直接出现"××发布会"字样,或是在一个大的主题下,再列一个副题; 例如,某制药企业治疗白血病新药研制成功举行新闻发布会,会议主题可以有这三种形式: A.××企业白血病防治新药上市新闻发布会; B."让人类远离白血病" ——××企业白血病防治新药上市新闻发布会; C."××企业:让人类远离白血病" ②发布会的主题将出现在现场的背景板中,传播媒体也将高频率地提到,因此应以简洁、上口为主,字数一般不宜太多; ③另外,按照国家新闻出版有关部门的规定,凡是主题中有"新闻"字样的发布会,须经国家新闻出版部门的审批。一般来说,实践中,很多企业略去"新闻"字样,采用其他称法
5	合理安排会议人员	会议主持人、新闻发言人、会议服务人员,尤其是会议主持人和新闻发言人。由于记者职业习惯,提问往往尖锐,他们必须保持清醒的头脑,对新闻发布会的目标非常清晰,能紧紧把握发布会的方向,反应机敏,有较高的文化修养和口头表达能力
6	合理安排会议议程和节目	①会议议程注意紧凑、连贯,从实践来看,一般控制在一到两个小时为宜,每个环节的时间安排应具体到分钟,发言的时间,不宜太长,也不宜太短,一般 15 分钟到 20 分钟之间比较合适,演讲稿件字数应该控制在把问题讲清楚的长度; ②新闻发布会一般选择在上午 9:00—10:00 或下午 3:00 开始,这样方便不住会的记者到会,除企业领导发言和新闻主题报告外,还应安排重要嘉宾代表讲话,如政府官员、技术权威专家,会议结束前应安排记者提问时间,新产品上市新闻发布会,应安排新产品展示介绍时间。发布会后视结束时间安排工作午餐或晚宴; ③为了活跃发布会气氛,许多发布会根据内容需要,安排一些形式多样的娱乐和互动活动,以提高发布会的吸引力和受关注度

续表 7-4

序	程序	具 体 内 容
7	新闻通稿及相关资料准备	提供给媒体的资料，一般以广告手提袋或文件袋的形式，整理妥当，按顺序摆放，在新闻发布会前发放给新闻媒体，顺序依次为： ①会议议程； ②新闻通稿； A. 消息稿。字数较短，一般在1000字以内，发布起来快，有的媒体在发布会结束不到一小时就已经出版。有人喻之为"短枪"； B. 通讯稿。篇幅较长，内容充实，一般是深度分析，重点报道。消息不能讲清楚的背景等问题可以进行详细阐述 ③演讲发言稿； ④公司宣传册； ⑤有关图片。一般以书面形式提供，也可以另外附电脑光盘、U盘的形式； ⑥纪念品（或纪念品领用券）； ⑦企业新闻负责人名片（新闻发布后进一步采访、新闻发表后寄达联络）
8	与会人员邀请、沟通与确定	与会人员邀请、沟通与确定，也应遵循专业、对等的原则。如，经销商的邀请和沟通，最好由市场销售部工作人员进行；专家、官员的邀请与沟通一般要公关负责人、企业高层出面，且级别要对等；而新闻媒体的沟通与资料的准备都是公关部门人员的专业特长，应安排公关部工作人员完成
9	时间、场地落实与场景布置	①新闻发布的时机选择不同，效果迥异； ②在时间上，一般选择人们容易记起、有特定联系的日子，也要避开一些禁忌日； ③场地的选择要综合考虑交通、会场面积、灯光音响、投影设备、照明、通信设施、停车场、相关服务等因素，同时，也应考虑到场地的品位、风格、经济性以及方便性等因素
10	产品展示、演示与信息发布	这是新闻发布会的核心环节，产品资料应准备充分，演示文件如PPT应精心制作，新闻发言人应事先对宣讲内容充分演练
11	现场控制	①现场控制能力是公关人员应变能力的重要表现。在公关策划实践中，往往会事先对发布会期间可能出现的变数做出评估，在事前准备好备选方案； ②在发布会的过程中，对于记者的提问应该认真作答，对于无关或过长的提问则可以委婉礼貌地制止，对于涉及企业秘密的问题，有的可以直接、礼貌地告诉他是企业机密，不能采取"无可奉告"的方式； ③整个会议应有正式的结尾。如果安排了会后酒会或自助宴会等，在会议结束时，由主持人通知时间与地点

续表 7-4

序	程序	具体内容
12	后勤服务	①会前应落实机场与车站接站工作、入住手续办理等，会议中安排和接待参会者签到，引导参会者入座； ②操作控制视听、空调、灯光设备； ③分发宣传材料和礼品； ④为参会者提供茶饮服务； ⑤安排餐饮并引导参会者就餐； ⑥安排照相、摄影和录音等； ⑦发布会后，帮助参会人员落实返程车票、办理退房等
13	会后盘点宣传效果	①及时与记者联系，感谢光临，与记者确认新闻见报日期、版面或播出栏目时间； ②通知企业内部、外部相关人员按时阅读、收看、收听，收集新闻样报、样片，存档； ③计发有关人员劳务报酬，感谢记者与嘉宾对企业的支持； ④收集公众的反应，评估新闻宣传效果

表 7-5 新闻发布会会场布置要求

注意事项	要求
会场外景布置	气氛要热烈，标识要醒目，参会嘉宾和记者从远处就能看到会议的标语口号、感受到会议的气氛
背景布置	主题背景板，内容含主题、会议日期，有的会写上召开城市，颜色、字体注意美观大方，颜色可以企业VI（视觉识别系统）为基准
酒店外围布置	酒店外横幅、竖幅、飘空气球、拱形门等，各家酒店有所不同，根据酒店的管理规范确定
席位摆放	发布会席位摆放的方式一般是主席台加下面的课桌式摆放，注意确定主席台人员。不过，现在很多会议采用主席台只有主持人位和发言席，贵宾坐于下面的第一排的方式。席位摆放的原则："职位高者靠前靠中，自己人靠边靠后。"一般在会场后面准备一些预留席位
会场设备	投影、麦克风、灯光、电脑等相关设备在发布会前要反复调试，以保证不出故障
签到与迎接	一般在大堂、电梯口、转弯处有导引指示欢迎牌，可请礼仪小姐迎宾； 一般会议会要求与会者留下名片，准备好"请赐名片"盒

> **知识共享 7-2**
>
> ## ××公司新产品研发成功新闻发布会议程表
>
> 地点：北京国际会议中心×楼××厅
> 时间：×××年9月15日（星期×），上午9：30—11：15
> 9：00—9：30　公司专题介绍片放映
> 9：30—9：35　主持人宣布会议开始、来宾介绍
> 9：35—9：50　总裁致辞
> 9：50—10：00　××市长致辞
> 10：00—10：15　××教授专题发言
> 10：15—10：35　新产品介绍
> 10：35—10：45　娱乐互动
> 10：45—11：15　答记者问
> 11：15　主持人宣布会议闭幕

（二）赞助公关策划

赞助公关策划的关键点如下：

（1）赞助项目、品牌价值与用户市场一致。赞助性公关策划需要将赞助对象与品牌的核心价值、目标用户联系起来考虑，达到三者的统一与结合。例如，可口可乐赞助奥运会取得显著效果，即是将奥运精神、可口可乐的品牌价值与大众消费者三者之间紧密结合。

（2）充分考虑企业的经济承受能力。

赞助活动需要企业投入资金、财物，企业进行赞助活动时，必须对自身经济承受能力有正确的估计，量入为出，否则，一旦承诺的赞助不能按时兑现，非但不能达到预期的公关效果，反而会为公众诟病，损害企业形象。

同时要强调的一点是，赞助公关通常需要相应的广告宣传，因此，在策划重大赞助性公关活动时，不能只单一考虑赞助费用，还要考虑为宣传赞助活动而需要支付的广告费用，这对赞助商来说，资本实力要求更高，资金准备和资本投入意识要更充分。

（3）制定严密的赞助计划。赞助计划的内容应该具体、翔实。赞助计划包括赞助目的、赞助对象、赞助形式、赞助的费用预算、赞助的具体实施方案、赞助活动的公关传播策略等。

（4）公关传播配合到位。

公益赞助，其实质是个投资问题，投资都要讲求回报。对于企业而言，通过公关活动获得品牌形象的传播是公关活动开展的核心目的所在。借助企业赞助活动，进行企业形象传播，是可口可乐、耐克、强生等许多国际知名企业的竞争战略。

忽视赞助活动的公关传播，不善于挖掘赞助活动公关传播的广度和深度，赞助活动

往往只会落个"无名英雄"的回报。

> **案例 7-8**
>
> ### 联通赞助科考,是在甘做无名英雄吗?
>
> 2005年9月中旬至10月下旬,中国科学家对可可西里地区进行为期40天的大规模科学考察,中国联通以首席合作伙伴和"独家通信支持单位"身份,为本次科考活动提供了金额高达2000万元(包括两辆经过定制和改造的通信车)的现代化通信设备和通信资源。除此之外,为了确保此次科考的通信畅通,联通进行了长达几个月的筹备,并为此培训了14名高原通信工作人员,7人随队进入可可西里,7人待命。
>
> 从公关赞助项目的选择来看,联通不可谓不用心,事实上,联通公司此次对赞助项目的选择是非常成功的:联通支持中国科学院可可西里科考探秘活动,至少可以传达联通公司三方面的信息:第一,对科学研究的支持,联通是一家科技领先的企业;第二,2000万元的巨额投入、长时间的准备、高原通信保障工作人员,表达了联通的实力与公益之心;第三,满足高原无人区应急通信的需求,证明了联通的技术水平和网络覆盖能力,这一点对于联通公司来说意义尤为重大,因为在与移动的竞争中,联通公司的网络覆盖率、通信质量问题一直是致使其处于劣势的核心问题。
>
> 如果能将上述信息有效地传播开去,联通的重金赞助一定会得到可观的回报,但事实上却不尽然,在所有有关这次科考活动的报道中,作为"首席合作伙伴、独家通信支持赞助商"的联通公司的媒体可见度是微乎其微的,多数报道都是轻描淡写的一句:"联通公司赞助此次活动投入了2000万元",甚至在联通公司自己的官方网站上,也只是在公司新闻页报道了此事。
>
> 很显然,联通公司对于赞助公关中"传播"这个核心问题关注不够,对此次赞助活动所形成的信息,只听凭媒体的自发传播,没有主动进行传播,更没有对活动所产生的传播资源进行深入的挖掘,在公关传播方面无所作为,这正是联通投入巨资,却只是默默无闻做了"无名英雄"的最主要原因。
>
> (资料来源:新浪网,http://tech.sina.com.cn/t/2006-01-13/1648839605.shtml。)

(三)公众活动的策划

发起、倡导、组织各种有意义、群众喜闻乐见的公众活动,是企业开展营销公关的常用手段。在活动过程中,企业通过与公众的互动,创造向消费者近距离传播品牌形象的机会,拉近品牌和消费者的距离,塑造品牌亲和力,提升企业和品牌的美好形象。

公众活动形式多样,如有奖征集、竞技比赛、庆典活动、游戏、游园、开放日、公众签名等,随着互联网技术的广泛应用,借助网络开展公众活动,也成为众多企业开展公关活动的重要形式。以下以庆典活动、开放日活动及网络公众活动为例,说明公众活动策划的要点。

1. 庆典活动策划

庆典活动是企业围绕重要节日或自身重大事件举行庆祝活动的一种营销公关专题活动,企业借助这类活动对内营造和谐氛围,增强企业凝聚力,对外协调关系,扩大企业知名度,创造企业美誉度,塑造企业良好形象。

庆典活动的形式一般有开幕（开业）庆典、闭幕庆典、周年庆典、节庆活动及特别庆典（即利用某些特定事件策划庆典活动,比如汽车公司的安全行车 1000 天庆典）。

庆典活动策划的总体要求是喜庆的气氛、隆重的场面、热烈的情绪、灵活的形式、较高的规范性和礼宾要求。

不同类型的庆典活动,策划与实施的具体内容会有差异,但一般来说,庆典活动应做好以下工作（表 7-6）：

表 7-6 庆典活动策划的主要任务及要求

策划任务	策 划 要 求
确定活动目标	一般为提高知名度、增进公众了解
确定活动主题	简单、上口,契合活动内容和目标
确定宾客名单	邀请的宾客应包括政府有关部门负责人、社区负责人、知名人士、社团代表、同行业代表、新闻代表、公众代表等,请柬制作要精心,并提前一至两周寄达,以便被邀请者安排时间
确定活动地点	活动地点的选择要综合考虑交通、会场面积、灯光音响、投影设备、照明、通信设施、停车场、相关服务等因素,在场地许可的情况下,企业庆典也可以选择在企业办公地
制定典礼程序表	庆典活动的一般程序为： ①宣布仪式开始； ②宣读重要来宾名单； ③致辞； ④授旗/剪彩/签字/互换文本仪式等； ⑤节目表演； ⑥其他活动 程序表要提前印好,在来宾到来前分发到每个座位上,或者在来宾签到时分发给来宾
确定致辞人员名单,为本单位负责人拟定演讲稿	①本单位致辞人员应与来宾身份对等,通常应为单位负责人,以示本单位对来宾的尊重和对庆典活动的重视,演讲稿应事先准备好并经过内部审稿； ②如果请贵宾致辞,应提前通知他们,以便对方准备,并在活动开始前逐一落实

续表 7-6

策划任务	策划要求
确定剪彩人员或发奖人员名单	在剪彩人员与发奖人员名单中,既要有一些请来的上级领导,社会知名人士,也要有消费者代表和本单位负责人
安排工作人员与服务人员	事先确定接待、摄影、播音、礼仪等有关工作人员与服务人员,着装大方统一
公关传播	做好庆典活动的公关传播计划,邀请有关媒体记者参加庆典活动,安排专人接待记者,为其提供方便,大型庆典活动最好设立新闻中心
会前迎宾接待	典礼开始前 15 分钟,要有礼仪人员引导来宾进入既定区域,主席台座位以居中为尊,分左右两边依次排开
会后参观	有些庆典活动还要在仪式结束后由专人陪同来宾进行参观

2. 开放日活动策划

开放日活动是企业邀请公众参观本组织的工作条件、环境实施、成就展览等,使外部公众了解企业、产生好感,同时帮助人们消除对企业的不解或疑惑,改善社区关系的一种有效的公关形式。

开放日活动通常需要投入较多的人力、物力、财力,因此,应先做可行性分析,分析活动的必要性和可行性,在论证可行的基础上,做好开放日活动的策划工作(表 7-7)。

表 7-7 开放日活动策划的主要任务

策划任务	策划要求
确定活动主题和目的	展示企业优良的工作环境,强调企业产品质量控制的严格,显示企业的研发生产能力,表明企业重视安全生产、重视环境保护等
确定开放时间	开放活动可常年进行,也可定期进行。如周年纪念、逢年过节,有时企业发生公关危机事件也可安排开放参观活动,时间上也不要与其他对公众更有吸引力的社会活动相冲突
确定邀请对象	邀请的对象必须有针对性,应根据参观活动的目的和主题选择相应的公众。如社区居民、企业团体、股东、投资者、金融舆论专家、金融机构、新闻媒体、环保组织、专家学者、各界名人、高校师生、科研机构和文化组织代表、慈善组织、社会福利团体、危机事件受害人及家属、员工、员工家属等
拟定参观活动路线及讲解内容	参观活动不是一种自由、随便的活动,不能任由参观者到处随便走动,要提前拟定好参观路线制作向导图和标志,注意引导和必要的警示,避免发生意外事件。全程应安排专门的讲解员,进行讲解
准备好宣传材料	准备一份简单易懂的说明书或宣传材料,帮助参观者了解企业的情况,然后再由向导在陪参观者参观时做进一步解释
安排系列活动	一般企业会在开放日安排一些专题讲座、知识问答、表演、竞猜等活动,增强开发日活动的参与性和趣味性

续表 7-7

策划任务	策划要求
制定传播计划	制定媒体传播计划，借助媒体，将活动信息传播出去，并达到组织开放日活动的预期目的
准备好辅助设施和纪念品	安排好停车场、休息室、会议室等，参观场所应设置路标，准备好象征企业产品、代表企业形象的小纪念品
做好服务准备	主要是事前培训讲解员、接待员、服务员，要求讲解员对组织有全面深入的了解，能对公众提出的问题对答如流，接待员、服务员有良好的营销公关技能
会后工作安排	开放日活动结束后，还需要进行一系列的后续营销公关活动，如致函向来宾道谢，登报向各界鸣谢，召开参观者代表座谈会，听取意见和建议，实施媒体传播计划等

3. 网络公众活动

互联网以其传播的低成本、开放性、时效性、互动性，成为企业进行品牌传播的重要渠道，越来越多的企业利用互联网发起公关活动，吸引公众的参与、围观，从而传播企业品牌形象。如前文中提到的百事可乐公司在2012跨年夜邀请广州市民参与"摇一摇，用渴望，点亮广州塔"的网络公众活动，吸引3万多名市民直接参与，上百万市民通过电视直播和新闻，了解了"点亮广州塔"的活动，百事的品牌形象得到一次很好的传播。

用户主动将营销信息传播给他人，使信息的曝光和影响成几何级数增长，几乎零成本地在短时间内引爆互联网——这种被称为"病毒式营销"的网络营销方式正是网络公众活动的基本策略。

要策划一场成功的线上公众活动，必须具备病毒营销的三个基本要素：病原体、易感人群和便捷的传播方式。

病原体即需要被推广的活动，如前例中的"微信摇一摇，点亮广州塔"活动，它依靠对目标群体的利益、爱好、信息接收方式等的分析制造传播卖点，从而吸引关注。

易感人群是可能接收信息并愿意将信息传递下去的人群，这个人群的发掘需要与公关活动的目标人群相契合。

传播方式即传播的手段和渠道，在线上公众活动中，传播方式和规则的设计是成功的核心。活动要在短时间内引爆，便捷的信息传播方式是一个很重要的前提，如发朋友圈、集赞、转发、@（微博、微信等常用符号，用来呼叫某人，以引起关注）朋友等，都是非常有效的方法。

> **案例 7-9**
>
> **病毒式营销：风靡全球的 ALS 冰桶挑战赛**
>
> 2014 年夏天，一场由美国 ALS（肌萎缩性脊髓侧索硬化症）协会发起的活动风靡全球，这项被称为 ALS 冰桶挑战赛的活动规定：
>
> 参与者在网络上发布自己被冰水浇遍全身的视频内容后，可以点名下一名挑战对象来参与这一活动，被点名者要么在 24 小时内接受挑战，要么就选择为对抗"肌肉萎缩性侧索硬化症"捐出 100 美元。
>
> 这一活动一经发起，就迅速通过 Twitter、Facebook 等社交平台蔓延传递，科技界领军人物包括微软的比尔·盖茨、Facebook 的扎克伯格与桑德博格、亚马逊的贝索斯、苹果的库克，全都不惜湿身入镜，体育界包括科比、C 罗等众多体育明星以及演艺界明星 Taylor Swift、Jaime King 等，甚至时任美国总统的奥巴马及美国前总统小布什都参与到这一活动。
>
> 2014 年 8 月 18 日，冰桶挑战赛活动蔓延至中国，通过新浪、腾讯、土豆、爱奇艺等平台迅速传播，李彦宏、雷军、王石、刘德华等各界名流纷纷迎战。
>
> 截至 2014 年 8 月 29 日，这项从政要富商、演艺名人到平民百姓都参与的慈善捐助活动开始一个月以来，募集善款总额累计超过 1 亿美元，将用于渐冻症治疗研究。
>
> 而在国内，截至 2014 年 8 月 21 日 16：00，国内的获捐方"瓷娃娃"罕见病关爱中心共获得 11709 位爱心人士支持，筹集善款 2284323 元。
>
> "冰桶挑战"无疑是一场成功的病毒式营销。互联网为"冰桶挑战"提供了高效的传播渠道。其传播的低成本、开放性、时效性、互动性，为名人和大众的参与、围观提供了平台。
>
> 在"冰桶挑战"活动中，倒冰水的方式，就是一个非常有生命力的"病原体"，它让大众看到平日衣着光鲜的名人被浇冰水时的"狼狈"一刻，满足了娱乐时代大众对名人的围观和窥奇欲望。慈善一改往日的温情脉脉与煽情催泪，令人耳目一新。接力点名并限时挑战的规则是快速培植"病毒"的器皿，挑战者被浇冰水并把图片发布到网络上，然后在网络上点名应战者，极其简单的传播方式，也让这一活动迅速引爆全球。
>
> （作者根据网络资料整理改编。）

五、危机公关策划

（一）公关危机的成因

对于企业来说，公关危机是指由于突发事件或重大事故的出现，使企业形象严重受损，导致其面临强大的公众舆论压力和危机四伏的社会关系环境，企业的营销公关处于危机状态。公关危机的成因主要有以下三种：

（1）企业自身行为不当引起的危机。如企业由于劳资矛盾引起的罢工、示威；企业管理机制不健全或管理疏忽导致产品质量出现问题或出现危及环境安全的重大事件；企业与消费者或业务伙伴的经济纠纷；企业投机取巧故意以次充好，生产出售伪劣产品，损害公众利益；等等。

> **案例 7-10**
>
> **三星 Galaxy Note 7 "爆炸门" 事件**
>
> 2016年7月，三星新手机 Galaxy Note 7 高调发布，业内普遍认为，三星高调发布 Note 7，是打算用 Note 7 阻击 iPhone 7，重新证明其安卓机皇的霸主地位。然而，新手机上市不到一个月，世界各地频频发生 Note 7 事件，给三星狠狠一巴掌，使三星陷入前所未有的危机之中。
>
> 8月底，包括韩国在内的多国媒体报道有消费者在使用 Note 7 时发生起火爆炸（三星官方称35起）。
>
> 9月2日，三星公司宣布在多国停售 Note 7，同期欧洲开始对这款手机进行召回。
>
> 9月14日 包括美国、中国在内的多个国家航空局发布携带 Note 7 的风险警示。
>
> 9月15日，美国地区的该款手机也在召回中，国外媒体报道，美国收到26宗烧伤和55宗财产损失的报告。
>
> 中秋节前，三星开始对首批中国国内体验机进行召回（非正式零售版，共计1858台）。
>
> 上市不到一个月，三星在全球召回全部 Note 7 手机，数量达250万台，并宣布停产，经济损失达十几亿美元，三星用 Note 7 抢占 iPhone 7 市场份额的目标完全泡汤，更重要的是，爆炸事件对三星品牌形象造成了较长远的负面影响。
>
> （作者根据网络资料整理改编。）

（2）突发事件引起的危机。是指由于不可预见的、外在的因素引起的突发事件而导致的企业形象受损的危机。这些事件主要包括：由不可抗力而导致的重大伤亡事故，如地震、洪涝、火车出轨、飞机失事、建筑物倒塌、矿难；由商业敌对行为导致的其他企业故意假冒本企业名义行骗、生产销售伪劣产品；等等。

> **案例 7-11　马航失联事件**
>
> 2014年3月8日,马航MH370航班失联,机上239名乘客下落不明;同年7月17日,马航MH17航班被击落,机上298人全部遇难。这两起悲剧发生后,马航机票的预定量大幅下滑,马航品牌的重塑至今依然面临着巨大的考验。
> (作者根据网络资料整理改编。)

（3）失实报道引起的危机。主要是由于新闻媒体的报道失实、不全面,而导致公众对企业的误解,使企业形象受到损害。

> **案例 7-12　取缔余额宝风波**
>
> 2014年2月21日,央视证券资讯频道执行总编辑兼首席新闻评论员钮文新发博文《取缔余额宝!》称:"余额宝是趴在银行身上的'吸血鬼',典型的'金融寄生虫'。"
>
> 钮文新认为,余额宝冲击的是整个中国的经济安全。因为,当余额宝和其前端的货币基金将2%的收益放入自己兜里,而将4%到6%的收益分给成千上万的余额宝客户的时候,整个中国实体经济,也就是最终的贷款客户将成为这一成本的最终买单人。
>
> 此文观点虽有偏颇,然而由于作者身份特殊,此文一出,在公众中还是引起了不小的波动,给不少余额宝用户带来了不安和困惑,这给支付宝公司带来较大压力。
> (作者根据网络资料整理改编。)

（二）危机公关5S原则

危机公关是指企业针对危机事件采取的预防、控制、挽救与恢复措施。

危机公关属于非常态的信息传递行为,需要遵循一些基本原则。这些原则是根据危机中受众所表现出的不同寻常的心理特征而制定的。依据这些原则进行危机公关可以在很大程度上减轻受众所表现出的紧张、恐惧和反感心理,从而使危机公关在处理危机的过程中发挥积极的作用。这些原则包括以下几点:

1. 勇于担当原则（shoulder the matter）

企业应该勇于承担责任,即使受害者在事故发生中有一定责任过错,也要拿出最负责任的态度与实际行动迅速对事件做出处理,及时补偿,并通过新闻媒介向公众致歉,解决深层次的心理、情感关系问题，以赢得公众的理解和信任。

2. 真诚沟通原则（sincerity）

处于危机漩涡中的企业，往往是公众和媒介的焦点，企业的一举一动都将受到关注，任何弄虚作假都只会弄巧成拙。企业应始终保持坦诚的态度，对公众真诚相待，是取得公众信任和谅解的基本条件。

3. 快速反应原则（speed）

面对危机公关，企业必须当机立断，快速反应，果决行动，及时与媒体和公众进行沟通，迅速控制事态，使其不扩大、不升级、不蔓延。

4. 系统运行原则（system）

危机公关虽然是因某个事件而发起的，具有不确定性，但其影响却可能是巨大而深远的。制定危机公关方案时，需要站在整体的角度进行全面缜密的策划，不要头痛医头脚痛医脚，也不要指望通过一两次公关活动就能彻底化解危机。

危机发生时，企业内部应迅速统一观点，组建危机公关班子，专项负责，保证对外口径一致，不发布不准确的消息，使公众对企业处理危机的诚意感到可以信赖。

5. 权威证实原则（standard）

危机发生后，邀请第三方权威机构为自己证言，在尊重事实的基础上，请权威机构对自己的行为做出客观公正的评价。尤其当公众对企业存在误解的时候，由第三方权威机构证明自己的清白效果要远远好于自证清白。

（三）危机公关策划的实施

1. 明确性质

当危机发生时，企业首先要冷静地对危机进行诊断分析。危机诊断要弄清楚三大问题：

第一，发生的事件属于什么性质，是一般事故还是严重危机？

第二，该事件对公众造成的创伤情况，包括该事件可能会让公众付出什么样的代价？该事件会对多少人造成影响？影响程度有多深？该事件造成的影响是不是公众最关切、最计较的？

第三，危机对企业将造成怎样的威胁？

2. 建立信任

建立信任，是危机公关策划成功的前提。危机中企业是否能挽回信任，很大程度上取决于危机发生后企业的第一反应。危机发生后，企业反应迅速、勇于承担责任、不推诿躲闪，让公众感受到企业的善意，挽回公众信任，是实施后续公关活动的前提。

3. 对症下药

一般而言，如果事件对公众的伤害程度越高、公众对企业的期望值越高，企业就越要为公众提供更多的保障；如果公众卷入程度越高，就越要在信息的透明公开方面付出更多努力，比如有些饭店被曝光食品卫生存在问题后，在食品制作间安装视频监控系统，在餐厅播放，让消费者对食品加工过程实时监控，做到对消费者的透明；如果公众关切程度越高，而且敏感性越强，就越要向公众提供详细信息，打消公众疑虑。

危机的处理，需要较高的公关专业水平和公关工作艺术，虽然没有标准的程序，但前人总结了一些经验值得我们借鉴。英国著名危机营销公关专家迈克尔·里杰斯特在《危机公关》一书中，在对许多案例进行分析总结的基础上，提出了一系列处理危机的公关方法。

知识共享 7-3

迈克尔·里杰斯特的《危机公关》

一、做好危机处理准备方案

1. 对危机持一种正确积极的态度。
2. 使企业的行为与公众的期望保持一致。
3. 通过一系列对社会负责的行为来建立企业信誉。
4. 时刻准备把握危机中的机遇。
5. 组建一个危机管理小组。
6. 对企业潜在的危机形态进行分类。
7. 制定预防危机的方针、政策。
8. 组建危机控制和险情审核小组。
9. 为处理每一项潜在的危机制定具体的战略与战术。
10. 确定可能受到危机影响的公众。
11. 为最大限度减少危机对组织声誉的破坏性影响，建立有效的传播沟通渠道。
12. 在制定危机应急计划时，多倾听外部专家的意见。
13. 写出书面方案。
14. 对有关方案计划进行不断的试验性演习。
15. 为确保处理危机时有一批训练有素的专业人员，平时应对他们进行专门培训。

二、做好危机的处理工作

1. 面对灾难，应考虑到最坏的可能，并及时有条不紊地采取行动。
2. 危机发生时，要以最快的速度设立"战时"办公室或危机控制中心，调配训练有素的专业人员，以实施危机控制和管理计划。
3. 新闻办公室应不断了解危机管理的进展情况。
4. 设立专线电话，以应付危机期间外部打来的大量电话，并安排训练有素的人员接听专线电话。
5. 了解企业的公众，倾听他们的意见，并确保企业能把握公众的抱怨情绪，可能的话，通过调查研究来验证企业的看法。
6. 设法使受到影响的公众站到企业的一边，帮助企业解决有关问题。
7. 邀请公正权威的机构来解决危机，以便确保公众对企业的信任。

8. 时刻准备应付意外情况，随时准备修改企业的计划，切勿低估危机的严重性。

9. 把情况准确地传达给总部，不要夸大其词。

10. 危机管理人员要有足够的承受能力。

11. 危机处理完毕后，应吸取教训并以此教育其他同行。

三、做好危机中的传播工作

1. 危机发生后，要尽快对外发布有关背景的情况，以显示企业已有所准备；准备好消息准确的新闻稿，告诉公众发生了什么危机，企业正在采取什么补救措施。

2. 当人们问及发生什么危机时，只有确切了解事件的真实原因后才能对外发布消息。

3. 不发布不准确的消息。

4. 了解更多事实后再发布新闻稿。

5. 宣布召开新闻发布会的时间，尽可能减轻公众电话询问的压力；做好举行新闻发布会的各项准备工作。

6. 熟悉媒体通常工作的时间。

7. 如果媒体的新闻报道与事实不符，应及时予以指出并要求更正。

8. 要建立广泛的信息来源，与记者和媒体保持良好的关系，及时通过他们对外发布最新消息。

9. 善于利用媒体与公众进行传播沟通，以控制危机。

10. 在传播中，避免使用行话，要用清晰的大众化语言告诉公众企业关心所发生的危机，并正采取积极行动来处理危机。

11. 确保企业在危机处理中，有一系列对社会负责的行为，以增强公众对企业的信任。

练习与思考

一、选择题

1. 公关活动的基本要素是（　　）。
A. 组织　　　　　　　　　　B. 传播沟通
C. 企业　　　　　　　　　　D. 公众

2. 营销公关的目的是（　　）。
A. 提升企业知名度　　　　　B. 提高购买率
C. 树立企业形象　　　　　　D. 提高企业美誉度

3. 在下列传播中，信息反馈最容易的是（　　）。
A. 人际传播　　　　　　　　B. 组织传播

C. 大众传播 D. 小众传播

4. 关于新闻公关，下列说法不正确的是（ ）。

A. 新闻公关是将企业发生的重大事件，通过新闻发布会向媒体公布，从而传播企业形象的公关行为

B. 新闻公关有发布新闻和制造新闻两种方式

C. 在公关实务中，常常运用"新闻代理"的方式开展公关业务，因而为了达到组织的公关目的而适当采用虚假、欺骗的方式来制造"新闻热点"的做法是符合公共关系基本原则的

D. 新闻公关策划需要巧妙的创意

5. 企业发布新闻的方式包括（ ）。

A. 新闻发布会 B. 记者招待会
C. 向媒体提供新闻素材 D. 向媒体提供新闻稿

6. 公关赞助的项目应具备以下特征（ ）。

A. 较大的社会影响面 B. 较大的社会意义
C. 政府领导满意 D. 花钱较少

7. 赞助公关策划的关键点包括（ ）。

A. 赞助项目、品牌价值与用户市场保持一致

B. 充分考虑企业的经济承受能力

C. 制定严密的赞助计划

D. 公关传播配合到位

8. 危机公关的首要原则是（ ）。

A. 快速反应 B. 公众利益至上
C. 坦诚沟通 D. 企业利益损失最小化

9. 危机公关的实施，包括以下（ ）步骤。

A. 危机预测 B. 危机防范
C. 危机诊断 D. 危机处理

10. 企业危机公关中，"信源一致"的原则要求（ ）。

A. 企业对外发布信息口径一致

B. 企业由指定的唯一发言人对外发布信息，其他人员不得回答外界提问

C. 只有确切了解事件的真实原因后才能对外发布消息

D. 危机事件发生后，企业内部应迅速统一认识

11. 营销公关的常用方式有（ ）。

A. 新闻公关 B. 赞助公关
C. 组织公众活动 D. 公关广告

二、判断题

1. 具备公关意识不仅是对专业公关人员的要求，也是对组织所有成员的基本要求。（ ）

2. 广告是一种"付费传播"，主要用于对企业产品和服务的宣传推广，追求的是商

业利益；而公共关系的目标在于树立良好的组织形象而非商业利益，因而公共关系不应采用广告。（　　）

3. 企业的知名度越高，说明其公共关系状态越好。（　　）

4. 如果媒体的新闻报道与事实不符，应及时予以指出并要求更正。（　　）

5. 赞助公关是企业对社会福利等公益事业的无偿捐助，因此，企业实施赞助公关时，不应追求经济利益。（　　）

三、分析题

1. 与一般公关相比，营销公关的特色有哪些？
2. 阐述新闻公关中制造新闻的要点。
3. 赞助公关有哪些具体的操作方式？
4. 概述营销公关策划的基本流程。
5. 新闻发布会策划包括哪些具体内容？
6. 如何布置新闻发布会现场？
7. 庆典活动策划包括哪些具体内容？
8. 试阐述危机公关中，如何处理与新闻媒体的关系？

实战训练项目：某餐饮公司"老鼠门"危机公关策划

一、项目名称

某餐饮公司"老鼠门"危机公关策划。

二、项目目标

通过该项目的训练，使学习者深刻理解危机公关的基本原则，熟练掌握营销公关策划的基本方法，熟练掌握危机处理的各种手段，能撰写规范的公关策划书。

三、项目需求说明

2017年8月25日，《法制晚报》看法新闻在其新闻客户端"看法新闻"及新浪官方微博看法新闻发文爆料称，记者暗访近4个月，发现在某餐饮公司的部分分店老鼠在后厨地上乱窜、打扫卫生的簸箕和餐具同池混洗等现象，随即，新浪网、突袭资讯、中国青年网、新华网进行了转载报道，引发网民关注和不安。

四、项目实训要求

1. 为某餐饮公司策划危机公关方案，包括各项活动的具体执行策划方案。
2. 以小组为单位完成策划书的撰写，并制成通报PPT，进行策划项目宣讲。

五、项目实训步骤

1. 教师作为企业策划需求宣讲人，介绍项目背景和企业需求。
2. 3～5人组成策划公司或策划小组，以策划小组为单位进行调研、讨论、收集资料、制订策划方案。
3. 教师引导学生策划小组分析策划项目、学习相关知识点，进行资料收集。
4. 各策划小组共同完成项目策划任务，提交策划书，并制作项目通报PPT，准备进行项目通报。

5. 教师选择1~2个策划小组,对策划项目进行通报。
6. 其他小组对通报项目进行评价,再由老师进行整体评价。
7. 各策划小组根据老师的评价意见,修改方案策划。

六、项目考核方式

项目考核由学生评价和教师评价两部分构成。有条件的学校可引入社会、行业专业策划人员参与的第三方评价。

学生互评评分表

评价组:

被评组	我们认为该项目策划的优点	我们认为该项目策划的不足	总体评价(满分为100)
1			
2			
3			
4			
……			

教师评分用表

被评小组:

序号	评分要素	分值	得分
1	项目策划的完整性	10	
2	项目策划的专业性、结构清楚程度	20	
3	项目策划的可操作性	20	
4	项目策划的版面美观设计、体现项目元素	10	
5	项目通报的着装、礼仪、姿态、分工合理	10	
6	项目通报的讲解清晰、思路清楚、表达完整、有感染力	20	
7	创意	10	
	总分	100	

【练习与思考】参考答案

一、选择题：

1. ABD	2. ACD	3. A	4. AC	5. ABCD
6. AB	7. ABCD	8. B	9. BCD	10. ACD
11. ABCD				

二、判断题

1. √   2. ×   3. ×
4. √   5. ×

三、分析题

略。

项目八 营业推广策划

知识目标

1. 掌握营业推广策划的各种方式。
2. 掌握营业推广策划的工作程序。
3. 掌握营业推广策划的组织实施流程。

能力目标

1. 能够进行营业推广策划。
2. 能够编写营业推广策划方案。
3. 能够组织实施营业推广活动策划方案。

××太阳能热水器A市促销活动策划方案

前言

××太阳能热水器2014年开始投入生产,2015年开始大力推广,在大力推广的前提下,其年销售额在国内同类产品的年销售额排名处于第61位。而××太阳能热水器的市场计划是要在5年内市场排名达到中国全部太阳能企业的前3名。

中国有将近4000个太阳能热水器生产厂家,6000多个品牌,因此要想达到企业既定目标,就需要通过不断地进行促销活动提高品牌的整体形象,展示良好产品与服务并提升营业额,这对吸引和稳定消费群体有着非常重要的战略意义。

这次促销活动的A市属于三线城市,经济发展水平相对落后,通常这类市场越是杂牌充斥,因为二、三线品牌营销重心低,分销彻底,价格优势明显,而品牌的影响又因信息阻隔在这里少有积淀。所以三、四线城市往往出现价格低的卖过价格高的,活动多的卖过活动少的,杂牌卖过名牌的现象。本次促销活动的目的是提高本品牌在当地的知名度,提高市场占有率。

一、促销活动目标

第一,提高该品牌新产品太阳能热水器的知名度,树立品牌形象。

第二,为××太阳能热水器激活A市的市场,让地市级代理更好地展开网点的开发。

第三,通过一系列的惠民政策刺激终端客户的消费,增加与顾客之间的情感交流,增加该品牌太阳能热水器在顾客中的亲和力,提高顾客的忠诚度,提高市场占有量,打击竞品。

二、活动主题

主题定为：××太阳能、惠民千镇行

副主题是：全省第7站，以十抵千

三、促销活动方案

（一）活动时间与地点

活动时间：2015年4月30日至2015年5月5日。

活动地点：A市文化广场。

（二）活动设计

1. 本次促销活动主推2款单品：JC58183045-D和JC58163645-D，其中JC58183645-D送价值高的赠品（如冰箱、洗衣机），JC58183045-D送价值低的、数量多的礼品包（如电压力锅、浴巾三件套、保温杯）。

2. 活动形式为循环累计抽奖，即满10名抽出1个大奖，交全款未中大奖者送小奖浴霸（小奖价值在100元以内）。

表1　××太阳能A市促销活动抽奖形式

序号	购机台数	奖品
1	满10台	电压力煲1台和9台浴霸
2	满20台	豆浆机1台和9台浴霸
3	满30台	微波炉1台和9台浴霸
4	满40台	洗衣机1台和9台浴霸
5	满50名	冰箱1台和9台浴霸
6	满60台	电动车1台和9台浴霸
7	满70台	洗衣机1台和9台浴霸
8	满80台	冰箱1台和9台浴霸
9	满90台	电动车1台和9台浴霸
10	满100台	家电大礼包（冰箱、洗衣机）
活动期间购机者即获得抽奖机会。购机满上述台数即抽出1个大奖。		

3. 配合促销活动的宣传工作。

（1）微信推广。

（2）派发宣传单。

（3）张贴宣传海报。

（4）悬挂宣传横幅。

（5）派发团购券。

（6）广告牌宣传。

4. ××太阳能A县促销活动物料及人员需求表(提前10天,如表2所示)

表2　××太阳能热水器A市促销活动物料

类别	内容	数量	布置要求
礼品	小礼品:圆珠笔、钥匙、气球、围裙、小伞	200	可用于预热过程中公关,及演出过程中聚集人气
礼品	赠品奖品:保温杯、浴巾三件套、电饭煲、浴霸、电压力煲、洗衣机、电冰箱、电动车等	100	可置于演出舞台上,购买用户上台领奖
宣传	单页	10000	①进老百姓的家中,发到老百姓的手中;②递上单页时要强调活动当天有表演看、礼品送
宣传	海报	500	①各类商店的店内或店外、乡村信息栏、电线杆、集市等路旁的墙上;②多张连续贴,形式视觉吸引
宣传	条幅	30	乡镇网点门口、集市入口、主要村庄路口
宣传	团购券	500	①配合上门发单页卖券;②每个乡镇集市设点卖券;③扫集市、扫农村、扫商店卖券;④凭券到现场即送精美礼品一份
宣传	广告牌		对有条件的地方,做城区主要路段临时广告喷绘,提高品牌信誉度
现场	拱门	2~3	
现场	帐篷	>15	
现场	刀旗	50	分布活动现场四周
现场	样机	>15	主推型号大量出样,其他型号展示为主
现场	样机物料	若干	各系列产品的展板、价格牌、大红花、促销展板、展架等
现场	开单处布置		简单整洁
现场	大红纸		用于填写已购机顾客名单和参与抽奖顾客名单
人员	宣传预热	10	市代2人+公司5人+县3人
人员	活动现场	15	市代3人+公司5人+县7人

5. 确定人员分工

活动分工，设组长1名（负责全面协调工作，物料及赠品跟进和宣传组织工作），成员若干（负责活动的各项执行工作），发动市代及乡镇的力量。

活动现场分工：

总指挥1名（负责全面协调工作）；

开单组（负责开单及赠品发放）；

路演组（负责路演及抽奖协调）；

销售组（负责现场卖货及现场秩序维持）；

后勤组（负责各小组后勤工作及红榜张贴）。

四、××太阳能热水器促销活动参与商费用承担及利润分配

××公司承担单页、海报、条幅、团购券、刀旗、飞字、广告牌、现场布置物料等宣传费用，以及赠品费用。

市代理商承担路演费、小礼品费用及其他杂费。

县级代理承担场地费、接送顾客费用，以及大、小奖品费用。

具体费用和利润分配方案（略）

五、××太阳能热水器促销活动预热

（一）碰头会（提前8天）

碰头会要求以正式会议的形式举行，参会人员包括乡镇网点老板及协助活动人员、县代老板及协助活动人员、公司支持所有参与活动人员。

碰头会详细讲解活动内容、抽奖规则、活动分工、利润分配、费用承担、宣传操作方式等。

与会人员共同制定出乡镇提货政策。

（二）宣传预热（提前7天）

参与活动人员按要求张贴海报、悬挂条幅、派发单页，并在店门口出样3款以上，定点集市搭帐篷设点销售团购券。

表3　××太阳能热水器A市促销活动人员日程规划样表

日期	镇	组长	人员配置	卖券任务量	券销量

团购券销售：强调预存10元购机抵100元现金，再送大礼包（包含赠品礼包、控制仪、电加热、安装辅材），不购机到现场也送精美礼品一份，同时登记好顾客信息，做好记录。

利用乡镇客户资源发展乡村广播站的力量，来宣传促销信息。

（三）老用户营销（提前7天）

老用户不仅是最好的宣传员，还是最好的销售员。动员好老用户，能极大地提

高活动执行效果。

制定以老带新的促销政策,老用户每推荐一名新用户,老用户可获得100元回报,激发他们的能量。

在活动开展前5天即应通知老用户(尤其要通知好有影响力的老用户),询问使用情况,并讲解说明本次活动信息。

组织老用户在活动开始时进行抽奖、赠送小礼品等活动,以聚集人气。

六、××太阳能热水器促销活动现场控制

(一)战前沟通会(提前1天)

1. 要求所有活动参与人员全部参加。
2. 明确分工,各司其职,详细讲解活动细则。
3. 销售组分小组较量,提高销售积极性。
4. 不断用真空管集热演示、消费者触觉演示增强产品说服力。

(二)乡镇顾客集结(提前1天,非常重要)

1. 乡镇老板提前1天电话和短信告知所辖乡镇准顾客集结时间与地点,并于活动当天派专车送达活动现场。
2. 对于不能按时集结的准顾客,活动当天直接上门邀请。
3. 用最大努力不放走任何一个准客户。

(三)现场造势(提前1天)

1. 样机出样15款以上,主推单品集中出样。
2. 现场布局形成围式。
3. 利用游车、拱门、空飘、条幅、旗帜、海报、单页等方式营造气势。
4. 利用路演音响不断宣传活动信息吸引人关注。
5. 现场工作人员要求统一着装,佩戴工作证。
6. 赠品区堆放成山,显出气势。
7. 礼品大量堆放在舞台上,增强抽奖气氛。

(四)提高销售

1. 抓住现场有利条件,快速促成销售。
2. 促销人员强调讲解:在讲解产品和服务的同时,要反复强调机不可失,失不再来。
3. 营造热销氛围:事先做好满满的热销台账(哪个村哪位用户购买了该产品),当地消费者安装的照片,入口位置张贴红纸实时更新购买者信息及参与抽奖信息。

(五)路演造势

1. 促销信息、抽奖、表演穿插进行,强调"大品牌、大力度、大服务、送大礼"。
2. 吸引老用户参与问答活动及小抽奖活动,表达使用感受,营造现场购买气氛。

3. 不断强调抽奖规则，做到公平、公正、公开。
4. 不断强调奖品价值、中奖概率，让顾客有紧迫感。
5. 每抽出一个大奖即鸣炮祝贺，吸引顾客快速成交。
6. 路演结束后强调老顾客凭购物小票下次参与活动均有精美礼品赠送。

（六）延续销售

1. 延长现场摆放时间2～3天，继续卖货。
2. 对刚购买的用户马上进行电话回访，顺便开展营销链营销，不断扩大营销链队伍，扩大××太阳能热水器的影响力。

附件：

1. ××太阳能热水器促销活动费用预算。
2. ××太阳能热水器促销活动物料模版。

（1）××太阳能热水器A县促销活动单页样板（图略），16开，157克双铜纸，四色印刷；上门派发使用；指导价：0.09元/张。

（2）××太阳能A县促销活动海报样板（图略），对开，200克铜版纸，四色印刷；张贴墙体，指导价：1.5元/张。

（3）太阳能热水器A县促销活动舞台背景：8米（宽）×3米（高）（图略）。指导价：1500元/场。

（此方案根据学生优秀作品改编）

营业推广策划是刚刚迈入社会从事市场策划活动的人员最常遇到的活动策划，虽然此类策划技术难度不大，但流程复杂，且环环相扣，要求具有极强的可操作性和实效性，任何一个小问题都可能破坏整个策划活动。营业推广策划属于营销策划中最基本的，也是最经常的一类策划活动。

此策划有亮点也有不足之处。亮点在于：

1. 此促销活动在形式上来说有效地做到了一线品牌做势，先造声势后造市——势场决定市场，重销售更重传播，声音决定销量。

2. 在市场各类产品功能雷同的情况下，抢先向客户宣传产品的卖点，优先在消费者心理占据一席之地，较好配合了产品市场定位。

3. 通过采用多种促销方式：人员促销、渠道促销、广告促销相融合，把有意向买太阳能热水器的，但还没决定买什么品牌的客户牢牢地把握在自己的手里，如通过卖预售卡的形式，把想买太阳能的客户控制在手里。不定期地对他们进行回访，提高他们的忠诚度。

但是，本策划方案也存在人员分工方面细化分工没有做到位、现场造势考虑不够完善、没有设置客户体验区而使客户现场感触不强烈等问题。

一、营业推广策划的工作流程

(一)营业推广策划

营业推广策划,是指在企业营销战略指导下,制定阶段性的营业推广的活动(行动)方案,并组织实施。

营业推广策划通常由制造商和中间商主导,覆盖的目标人群一般是最终消费者、商业客户、零售商、批发商以及销售队伍。

营业推广往往是一种辅助性促销方式,一般不单独使用,常常配合其他促销方式使用。

(二)营业推广策划的特点

(1)营业推广策划通常是做短期考虑,在某一特定时间提供给购买者一种激励,以诱使其购买某一特定产品。

(2)营业推广策划注重的是行动,要求消费者或经销商的亲自参与,行动指向的目标是立即销售。

(3)营业推广策划工具的使用具有多样性。

(4)营业推广策划见效快,销售效果立竿见影,但不可频繁使用,以免影响品牌形象。

案例 8-1　　　　半价包邮,全民狂欢"光棍节"

光棍节——每年的11月11日(4个象征单身的数字1),本是产生于大学校园,后来通过网络等媒体传播,逐渐流行于年轻人中的一个娱乐性的非官方节日。2009年11月11日,淘宝网在当天推出"全场5折、全国包邮"大型促销活动,创下单日近1亿元的交易额记录。此后,每年的11月11日,以天猫、京东、当当、苏宁易购为代表的大型电子商务网站都会进行大规模的打折促销活动,引发全民网购狂潮,历年双十一单日交易额不断创新高。以天猫(淘宝)为例,2010年单日交易为9.6亿元,2011年为33.6亿元,2012年为191亿元,2013年为350亿元,2014年为571亿元,2015年为912亿元,2016年首次破千亿元,达到1207亿元,而2017年则达到了空前的1682亿元,全网当日交易额更是达到2539.7亿元。

促销的形式，更是五花八门，除了"全场5折、全国包邮"这样巨大的利益诱惑，各种让人眼花缭乱的优惠活动更是在各大网站轮番上演，这主要包括：

1. 派发优惠券。

双十一前一个月，各种线上预热活动就已展开，天猫、京东各自派发了总价值超过100亿元的优惠券，几乎涵盖所有大类，涉及1500多个品牌，优惠券可在当日活动价上抵用，享受折上折。巨量优惠券可谓是电商网站发出的第一发弹药，消费者从10月份就开始被双十一这一波攻势"打"到了。

2. 抢红包。

"抢红包"活动可算为购物狂欢节的熊熊火焰再添了一把柴火。各平台在派发优惠券的同时，还推出"抢红包"活动，2017年双十一期间，天猫通过"抢红包"活动，发放"超级红包""福利金""福利红包"共计2.5亿元。

3. 抢先预售。

各平台为消费者开启了预售模式，消费者登录预售平台先付定金再付尾款就能买东西，预售商品包括稀缺品、集采商品以及根据消费者个性定制的商品。

预售模式让消费者提前下单，以双十一的价格购买自己心仪的商品，消费者不必等到双十一抢购，也不用担心当天抢不到。实际上这个举措让很多摇摆不定的购买意愿变得确定，增加了商家的销量；同时，预售本身有助于商家更精准锁定消费者、提前备货，更有效地管理上下游供应链。这一举措，被业界视作对C2B电商模式的新探索。

4. 整点秒杀。

许多网站还推出了整点"0元秒杀""1元秒杀"的活动，也是引来"疯抢"，聚拢相当多人气。

5. 手机端促销多管齐下。

据统计，近年来，移动端成交在电子商务交易的占比迅速增长，移动端促销成为商家双十一促销活动的重点领域。

11月11日购物狂欢节当天，手机淘宝下单可享受折上折，从凌晨1点钟开始，每个整点时段，购买11月11日活动商品，有机会获现金返还红包。同时，手机淘宝还开通了活动直播间功能，消费者可以随时掌握最热卖的宝贝、最省钱的爆品和最八卦的信息，2017年双十一，天猫成交1682亿元，其中移动端成交占比达90%。

6. 消费信用。

购物网站通过分期付款等方式给消费者提供消费信用，促进消费者购买。双十一期间，京东提高了会员"京东白条"的额度，以此获得更多的订单。

仅从交易额来看，双十一光棍节大促无疑是成功的。"光棍节"本是一个流行于年轻人中的娱乐性节日，而大量的年轻人、上班一族和在校学生正是网上购物的主力军，网上商家挑选在这一天进行促销，毫无疑问能够引起这个群体的共鸣，获得更好的效果。同时，挑选11月11日这样的一天也避开了传统节日例如圣诞节、情人节等大众促销活动，从而将影响力扩展到最大化。"全场半价包邮"等促销组合，多方位刺激消费者；提前一个多月展开的线下线上全覆盖活动宣传，也是将活动信息推送到了每一位潜在客户的视线之内，完美实现了尽人皆知的目标。

近年来，双十一网络大促的狂潮迅速蔓延到线下，线下商家也纷纷加入到光棍节大促的行列中，双十一大促，逐渐成为中国最大规模的商业促销狂欢活动，"光棍节"俨然已经成为一个重要的商业节日。

（资料来源：根据历年双十一电商促销活动整理。）

（三）营业推广策划的工作流程

营业推广策划需要明确推广目标，把握正确的执行时间，进行合理的经费预算，以实现理想的促销效果。因此，在组织一项具体的营业推广策划活动之前，必须掌握营业推广策划的工作程序。（图8-1）

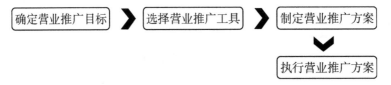

图8-1 营业推广策划流程

二、营业推广策划目标分析

企业营业推广的目标应与企业在该时期的市场营销总目标及促销目标相结合，针对不同时期、不同对象来制定具体的营业推广目标。（表8-1、表8-2）

（一）企业在产品生命周期不同阶段的营业推广目标

表8-1 产品生命周期不同阶段的营业推广目标

所处阶段	营业推广目标
投入期	①使顾客和消费者认识与了解新产品； ②缩短产品与顾客之间的距离； ③增加新顾客群体等
成长期	①鼓励重复购买； ②吸引潜在消费者； ③形成品牌偏好； ④增进中间商的信任等
成熟期	①刺激大量购买； ②抗衡竞争品牌； ③提升销售量； ④保持原有的市场占有率等
衰退期	①保持利润； ②处理积压库存等

（二）企业针对不同对象的营业推广目标

表8-2 针对不同对象的营业推广目标

对象	营业推广目标
消费者	①鼓励再次购买和批量购买，把延时性购买变为即时性购买； ②鼓励大批量购买及接受由本品牌延伸的新产品； ③鼓励尝试性购买，培养新的客户群； ④抗争或瓦解竞争对手营销策略等
中间商	①维持并巩固销售渠道； ②保证中间商的货架陈列； ③维持较高的存货水平； ④配合消费者市场的营业推广； ⑤激励销售产品的积极性等
推销人员	①鼓励开拓新客户； ②调动销售积极性； ③鼓励销售公司指定产品等

三、常用营业推广的工具

(一) 选择营业推广工具应考虑的因素

所谓营业推广工具,即是开展营业推广的方式和手段。在选择营业推广工具时,企业应充分考虑以下因素:

(1) 营业推广目标。
(2) 产品生命周期。
(3) 产品品种。
(4) 企业的竞争地位。
(5) 企业在销售渠道中扮演的成员角色。
(6) 竞争者的促销行为。
(7) 营业推广费用的预算。

(二) 针对不同对象的营业推广工具

1. 针对终端消费者常用的促销工具

常用终端促销工具及适用范围见表 8-3。

表 8-3 常用终端促销工具及适用范围

序号	促销工具	活动内容	活动目的	活动适用范围
1	样品派发	在确定的时间、地点,将新产品样品免费派发给目标消费者; 其有两种基本的操作方式,即"入户派样"及"随机拦截式派样"。随机拦截式派样多选择商场内外、闹市街头作为派样地点,其虽然操作简单但因派发对象的随意性而效果较差	用于新产品上市促销。直接实现消费者对新产品的初次尝试。样品派发是最有效的也是最昂贵的介绍新产品的方式	①新产品有"创新性",容易被消费者接受。如产品有新用途、特殊目标消费群、全新的品牌等,上市铺货时就应考虑进行样品派样; ②有足够的促销费用支持
2	免费试用、试吃	有组织地邀请目标顾客来活动现场,试用产品或品尝	用于新品上市推广。充分展示产品包装、规格、口味、功能等特色,并通过有组织的试吃、试用形成消费者初次尝试,为其购买行为扫清障碍	①产品在功能上有独特性必须实际使用或品尝后才能感受到; ②必须有足够的促销资源支持; ③厂家对产品口味、品质有足够的信心

续表 8-3

序号	促销工具	活动内容	活动目的	活动适用范围
3	折价券	厂家在外包装及平面媒体中附赠"折价券"或通过邮寄、发送电子凭证等向消费者赠送优惠券，持有它的消费者在购买产品时可享受规定的价格优惠	常用于新品上市推广。提供"可量化"的价格刺激，诱导消费者对产品的使用	①主要竞争者已经推出了与新产品近似的产品；②新产品对消费者的利益点不突出，没有绝对优势；③消费者对产品的价格敏感度高
4	集点赠送	告知消费者在一定时间内购买了一定数量的新产品后，凭购买"证据"兑换相应奖品	鼓励消费者的持续性购买	①新产品上市后其利益点没有让消费者充分认知，初次使用者已足够，但回头客及客户购买频次偏低；②产品适合重复性购买
5	有奖销售	针对有购买行为的消费者进行的竞赛、抽奖或游戏活动：①消费者竞赛（征文比赛、广告语征集等，给以奖励）；②抽奖（回函抽奖、现场抽奖）；③概率中奖（直接将"中奖卡""刮刮卡"投放在产品包装内）；④现场游戏（幸运大转盘、猜字、飞镖、翻牌等）	吸引消费者购买，因为它的奖励通常比"集点赠送"或"购买赠品"价值要高得多，更能引起人们的注意	①消费者有强烈的投机心理；②消费群有喜欢参与社会文化活动的特质；③消费者对企业的活动组织能力、信誉评价较高；④企业不愿意用价格促销吸引消费者，希望能同时提升企业形象
6	价格折扣	即在商品原价的基础上，直接给予一定的价格减让或折扣	吸引消费者尤其是对价格敏感的消费者购买	降价会影响品牌形象，所以一般不轻易采用，但在下列情形，可以考虑采用：①换季产品或衰退期产品，以尽快、尽可能回收资金；②目标消费者对价格较敏感，降价能带来更多销量

续表 8-3

序号	促销工具	活动内容	活动目的	活动适用范围
7	订购促销	消费者一次订购一个周期的用量,取得厂家给予的赠品奖励	目的在于短期内快速形成销售订购,培养新品固定消费群	每天都要使用的必需品,如牛奶、服务等
8	买赠	消费者购买一定数量的某产品,可获得一定量同款商品或其他商品的赠品	提供额外的优惠,刺激消费者对产品的购买	赠品需要有较大的刺激性,如可量化的优惠、实用等
9	专题 road-show 活动	围绕新产品上市,面对消费者进行的大型户外综合性产品推广和介绍活动。它可能由文艺表演、现场游戏、产品介绍及产品试用等多项内容组成	因为 road-show 促销的规模较大、费用较高,其活动参与的人数、影响人数都远远大于特卖、试吃等其他现场活动,因此常被当作新产品上市活动的"前奏",主要用来"吸引人潮",也是形成消费者拉力的重要组成部分	①企业有较多的促销资源; ②在促销的同时还想提升企业形象; ③消费群有喜欢参与户外活动、集会的特征(学生、年轻的上班族)
10	好评有礼	是一种附条件的买赠/优惠券促销方式,在网络购物中较常采用。一般商家承诺消费者购买商品后可获得优惠(赠品或现金券等),但条件是消费者需在售后评价中给予产品好评	①一方面通过赠品或现金券等优惠刺激消费者购买; ②另一方面,积攒好评,提升卖家好评度,对其他买家具有示范引导作用,可提升店家客户转化率,增加购买	①赠品或优惠额度有足够吸引力; ②要求消费者评价时,建议描述详细具体; ③确保产品质量,以免让消费者觉得被强迫好评
11	团购优惠	网络购物中常用的一种促销方式。一般规定在一定时段内,订单数量达到规定数时,消费者可以以某优惠价格获得商品,若订单量达不到规定数,则所有订单取消	优惠价格可刺激购买,同时通过设置团购订单量阀值,确保卖家利润	①需精确计算盈亏平衡点; ②价格优惠刺激力度够大; ③把握优惠价和订单量的平衡,尽量避免发生不能成团的情况

续表 8-3

序号	促销工具	活动内容	活动目的	活动适用范围
12	网络直播促销	通过网络直播平台，借助网红，向消费者传播、示范产品，或吸引消费者参与互动体验活动，以提高销量	通常用于新产品上市推广，借助网红的影响力和直观的网络直播，吸引消费者尝试购买新产品	①常用于新产品上市推广；②直播受众与目标消费群体一致；③直播网红有较大影响力

2. 针对中间商常用的促销工具

让中间商进货、铺货是销售工作的起点，如何能够使销售通路中商户们心甘情愿地进货，并出让他们仅有的柜台空间，摆放产品，通路促销是一个有力的武器。

针对中间商的促销工具非常多，按内容可分为以下六大类（表8-4）：

表 8-4 针对中间商常用的促销工具及适用范围

促销工具		活动内容	活动目的	活动适用范围
进货折扣	现金折扣	企业对于在预定时间内提前付清货款的客户给予一定比例的折扣	鼓励客户尽快付款，提高销售回款率，加速资金周转	企业对现金需求较迫切
	数量折扣	经销商进货达到一定级别后给予直接的价格折扣或搭赠	刺激经销商大批购买，建立必要的通路库存，以备产品向下游客户的持续推动	①产品优势不明显，利用价格折扣促销，增大订单量；②新品上市阶段，竞品也有新品推出或正在举行通路促销活动，本品当加大折扣力度和竞品抢资金
	提前采购折扣	对在销售淡季或提前购买产品的经销商给予价格折扣	减小资金占压，降低仓储费用和商品损耗，并保障全年稳定的生产和销售	用于季节性产品或无法预测销售量的新产品
	职能折扣	企业向愿意承担一定销售渠道职能（如运输、仓储、宣传、售后服务等）的中间商提供价格折扣	鼓励中间商利用自身资源，为企业分担营销管理职能，加强中间商与企业的合作	中间商具有一定的渠道职能能力

续表 8-4

促销工具		活动内容	活动目的	活动适用范围
进货折扣	进货品种折扣	企业视中间商进货品种的多少给予一定的价格折扣	使企业兼顾畅销品和滞销品，避免造成滞销品积压，同时，有利于经销商尝试进货新产品	用于存在滞销品或新产品上市推广的情形
随货赠送	箱外赠送	企业按经销商进货量，给予一定量的实物赠送	鼓励经销商进货	赠品设置在包装箱外，与产品有一定关联度，或虽与产品无关联，但与经销商日常经营活动有关联
	箱内赠送	是在产品包装箱内放置赠品（如刮刮卡），零售店销货同时取得赠品，通过赠品，刺激消费者购买，帮助零售商销售，从而促进零售店销货	可提升零售店提货积极性，加快新品销货，巩固零店铺货率	新品上市后，铺货率不高或铺货率已达要求，但利润对零售店无吸引力，销售积极性不高，形成零售通路新品销售不畅的局面
销售奖励	销售奖励	制定一系列具有"挑战性"的销售目标，同时附有"极具吸引力"的经销商奖励方案，鼓励经销商积极销售本企业产品	提高通路经营者对产品销售的配合度，努力建立经销商对产品经营的忠诚度	适用于采用"大经销制"的企业，销售主要依赖于经销商的业务系统，自身直营能力很弱，销售占比很小，产品的上市推动及后续发展主要依靠经销商
销售竞赛	销售量竞赛、陈列竞赛、店铺装饰竞赛等	企业在经销商、零售商之间，按照一定的规则，对销售目标实现情况展开竞赛并对优胜者给予奖励。通常有销售量竞赛、陈列竞赛、店铺装饰竞赛、创意竞赛等形式	激发参赛者热情，提升销售业绩，实现销售目标	竞赛目标合理、规则公平，奖品设置对参赛者有吸引力，获奖理由应公开明确

续表 8-4

促销工具		活动内容	活动目的	活动适用范围
补贴（售点广告补贴、合作广告补贴、商品陈列补贴、零售铺货补贴）、赊或代销等	批市陈列补贴	选择门点有堆箱空间且位置较好的批发户，按公司要求堆放一定数量的产品或空箱，并保持1～2个月，经过公司专人不定期检查监督，合格者公司将给予一定奖励	营造出产品上市的"铺天盖地"的气势，增加经销商经营信心，增加零售商选择新产品的可能性	①批发市场是零售商主要的采购场所；②消费者在批发市场的购买率也比较高；③辐射型的批发市场，可以向其他地区客户沟通产品上市信息
	零店铺货奖励	为鼓励零售商进货而给予的额外赠品或好处	促使新产品顺利进入零售终端，迅速提高铺货率，尽快让消费者看得见、买得到	①由于产品零售利润较低，预计零售店进货意愿不高，在新品铺货时直接给予奖励；②产品上市一段时间，但铺货率持续较低；③竞争品牌同期进行，有同类新品上市，必须先发制人，强占零店库存
订货会及培训	经销商订货会	邀请目标经销商参会，通过产品的演示介绍、现场订购的优惠政策，鼓励经销商现场订购	迅速取得大量订单	①迅速铺进经销商网络，营造全面上市气氛，取得大量订单，迅速回笼资金；②上市订货会费用较大，一般用于战略性新产品的上市
	批发商订货会	一般由公司组织、在经销商门店实施的、面对批发户的短期订货活动。通过设定不同提货数量级，给予大小不等的奖励，来吸引批发商积极提货	刺激批发积极提货，加快新品销货，加快存货周转，从而加快新品在批发通路铺货	经销商进货量较大，产生库存压力
	培训	公司向中间商提供产品知识或产品销售技能培训，一般有培训课、专业人员驻场指导、产品宣传册等	给予中间商信心	新产品上市推广，市场对产品不了解或存在疑虑

3. 针对销售人员常用的促销工具

针对销售人员常用的促销方式及适用范围见表8-5。

表8-5　针对销售人员常用的促销方式及适用范围

促销形式	活动内容	活动目的	活动适用范围
销售奖励	在销售人员正常薪水之外,根据销售业绩,给予一定的销售提成	提高销售量	提成比例需科学合理,对销售人员有吸引力,同时,不会给企业带来过多的营业费用
推销竞赛	在一定时期内,销售小组或销售员之间开展销售竞赛,对获胜者给予奖励	激励士气,提高销量	①物质奖励与精神奖励需结合;②奖励有吸引力;③竞赛规则公平公开
其他	制定销售业绩目标,对达标者通过职位提拔、休假等方式给予奖励	激励士气,提高销量	竞赛规则公平公开

(三) 不同营业推广目标对营业推广工具的选择

从大类分,商品可分为生产资料和消费品两类,消费品又可按购买习惯分为日用品、耐用品和特殊品三类。企业对这些不同类别的产品由于促销对象及促销目标的不同而应选用不同的营业推广工具。

处于竞争优势的企业,考虑为企业创造一支忠诚的顾客队伍,一般选用能产生长期效果的营业推广工具,如消费者教育、消费者组织等方式。而处于竞争劣势的企业,则以为消费者和中间商提供更多的实惠为原则,采用即时性的营业推广方式。

企业在销售渠道中扮演的角色不同,其销售任务和促销目标也不同。制造商营业推广的对象是中间商和公司推销人员。批发商营业推广的对象主要是公司销售人员和零售商。零售商营业推广的对象则是广大消费者。不同的促销对象,其营业推广工具也有所不同。(表8-6、表8-7)

表8-6　不同营业推广目标对营业推广工具的选择

营业推广目标		售点广告及陈列	优惠券	样品赠送或免费试用	价格折扣	比赛抽奖	买赠	路演/直播
短期效果	争取试用	√	√	√	√	√		√
	改变购买习惯	√			√			√
	增加购买量		√		√		√	
	刺激潜在消费者	√	√			√		√
	吸引中间商				√	√		

续表8-6

营业推广目标 \ 营业推广工具	售点广告及陈列	优惠券	样品赠送或免费试用	价格折扣	比赛抽奖	买赠	路演/直播
长期效果	提升广告形象	√						√
	巩固品牌形象	√						√

表8-7 产品生命周期不同阶段营业推广工具的选择

所处阶段	营业推广工具		
	对销售人员	对中间商	对消费者
投入期	培训、销售竞赛	新产品发布会、订货会、培训指导	POP广告、现场演示、网络直播、赠送样品、试吃试用
成长期	销售竞赛	价格折扣、派员协助	POP广告、产品展示会、现场演示、赠品、团购
成熟期	加强培训、新的销售用具和资料	价格折扣、销售竞赛	赠品、比赛、抽奖、搭配商品、以旧换新、团购
衰退期	以折扣、降价方式处理库存，减少促销投入		

案例 8-2 娃哈哈促销形式的选择

娃哈哈1.5 L果汁在某市上市时，汇源是1.5 L果汁销量最大的品牌。汇源当时的1.5 L果汁促销是6.2元买一赠一（500 mL果汁）的捆绑形式。

如果娃哈哈也做买大赠小的话，按果汁品牌的分量，其销量都不能分得汇源的一半。于是娃哈哈提高了产品售价，高出汇源1.3元，这样就可以赠送1.25 L的非常可乐了，因赠的是碳酸饮料，最终核算的费用比汇源略低，但是销售直观的效果比汇源好多了。

结果，娃哈哈1.5 L果汁当天的销量就超过了汇源。

（作者根据网络资料整理改编。）

四、制订营业推广策划方案

(一) 确定营业推广的范围

1. 产品范围

推广活动是针对整个产品系列还是仅针对某一项产品进行？

推广活动是针对目前市场上正在销售的产品，还是针对特别设计包装的产品？

2. 市场范围

一次推广活动是在所有的销售地区同时开展，还是仅在某一特定的市场区域进行。

在确定这一问题时，主要应考虑企业的财务支出能力，企业推销队伍的力量和不同地区的销售状况。

(二) 确定营业推广诱因量的大小

诱因量是指活动期间运用某种营业推广工具提供给消费者的利益大小。

诱因量的大小直接关系到企业的促销成本。当诱因量很小时，消费者反应也很小，促销效果几乎为零；当诱因量增大时，消费者的反应也会随之增强。

当然，消费者反应与诱因量并不是按比例增长的。

销售效果不仅受诱因量的影响，也受诱因使用选择、诱因使用方式、使用对象的心理预期等多种因素的影响。

(三) 选择传播媒体

确定传播媒体即确定通过何种媒体将销售促进的信息传递给目标顾客和消费者。

不同的媒体有不同的传达对象和传达成本，促销效果也不一样。

如：优惠券，可以邮寄、由人员发送以及作为报纸、杂志广告发送，也可随商品包装分送等。

(四) 确定参与的条件

确定参与条件即确定参与促销活动对象的资格。

如优惠券对购买额达到一定量的消费者发放，免费赠品对集齐一定包装的消费者发送，样品赠送给符合特定条件的对象。

(五) 确定营业推广活动的时间

营业推广活动时间的确定包括三个方面的内容。

1. 举行活动的时机

要考虑时机的选择如何能提高促销效果。需要考虑下列问题：

(1) 选择的促销日期前后是否有重大事件？

(2) 选择的日期有无特别意义？是否和自己的品牌关联？

2. 活动持续的时间

活动持续的时间太短,信息传达面有限,可能使许多目标顾客来不及接受促销的信息;而促销活动持续的时间过长,又会使消费者的兴趣降低,甚至对产品的品质与品牌产生怀疑。

3. 举办活动的频率

科学地确定促销活动的频率,通常要考虑销售促进目标、竞争者的促销表现、消费者的购买习惯和反应、活动本身持续的时间和效果、促销的整体计划等因素。

知识共享 8-1　　　　　促销"时令"表

在企业营销实践中,往往会借力节日来进行促销活动,下表所列节假日,常被作为商家促销的时机。

时间	重要节日、时间节点
1月	元旦
2月	2月14日西方情人节
3月	3月8日国际妇女节、3月12日植树节、3月14日白色情人节
4月	4月1日愚人节、4月5日清明节
5月	5月1日劳动节、5月4日青年节、5月第二个星期日母亲节
6月	6月1日儿童节,6月7、8日高考,CET-4/6(英语四、六级考试),6月第三个星期日父亲节
7月	毕业季、暑假时间
8月	暑假时间
9月	9月10日教师节
10月	10月1日国庆节
11月	11月1日西方万圣节、双十一
12月	CET-4/6、双十二、冬至、12月24日西方圣诞节
农历正月初一	中国新年
农历正月十五	元宵节
农历五月初五	端午节
农历七月初七	七夕节
农历八月十五	中秋节
农历九月初九	重阳节
农历腊月初八	腊八节
农历腊月三十	除夕

（六）营业推广费用预算

营业推广费用通常考虑两项：一是推广的费用，包括印刷费、邮寄费、赠品费、对推销员的教育和培训费等；二是推广成本，如优惠或减价的成本、兑奖成本等。

（七）确定其他条款

为了保证营业推广活动顺利进行，还要制定除以上内容以外的一些条款，如奖励兑换的具体时间、优惠券的有效期限、活动的游戏规则、中间商的付款期限等。

五、营业推广策划书的撰写

营业推广策划属于营销策划中最基本，也是最经常的一类策划活动，内容相对简单，但是对细节的周全性要求较高，当活动设计较为复杂或内容较多时，可考虑将活动执行与控制单独成文作为策划书附件。营业推广策划书撰写大纲通常如下：

(1) 活动目的。
(2) 活动主题。
(2) 活动实施时间、地点。
(3) 活动方案设计（策划方案的重点内容）。
(4) 经费预算。
(5) 活动效果预估。
(6) 附件：活动执行与控制。

不同的策划项目，采取的促销工具不同，在具体撰写策划方案时，内容也会有所不同。（表8-8、表8-9）

表8-8 常用终端促销策划方案撰写要点

序号	促销形式	策划方案撰写要点	策划建议
1	样品派发	①明确活动目标（为什么要进行派样活动）； ②确定派样产品（确定直接用产品还是专门制作"派样包"）； ③确定派样方式（确定是"入户派样"还是"街头拦截式"派样）； ④确定派样对象（派样消费者特征，比如"18～35岁年轻女性白领"）； ⑤确定派样活动起始时间； ⑥确定派样地点； ⑦制作派样计划管控表（派样场次、数量、时间的计划）（见范例）； ⑧预算	①当新产品单价较高时，一般应制作专门用于派样的"试用装"，以降低成本； ②在入户派样中"确认派样地点"最为重要。派样的对象必须符合目标消费群的特征； ③派样要有一定规模才能产生效果； ④派样前2～3天要在家属区贴海报告知派样信息并在居民区选择位置十分醒目的商店，协商做成陈列示范店；要保证派样结束同时，该小区附近商店的新品铺货率100%

续表 8-8

序号	促销形式	策划方案撰写要点	策划建议
2	折价券	①明确活动目标; ②确定活动起始时间; ③确定活动区域; ④确定活动规则; ⑤确定活动告知信息; ⑥确定折价兑付流程: 典型的"折价券兑付流程"为: A. 消费者凭折价券在零售店再次购买; B. 零售店凭折价券向批发商退还差价; C. 批发商凭折价券向经销商退还差价; D. 经销商清点所有折价券在活动结束后向厂家退还差价或冲抵货款 ⑦预算	①一般是应在新产品上市前的包装设计中确定; ②折价优惠的幅度一定要有足够的"吸引力",根据新产品的盈利水平的不同,10%～30%的优惠是一个可参考的指标; ③经销商是否配合对实施此活动至关重要,试想消费者拿着折价券到零售店购买,店老板拒绝给予"优惠"怎么办?所以,差价结清制度的设计合理与否很重要; ④厂家的通路掌控能力弱或者新产品零售价格混乱的情况下禁用折价券促销
3	集点赠送	①明确活动目标; ②确定活动起始时间; ③确定活动区域; ④确定集点赠送的游戏规则及兑换流程(比如,"收集包装袋5个,送产品一包;多集多送! 兑换截止时间:2012年5月1日"); ⑤确定赠品兑换点; ⑥设计促销活动宣传方式(包括包装、报纸、电视及店内外的POP); ⑦预算	①策划时,必须考虑如何将兑换活动充分的告知,否则再诱人的"赠品"也会无人喝彩; ②"集点赠送"的促销活动有两大难题:一是害怕赠品没有吸引力、活动告知不充分,造成活动参与率低,起不到"鼓励持续性购买的目的"。二是害怕活动反响太大,场面过于火爆,但由于兑换点数量不足、奖品断档或兑换点配合度不够,产生大量的消费者投诉
4	有奖销售	①活动目的; ②活动方式; ③奖项设置(比如:一等奖1名,奖"西欧10日游";二等奖5名,奖"新马泰7日游";三等奖100名,奖旅行包1个;纪念奖10000名,奖新产品1包); ④中奖比率计算。(比如,假定该产品在促销期间预估销售10万包,那么以上各奖项的中奖率分别为1/100000、1/20000、1/1000 和 1/10); ⑤活动起始时间;	①中奖率的高低直接决定了有奖销售成败。"中奖率高"则可能成本太高,"中奖率低"一直是有奖销售活动中造成消费者抱怨的主要原因; ②奖项设计的总原则是:大奖不必多,但要足够大——提高活动吸引力,小奖不嫌小,但要足够多——提高覆盖面; ③奖品如何兑现往往是最大的难题尤其是众多小奖。可考虑运用现有的销售网络,让消费者就近领取;

续表 8-8

序号	促销形式	策划方案撰写要点	策划建议
4	有奖销售	⑥活动区域（在哪些城市、大区开展或投放有促销活动的产品）； ⑦设计促销包装（含有有奖销售活动的告知信息）； ⑧设计奖品兑换流程； ⑨预计销量（将以此计算中奖率及评估促销活动的效益）； ⑩活动预算	④可到当地工商行政部门进行备案或提交公证机关申请公证，千万不要认为一句"保留本次活动的最终解释权"就可以高枕无忧了，企业对整个活动方案的每一个细节一定要慎重考虑，防止出现消费者大面积投诉
5	免费试用、试吃	①明确活动目的； ②确定活动产品； ③确定活动地点； ④制定试用活动工作流程； ⑤制定试用活动安排进度表（包括地点、时间、场次）； ⑥列明配套设备（产品、试吃台、化妆台、椅子、POP、陈列架、展示架、宣传单、电视及放像设备、广告录像带、促销人员服装等等）； ⑦费用预算； ⑧效果预估	①根据产品特征不同选择居民区、写字楼、卖场内外、学校。比如，儿童食品的试吃就应该选择学校门口附近的零售店进行，而化妆品的试用活动就应该选择商店、超市的化妆品柜台附近； ②试用、试吃活动现场一定要配合卖场的特卖活动，至少促销员要告诉消费者被促销的新产品可以在哪里买到
6	订购促销	①活动目的； ②活动时间、地点； ③设计活动方式：设定订购价格、赠品和取物卡，以及举办地点等； ④选择批发户/零售店作为社区活动点，定点领取产品（以下简称为协议户）； ⑤设计活动信息发布内容及途径：提前三天发布活动信息； ⑥现场布置设计：活动POP、太阳伞、展板、办公桌、产品陈列等； ⑦活动流程设计（讲解、收款、发赠品、开具取物卡、登记活动销售、赠品发放等情况）； ⑧明确结算方式（以便与协议户结算，开始用户每日领取工作）	一般订购活动要持续3～5天，保证一个社区的消费者能够订取足够的销量。活动时间太短，部分持观望态度的消费者难以参与

续表 8-8

序号	促销形式	策划方案撰写要点	策划建议
7	终端陈列	①说明活动目的； ②列明活动时间； ③确定适宜的陈列终端； ④设计陈列现场布置要求； ⑤现场 POP 的设计要求； ⑥预算	①争取最大陈列面积，以增加产品和消费者的接触机会； ②陈列区域保持整齐，避免破损产品； ③保证单一品种有足够的陈列面积； ④引起消费者注意； ⑤体现和提升品牌形象； ⑥最准确地拦截目标消费者； ⑦与同类产品的合理化比较（将自己的产品放到同一档次及类型的区域里可以形成品牌、品种、价格等与其他同类产品的合理比较，避免非同类产品的不合理比较）
8	专题 road-show 活动	①交代活动目的和背景； ②明确活动沟通对象（学生？上班族？20～30岁的女性？）； ③设计活动主题（比如"××擂台赛""××流行风"等）； ④确定活动时间； ⑤确定活动地点和场次； ⑥确定活动内容（试吃、特卖、表演等）； ⑦明确布置要求场地； ⑧设计活动标准流程； ⑨活动效果预估； ⑩活动预算； ⑪附件（包括活动现场效果图和活动现场制作物及设备清单）	①活动主题一定要简单、鲜明，有号召力。大型的 road-show 活动往往可以起到很好的广告宣传效果； 活动主题的选择： 一是反映新产品的特点，二是简短、易于上口，三是要表现 road-show 活动的基本内容。比如康师傅"煮面"上市时就采用"煮王争霸赛"为活动主题； ②制定详细的标准化作业流程并严格督导实施； ③场地位置选择要慎重。场地太偏、太小、太大都不可取。场地太大会聚不起人潮效应，且难管理、难控制，太小易出现人群拥挤，活动无法展开； ④舞台节目要围绕产品，不能自说自话，人潮虽有，但广告、促销效果没到位就没意义； ⑤游戏设置难度适合目标消费群

表8-9 常用针对中间商的促销策划方案撰写要点

形式	策划方案撰写要点
经销商订货会	①明确活动目标； ②确定经销商参会人数； ③精心设计会议议程：签到时间、大会开始、领导致辞、产品介绍演示、观看广告片、参观新品展示、宴会、订货结果宣布、订货状元评奖、文娱节目、会议结束时间、撤离酒店时间等； ④确定费用预算：主要开支项目包括会务费（包括住宿、宴会、会场租金、设备租金等），经销商路费、现场布置费用（展台布置、展板制作、大型喷绘、产品陈列架制作、彩旗、条幅、升空气球租金等），媒体报道费用（邀请电视台、电台、报社人员费用以及录制制作费、播出费、刊登费、礼品等），临时人员劳务费； ⑤确定会议准备事项：确立订货工作小组、通知经销商参会、联系酒店、会场布置要求、产品演示投影要求、新品展台、展架及展板要求、彩旗、横幅、相关媒体，会议手册和订货单要求，准备产品演示投影仪、电脑、海报等； ⑥会议结束后的跟进：会议结束后，为避免或减少虚假订货，应有相应的跟进措施，督促经销商提货。 注意：订货会后，业务代表应随即将经销商订货量与日常平均销量进行比较，发现差异较大订单，剔出进行二次订货追踪，避免虚假订单
经销商价格折扣促销	①明确活动目标； ②确定参加促销活动的客户范围、期间及产品； ③制定促销方案（设定不同的级别，不同规模和出货量的经销商应有不同的折扣额度，促销方案应公平合理，经权责部门核准后由销售部门通知相关客户）。 注意：这种政策可以鼓励经销商大量进货，短期销量提升较快，但缺点是经销商进货量大，进货价就低，控制不好会做乱价格，做死市场，因此价格折扣的促销方式更适合针对代理商或"专销经销商"
经销商销售竞赛	①明确活动目标； ②确定参加活动的客户范围、活动时间和产品：通常销售竞赛的周期都比较长，如半年或一年； ③确定销量目标； ④制定详细的竞赛规则、要求和考核方法； ⑤设计奖励方案：如"出国旅行计划""跑车计划"等； ⑥设计"年度优秀经销商表彰大会"活动计划，将奖品、奖金等现场兑现。 注意：活动时间不能设计得太短，奖品通常价值较高（如汽车、手提电脑、国外旅游计划等），难免会出现经销商为拿大奖而集中出货的情况，因此，活动方案设计时应考虑到这一点，设计对经销商的考核和跟踪检查机制

续表 8-9

形式	策划方案撰写要点
批发商订货会	①列明活动城市及持续时间； ②设定提货奖励坎级：如 50 箱奖背包一个，100 箱奖电磁炉一个； ③预算活动 DM 数量：印刷活动告知 DM，向经销商辖区内所有批发户散发，并详细说明活动的办法、好处、参加时间等内容； ④设计活动现场布置要求：包括标语、POP、展板、奖品展示、活动工作人员促销服装等； ⑤活动现场工作流程确定：现场布置、奖品到位、讲解活动办法、展示奖品、发放奖品、登记出货状况； ⑥列清营业工作要点：如活动前后均要盘点经销商新品库存，一可计算活动效果，二可控制活动进程，新品库存消化将尽时结束活动
批市陈列奖励	①列明参加活动的城市和每个城市计划参与的批市摊位数； ②设定合理的堆箱数量。一般情况下，设计 10～15 箱的数量为宜，保证客户能够执行到位； ③列明陈列奖励政策； ④详细列明陈列标准，最好附图示
零店铺货陈列奖励	①确定铺货活动的城市及执行时间。通常，铺货奖励是随新产品铺货行动同时进行； ②确定奖励办法。比如，进一箱赠一袋； ③确定奖励执行办法。一般由销售人员或经销商业务人员在新产品铺货时即兑现； ④详细列明陈列标准，最好附图示
随箱附赠刮刮卡	①列明活动城市、每城市开展活动投放数量及持续时间。活动时间一般为 1～3 个月； ②设计奖品中奖率及奖励等级、奖品，刮刮卡每箱投放数量； ③设计印制 DM 及 POP，列清使用数量；（一般在零店散发及张贴，可充分告知活动信息。） ④设立兑奖方案； ⑤确定投放时间

案例 8-3　天猫女王节——线上促销活动策划书

一、前言

天猫女王节是天猫商城借助 2016 年 3 月 8 日妇女节的活动气氛，从 3 月 3 日—3 月 5 日进行预热，3 月 6 日—3 月 8 日正式开启活动，这对于天猫店铺来说是一个进行促销活动的契机，更是提高店铺产品销量的渠道之一。

二、活动目的

提高产品销量，增加店铺人气，获得产品口碑，提高店铺知名度。

三、活动时间

活动分预售期和开售期，3 月 3 日—3 月 5 日进行预热，3 月 6 日—3 月 8 日正式开启活动。

四、活动主题

天猫女王节做他人的公主,做众生的女王。

五、活动对象

拥有女王范和女王情怀的时尚女青年。

六、活动地点

天猫某人气旺的、适合企业产品推广的旗舰店。

七、促销力度

在店铺中单笔实付满300元使用20元女王券。

在店铺中单笔实付500元使用50元女王券。

在店铺中单笔实付800元使用100元女王券。

3月6日满399元,送精致水杯。

3月7日满599元,送子母包。

3月8日满799元,送暖心被毯。

八、宣传方式

1. 将店铺首页修装成与天猫女王节气氛相符的风格,将活动力度也体现在首页上。

2. 在女王衣橱页面进行宣传。

3. 在天猫主页宣传。

九、工作安排

生产部:2016年3月3日—3月5日22点前,产品库存每件产品约600件。

美工部:2016年2月27日—3月3日之前,将店面整体风格改成与天猫女王节相符的内容。

客服部:2016年2月29日—3月8日,模拟出消费者可能会问的问题,并进行回答;培训客服;在活动期间及时回复消费者的问题。

十、活动预算

前期宣传、推广,礼品等费用。

(作者根据网络资料整理改编。)

六、营业推广策划方案的执行

营业推广方案形成以后,就要组织实施,并对执行结果进行评价。

(一)实施前的准备工作

(1)商品供应的准备。

(2)促销人员的准备。

(3)零售网点的协作准备。

(4) 资料的积累与收集，包括企业自身和竞争对手组织相关活动的资料等。
(5) 有关活动规则的确定。
(6) 奖券奖品（赠品）的准备。
(7) 活动行程安排。
(8) 必要的应急计划等。

（二）实施前的检验、预试

制定了推广方案之后，为确保方案的科学性、效益性和可行性，在付诸实施之前，必须首先对其进行检验、预试。

检验和预试的内容主要有：促销工具的选择是否有效？创意能否为目标顾客群所理解？整体促销内容和形式是否违反法律和政策规定？

对消费者的营业推广方案可采用征询意见法和对比实验法进行检验。

对中间商的营业推广方案则可采取用征询意见法和深度访谈法来进行方案的检测。

（三）实施过程中的监控与评估

在营业推广活动的实施过程中，要对实施过程进行适时的监控，保证活动严格按照策划方案执行，并根据具体情况对方案进行及时的调整和补充。

活动结束后，对活动的效果、活动中存在的问题和经验进行及时的总结反馈。

练习与思考

一、选择题

1. 营业推广策划的特点表达正确的是（　　）。
A. 通常是做长期考虑　　B. 通常是做短期考虑
C. 注重行动　　D. 注重理论

2. 以下哪些是针对销售人员的促销目标（　　）。
A. 鼓励再次购买和批量购买　　B. 鼓励开拓新客户
C. 调动销售积极性　　D. 鼓励销售公司指定产品

3. 以下哪些是针对中间商的促销方式（　　）。
A. 交易折扣　　B. 提供贴补
C. 现场演示　　D. 职务提拔

4. 在产品生命周期的投入期，可以选用（　　）营业推广工具。
A. 培训　　B. 新产品发布会
C. POP广告　　D. 价格折扣

5. 产品生命周期的成长期使用营业推广手段的主要目的是（　　）。
A. 鼓励重复购买
B. 吸引潜在消费者
C. 形成品牌偏好

D. 增进中间商的信任
6. 产品生命周期的成熟期使用营业推广手段的主要目的是（　　）。
A. 刺激大量购买
B. 抗衡竞争品牌
C. 提升销售量
D. 保持原有的市场占有率等
7. 确定营业推广活动的时间一般包括（　　）。
A. 确定举行活动的时机
B. 确定活动持续的时间
C. 确定举办活动的频率
D. 确定举办活动的次数

二、判断题

1. 营业推广策划，是指在企业营销战略指导下，制定阶段性的营业推广的活动方案。营业推广策划通常由消费者主导。（　　）
2. 营业推广策划见效快，销售效果立竿见影，可频繁使用。（　　）
3. 刺激消费者大量购买是产品生命周期成长期的推广目标。（　　）
4. 针对消费者推广的方式一定不能针对中间商展开。（　　）
5. 对消费者的营业推广方案可采用征询意见法和对比实验法进行检验。（　　）
6. 营业推广的诱因量是指活动期间运用某种营业推广工具提供给消费者的利益大小。（　　）
7. 在营业推广活动的实施过程中，要对实施过程进行适时的监控，保证活动严格按照策划方案执行，并根据具体情况对方案进行及时的调整和补充。（　　）
8. 针对消费者的营业推广方式形式多样，赠送样品、价格折扣、赠送代价券、抽奖等都是常用形式。（　　）

三、分析题

1. 简述营业推广策划的流程。
2. 针对不同对象的营业推广工具如何选择？
3. 营业推广活动实施前，要做哪些准备工作？

实战训练项目：植观氨基酸洗护产品双十一促销策划案

一、项目名称

植观氨基酸洗护产品双十一促销策划案

二、项目目标

通过制定双十一促销方案，掌握营业推广策划的基本流程。明确推广目标，熟悉进货铺货过程，进行合理的经费预算，以实现理想的促销效果。

三、项目需求说明

植观是国内新兴个人护理品牌，2015年创立于花城广州，主营绿色、健康、环保的植物氨基酸洗护发产品，目前在天猫、京东拥有自营旗舰店，在广州丽影广场有线下体验店。

四、项目实训步骤

1. 教师进行项目说明，对项目组织实施的全过程进行讲解。
2. 3～5人组成策划小组，以策划小组为单位讨论项目策划。
3. 策划小组进行校外调研。
4. 教师引导各策划小组，按照所学的促销知识和技能，进行项目策划。
5. 选出1～2组对策划方案在全班进行通报，老师进行点评。
6. 各策划小组进行方案修改。
7. 按照策划方案，有条件情况下，可组织各小组进行真实的产品销售，并统计销量上报。
8. 策划小组对策划活动结果进行通报，教师对整体活动情况进行整体评价。

五、项目实训要求

完成项目策划书，有条件的情况下组织学习进行真实的产品销售。

六、项目考核方式

本项目以营业推广活动的促销结果作为主要的考核指标，具体如下。

评分等级	营业推广目标准确		营业推广工具多样化		营业推广工具选择适当		活动实施过程组织得当		活动现场沟通效果		销售业绩		小计	参赛队得分
	10分		10分		20分		20分		20分		20分			
优秀	10	9	10	9	20	18	20	18	20	18	20	18		
较好	8	7	8	7	16	14	16	14	16	14	16	14		
一般	6	5	6	5	12	10	12	10	12	10	12	10		
较差	4	3	4	3	8	6	8	6	8	6	8	6		

具体评分细则如下：

测评要求	推广目标	营业推广工具	工具选择适当	组织实施	沟通效果	销售业绩
权重分数	10	10	20	20	20	20
评分要点	营业推广目标明确	能恰当运用3种以上的营业推广工具	根据产品性质、产品生命周期、销售淡旺季能正确选择	现场有序，小组成员有明确的分工，任务职责清晰	专业技巧运用，并以销售额的排名考虑沟通效果	销售业绩指标

【练习与思考】参考答案

一、选择题

1. BC 2. BCD 3. AB 4. AC
5. ABCD 6. ABCD 7. ABC

二、判断题

1. × 2. × 3. × 4. ×
5. √ 6. √ 7. √ 8. √

三、分析题

略。

项目九 创业策划

知识目标

1. 认知创业思维。
2. 掌握创业策划的基本流程。
3. 认识企业创建的主要经营形式。
4. 掌握编写创业策划书的基本方法。

技能目标

1. 能够进行有效的市场调研。
2. 能够在内外环境分析的基础上寻找创业机会。
3. 能够编写创业策划书。

策划方案示例

D&C 正装创业策划书
（框架）

一、项目概况

D&C 致力于开发中档路线的正装品牌，主要针对大学生、兼顾年轻白领市场消费人群。D&C 品牌正装趋向于年轻、时尚、职业化。贴近当今以大学生为主体的年轻消费群体，提供既能符合年轻消费群体的时尚意识，又能帮助他们在事业上更加有自信的职业化服装产品。

正装品牌 D&C 短期内希望能够在广州正装市场立足并且在广州市内高校具有一定的知名度，待发展相对成熟后进军华南地区，乃至全国大学生正装市场。

D&C 品牌具有优秀的优势互补的品牌管理和销售促进团队。D&C 品牌前期从品牌创建和市场开拓入手，产品设计和生产采取外包的经营模式，其经营模式的设计对资金需求较少，初创期所需要投入的资金由创办团队内部筹集。

二、正装行业分析

目前，我国服装行业基本已经进入了成熟期，服装市场细分度越来越高，正装作为人们在公务、庆典等活动中的着装，已经成为一个相对成熟的服装细分市场，来自国内外的华伦天奴、金利来、雅戈尔、报喜鸟、杉杉、G2000 等中高档品牌已在市场具有一定的占有率和知名度。

我国中高档正装市场处于严重的供大于求的买方市场，大量的库存、积压使许多正装生产企业销售成本增加，价格较高，适应不了日趋增长的新的市场需求。

许多中低档正装生产企业进入正装市场，对原本不太大的市场总量进行分流，正装品牌众多，中国正装十大主导品牌综合市场占有率在10%以下。同时，正装新时尚、新潮流趋势，使我国整个正装市场的细分更加具体，这一现象将随着竞争的加剧与消费的多元比更加明显。

三、青年正装需求分析

（一）青年正装市场发展动态

虽然中高档正装市场竞争异常激烈，但这些品牌定位大都以中年人为主要的市场对象，不仅价格偏贵，而且款式趋于端庄保守，适合年轻消费者的价格适度、质量尚可、符合年轻人的身材和时尚要求的正装品牌却处于"军阀混战"的状态，没有明显的优势品牌，且由于人群需求相对集中，导致渠道供求的错位。

（二）大学生正装需求分析

根据豆丁网对大学生正装品牌需求的调研可以看出，如今大学生参与或出席相关活动的需求快速增长是有目共睹的。大学生校内活动比较多，对于毕业季来说，大学生对于正装的需求可谓是空前。

求职面试、参加正式答辩或比赛（如假期实践项目、日常项目、挑战杯等）、学生工作（社团活动、讲座）、出席学校大型活动（如新生之星、十大歌手等）、参加相关面试（如求职或实习面试、交流项目面试等）等方面都需要用到正装。

（三）大学生正装市场规模及需求特点

现在我国在校大学生规模将近4000万，可见大学生市场是个不可错失的庞大市场。

年轻的白领由于刚刚开始工作，收入和消费能力难以购买高档正装。同时由于高档正装往往定位在中年消费者，从规格到款式都难以满足这部分消费者的需要。新一代年轻人对于着装的需求与品位已不再是以前那么传统，他们更注重于美观与时尚，在这部分消费群体中，有30%的受访者最看重正装的价格，25%和28%的消费者最看重款式和质量，而只有11%的人比较看重品牌。可知，大多数消费者看重的是价格、款式、质量，而少部分人看重的是追求名牌。也就是说，大学生首先是考虑价格是否在他们能接受的范围内。

四、企业战略

（一）总体目标

致力于大学生正装行业品牌发展，通过不断的技术创新、产品创新和营销创新，获取市场竞争优势，成为珠三角地区高校正装品牌第一家。

（二）阶段目标

短期目标（1～2年）

与广州地区制造服装行业企业合作，使D&C品牌创建公司并进入正常运营。

中期目标（3～5年）

在抓好短期目标的经营基础上，促进D&C品牌发展，获得广州地区大学生市场的认可，初步形成规模效益，进一步进军华南市场。

长期目标（5～10 年）

运营稳定后，D&C 品牌逐步进军华南乃至全国市场，开拓全国大学生正装市场，建立 D&C 品牌自主设计服装，自己独立的生产线。

五、营销战略

（一）市场细分

正装市场是服装市场的一个细分市场，以大学生和年轻白领为主体的青年正装市场又是正装市场中的重要分市场。

大多数在校的大学生在正装购买上呈现巨大的消费潜力，市场前景看好。

由于在校大学生消费力较低，对正装的价格敏感度较高，在款式上追求青春和时尚，而专门针对大学生销售的正装在市面上比较少，还没有形成优势品牌。

（二）D&C 目标市场

D&C 品牌的目标市场为 18～25 岁的年轻大学生群体、兼顾有需求的年轻消费群体。

D&C 品牌就是针对大学生群体及有需求年轻消费群体而产生的品牌。目前国内正装品牌所包含的范围很广，正装的使用常常给人一种公司白领等上班一族才会穿着得比较多。殊不知，其实当今大学生在校内活动或者各种面试求职的时间中也需要正装。

在这个年龄段的大学生群体具有一定的消费经济基础，青春靓丽，热衷于追求时尚，懂得如何装扮自己。有个性，有自信，希望塑造自己独特的魅力，肯在外形塑造上下本钱，具有极大的市场潜力。

（三）D&C 市场定位

"青春"一直以来都是年轻人的代名词，一套合适的能够凸显出青春气息的正装恰恰能够帮助年轻消费群体向成功更迈进一步。目前，我国正装市场正处于一个瓶颈期，高价格的高档正装处于供大于求的买方市场，竞争惨烈；低价格的劣质正装则没太多人问津。

具有一定品质的且能洋溢青春气息的中档正装市场需求远远得不到满足。现有品牌都还没有在市场上形成较明显的影响力和竞争优势，所以说正装品牌 D&C 的开发与推广在正装市场上将有巨大的发展空间，且容易形成一定的竞争力。

原创正装品牌 D&C，由英文 dream 和 confidence 开头字母缩写而来，代表着梦想和自信，正彰显着 D&C 品牌针对的大学生消费群体是有梦想有自信的，满足高校学生年轻人群更为广泛的"时尚、自信、有梦想"需求。

D&C 品牌专供大学生所需要的正装、衬衫、领带和丝巾等。D&C 品牌为每一位消费者提供全面、多元化的搭配选择，以及专业的搭配建议。

六、营销策略

（一）产品策略

主营男女正装、正装外套、衬衫、正装长裤、正装短裙，副营与正装相搭配的领带、丝巾、首饰、鞋类。

选择合作生产商，会偏向选择一些能够生产出质量、款式有保证的小型服装生产商和新生公司进行合作。

提倡大学生能够选择真正合适自己、具有自己独特风格的正装。

（二）价格策略

真正做到面向大学生消费者群体的消费能力，为大学生消费者带来高性价比的产品。价格中档偏低价位。

采用尾数定价、数量折扣、季节折扣等定价策略。

（三）渠道策略

1. 校内推广。

（1）D&C品牌在成立初期，提供部分兼职的机会给大学生，运用大学生在校内的人际关系，帮助D&C品牌在校内宣传推广。

（2）D&C品牌会主动进驻校园的相关社团，主动联络校内社团，为社团的人员免费提供试穿的体验，让社团里面的相关人员感受到，D&C品牌为大学生服务的宗旨，借助校园内的社团帮助D&C品牌在校园内的宣传推广。

（3）毕业季校企合作：每年的6月左右，全国各地高校都会迎来每年一度的毕业潮，即将有一大批学生从学校毕业走进社会发展，继续去丰富自己的人生。D&C正装品牌正可以抓住这一时机主动与学校合作，为校内大学生提供正装租借或者销售，既可以使D&C品牌在学校中获得较好的知名度，同时可以提高该季度D&C品牌的销售业绩。

2. 线上销售。

（1）D&C品牌天猫商城的官方旗舰店。

（2）"D&C品牌微营销。

D&C品牌将会与顺丰快递广州公司签订物流合同，与顺丰物流这个网民普遍好评的物流公司进行长期合作。

3. 实体店销售。

大学生集聚区建立实体店

广州市内拥有近百所高校，包括本科和专科。在校大学生人数已经超过100万人，D&C品牌将会选址在学校相对集中的地方作为D&C品牌实体店的选址。

（四）促销策略

1. 校内宣传。

礼堂、报告厅、学校食堂和篮球场这两处地方具有人多、流量大的特点，是做推广活动的最佳场所。适合各种路演活动、派发和促销活动的举办。

2. 校内代言。

创建D&C品牌正装高校代言人，举行D&C品牌之星选举活动。先在D&C品牌实体店选址附近的高校实行，每所高校都选取2位在校大学生作为D&C品牌的代言人，男女各一名。然后在微博、微信、贴吧、社区、QQ群进行病毒营销的宣传。务求选出来的2位大学生能够彰显大学生青春、时尚、有自信、有梦想的

D&C 品牌理念。

3. 公益活动。

D&C 品牌与各高校学生团体联合举办题为"D&C 伴你走好每一步"的专题评选活动，选出 D&C 品牌之星，为大学毕业生讲述如何面试，应该如何注意个人形象、礼仪常识，应该怎样选职业装等学生所关注的问题。在活动过程中，主持人现场拿着"D&C 品牌正装"对参加活动的大学生观众进行正装的质量等方面的展示。通过这种公益性活动走进学生市场，无形中起到宣传和销售的作用。

活动前期宣传造势：以网络、横幅、海报、DM 单、人员等为主要宣传方式。

经过这个选举的活动，在各高校大学生心目中，初步建立 D&C 品牌正装的知名度与好感度。

4. 定期活动。

（1）激情四月，4 重惊喜无与伦比：（派发宣传单张）。

一重惊喜：D&C 品牌高性价比，现场还有更多优惠。

"职场经典"套装（西裤或短裙＋外套＋领带或丝巾）：七折大优惠。

"时尚先生"套装（衬衣＋西裤＋领带或丝巾）：八折优惠。

"优雅骑士"套装（衬衣＋西裤）：八八折优惠。

二重惊喜：感恩回馈学生，凭学生证在现有优惠价再次享受九折。

三重惊喜：量版有礼，超值回报。（数量有限，送完为止）。

一次性购物满 500 元，送领带或丝巾一条。

一次性购物满 200 元，送精美 D&C 品牌纪念礼品一份。

四重惊喜：本次活动宣传单抵 10 元现金。（每件产品限用一张）。

（2）网店优惠活动。

D&C 品牌会在天猫等知名度较高的电子商务平台上开设网店，进行网上销售，适逢每月特殊的日子，例如"双十一""双十二"等，网店将会进行一系列的优惠活动，例如优惠拍拍，买家通过抢拍的方式，以相对较低的方式从网上拍到 D&C 品牌推出的产品。

5. "软文"。

D&C 品牌作为大学生创业项目，同时也是针对大学生而产生的正装品牌。从利用国家政策新闻入手，跟踪热点事件，利用"软文"、动态等文字、视频在贴吧、微博、微信等社交的网络进行软性的宣传推广。

6. 微营销。

编辑 D&C 品牌最新活动相关信息进行群发，再由校内代言的学生进行相互之间的转发，朋友圈的发送。

七、财务分析

财务分析包括融资方式、资金使用、责任与利益分配等，此处略。

八、风险分析

(一) 风险预测

(1) 供给风险：生产技术上的差异导致了质量的不统一，形成生产商与D&C品牌之间的供给风险。

(2) 市场风险：在如今服装市场高度发达的前提下，D&C大学生品牌正装需要突围而出可谓是困难重重，若有不慎，将会被市场所淹没。

(3) 人员风险：D&C品牌的工作人员需要一定时间的磨合、D&C品牌在成立之初很难给员工提供太多的收益机会，可能会导致人才流失。

(4) 资金风险：创业初期资金较少，支出大，市场销售跟不上，后续投资不能进入，会导致资金链的断裂。

(二) 风险应对

(1) 应对供给风险：前期找准生产商，与生产商签订详细合同，保证产品质量。后期自行设计生产，需要技术开发能力、生产能力和大量资金投入跟上。

(2) 应对市场风险：首先，D&C品牌抓紧自己的市场目标，紧紧盯住大学生市场，把D&C品牌在大学生校园内很好地推广出去。其次，D&C品牌要实行量产的计划来应对大学生正装销售的旺季和淡季，旺季时，可以多加订单生产，淡季时则要相应减少订单给生产商。加强主动去挖掘大学生群体内的潜在客户，及时更新D&C品牌的新品，加强联系兼职的大学生。

每个季度做一次大学生群体的调查，对大学生群体消费的方式有深刻的了解和认识，紧跟大学生的潮流，做好营销策略，对D&C品牌中出现的问题及时进行改正，并制定相关营销策略。

(3) 应对人员风险：培养出属于自己的团队，积极对有能力的员工进行提升和褒奖。

(4) 应对资金风险：多渠道吸纳投资，在市场上寻找有意向投资D&C品牌的合作伙伴，并希望投资方能了解到大学生正装市场的美好前景，加大对D&C品牌的投资资金，使D&C品牌能够正常的运营并且资金周转。

九、管理体系与企业文化

(一) 管理体系

公司初期主要设立行政管理部、产品开发部和市场推广部。

行政管理部主要负责行政、财务、人力资源、协调等工作。

产品开发部主要负责产品的设计、生产环节等工作。

市场推广部主要负责市场调研、产品推广、产品销售等工作。

(二) 企业文化

D&C服饰有限公司致力于打造D&C正装品牌，而通过一系列的市场调查，发现大学生正装市场庞大，并且还处于开发期，产品主要针对庞大的大学生市场进行正装服饰的销售，兼顾年轻白领市场，力争打造出一个能给予大学生自信，引领他们步步迈进梦想之路的正装品牌。

> 企业用人标准主要有三大要求"有自信,有胆量,有梦想"。
>
> 企业形象:在 D&C 的品牌中,"D"代表"dream","C"代表"confident",也就是梦想和自信,是企业文化和品牌的核心理念。
>
> (改编自广州城市职业学院学生创新创业竞赛作品。)
>
> 此方案为学生创新创业策划项目,尽管不是很成熟,但方案体系完整,市场分析简洁明了,市场定位和营销策略适合大学生市场,对经营风险的预测与应对、企业管理体系和文化建设都有考虑。D&C 致力于开发中档路线的正装品牌,主要针对大学生、兼顾年轻白领市场消费人群。品牌定位趋向于年轻、时尚、职业化,贴近当今以大学生为主体的年轻消费群体。在 D&C 的品牌中,"D"代表"dream","C"代表"confident",也就是梦想和自信,是企业文化和品牌的核心理念。

一、创业基本认知

(一) 创业

总体而言,创业有广义和狭义的区分。广义的创业是指人类的创举活动,或指带有开拓、创新并有积极意义的社会活动。狭义的创业,就是创办企业,是个人或团体在一定的社会环境下,在洞悉市场现状需求的基础上,开创性地寻求与把握商业机会,创建和发展一个或多个企业,筹集、配置各种资源,并由此创造出新颖的产品、服务或实现其潜在价值的艰辛过程。

创业是一个人发现了一个商机并加以实际行动转化为具体的社会形态,获得利益,实现价值。

(二) 创业的特征

1. 创新性

创业从本质上讲,是创业者主动进行的一种创新活动。在创业者的创业过程中,从创业意识的培养、创业环境的分析、创业项目的甄别、创业计划的制定、创业模式的选择和创业实施及管理等,到最终企业产品和服务的提供,无不体现着创业者的创新的烙印。所以,创业是一种自主创新能力的挖掘和培养。

2. 创造性

创业是创业者的实践创造,也是对现有社会资源、自然资源重新组合利用的方式和途径,是现代经济发展的动力,是社会经济发展中效益最高、最具创新意义、最为活跃的价值创造活动。

3. 机会性

创业的机会导向特征决定了创业活动必须突出速度,并做到超前行动。机会具有时效性，寻找和把握创业机会非常重要。

4. **风险性**

创业企业面临着不确定性的市场机会，面对可能会失败的投资，因此人们一般认为创业是一种高风险行为，创业过程必将经过艰辛和磨难。创业者需要具有首创、冒险和积极进取的精神。

案例 9-1　　　　　　　　　　　褚橙：一颗励志橙

褚橙，产自云南，是冰糖肌橙的一种，以鲜爽甘甜、可口诱人著称。因有昔日烟王红塔集团原董事长褚时健种植而得名。褚时健，红塔集团原董事长，曾经是有名的中国烟草大王，他领导云南红塔集团17年，创造利润近千亿元，并打造了一个无形资产价值400多亿元的红塔山品牌。在人生的巅峰之际，却因贪污受贿被判刑。2002年保外就医后，75岁的褚时健与妻子承办了2400亩荒山种植褚橙，耕耘10载，2012年11月，褚时健种植的褚澄通过电商开始销售，这时他已85岁。

（作者根据网络资料整理改编。）

二、寻找创业机会

(一) 分析创业环境

任何创业活动都是在一定的环境下进行的。创业环境实际上就是人们创业的内外部条件。

外部环境是创业组织外部的各种创业条件的综合，一个国家或地区的市场开发程度、政府政策、生产效率、融资市场、经济发展水平、劳动力环境、法律制度是否健全等形成外部宏观环境，分为政治法律和政策环境、经济环境、社会文化环境、科技环境、人口及教育环境等几大部分。行业发展状况、行业技术、行业竞争状况和主要竞争对手的状况、消费者的需求情况等构成外部的中观和微观环境。

内部环境是指创业组织内部各种创业要素和资源的综合，如人员、资金、设施、技术、产品、生产、管理、运行机制等，是企业创业的根基。

在环境调查的基础上，有针对性地进行 SWOT 分析，将自身优势和外部机遇有机结合，加以科学的管理与运营，才能创业成功。

环境分析部分详见项目三。

> **案例 9-2**
>
> **创业机会从何而来：发现，构建还是发现 + 构建？**
>
> 1. 创业机会的多路径：发现、构建以及发现 + 构建。
>
> 在以中国为代表的新兴经济体制中，创业机会的产生的来源可以是多路径的。创业机会是可以发现 + 构建二者兼而有之的，创业机会的发现 + 构建要说明的是机会发现与创造是可以兼容的。在创业实践中，传统的创业者通常是利润搜寻，进行精细的成本 – 收益分析后再进行创业。他们仅仅需要从商的智慧和对抗市场的风险。成功的机会构建则需要创业者调动资源、解除环境中的束缚条件以对他们的利益有利。
>
> 2. 机会构建与制度创新引领大众创业。
>
> 经历了 20 世纪 80 年代改革开放初期"个体户"式的创业热潮、20 世纪 90 年代末到现在基于互联网的创业热潮后，中国政府与民间已经逐步达成共识，就是成功创业是中国社会进步与中国经济未来发展的关键。中国前期的创业推动经济发展的经历，也使中国政府与民间更清楚地认识到创业不必一定是制度变革的产物，创业可以先行。
>
> 过往的普遍理解中，创业精神在制造机会多样性、驱动市场过程中体现了个体的力量，认为"创业者是擅长于对稀缺资源的协调利用做出明智决断的人"，稀缺的资源掌握在垄断者手中，从这个角度理解，发现机会进行创业是精英的事

情。但是与此相反的观点，认为企业家精神是所有人类行为的一个方面，而并不仅仅是生意人或冒险商人的特殊技能，所有人都可以是创业者。浙江义乌等地的成功创业也证明，创业的力量在民间。大众创业正是在这种背景下应运而生。李克强总理在 2014 夏季达沃斯论坛上提出：要破除一切束缚发展的体制机制障碍，让每个有创业意愿的人都有自主创业空间，让创新创造的血液在中国全社会自由流动，让自主发展精神蔚然成风。

在当下的中国，"互联网+"、大数据下的精英创业者发挥其能动性，突破非结构化与混沌。创业机会不再是传统意义上为创业行为预设的创业前提，而是通过方法论的个体主义的创业者与其他的行为人一起通过社会构建而达到的社会产出。而这些被构建出的创业机会将影响整个行业的价值链甚至整合多个行业价值链，创造出大量的新的创业和就业机会，形成"大众创业"的整体主义浪潮，其所影响的创业绩效也将是社会层面的，发掘出更多的潜在民间的创业力量，势必将推动我国经济的发展，并进一步倒逼政府解除种种体制上的束缚，释放改革红利。如此使之更符合目前的大众创业的趋势，使创业与体制之间的关系经过相互调适后得到更好的匹配，发挥大众创业真正的主体能动性。

（摘自斯晓夫等《创业机会从何而来：发现，构建还是发现+构建？》，载《管理世界》2016 年第 3 期。）

（二）做好市场调研

1. 分析创业环境从市场调研开始

分析创业环境从市场调研开始。从市场中来，到市场中去，企业必须能够感受市场的动向，并密切关注竞争对手的动向。

市场调研是以市场为对象，运用科学的方法和手段，系统地、有目的地收集、分析、研究与市场有关的各种信息，提出分析的结论和建议，以此作为分析市场和制定营销决策重要依据。

2. 市场调研的方法

直接调研：调查者与被调查者直接接触，调研对象来自企业员工、竞争对手、顾客、消费者等。

间接调研：是指对二手资料的收集、整理、提炼、分析，包括图书、文件、统计公报、互联网等。

直接调研的常用方法询问法（面谈、邮寄、电话询问）、观察法（观察并记录）、实验法（设计实验环境）。

3. 直接调研的抽样方法

由于调研对象和调研成本的限制，大部分的直接调研都是抽样进行的。

常用的抽样方法有：

（1）简单随机抽样：抽签法等。

(2) 等距抽样：先排序，再按相等间隔抽样。
(3) 分层抽样：先分类（层），再在各层中抽样。
(4) 整群抽样：先分群，再以群为单位抽样。
(5) 典型、重点抽样（判断抽样）。

> **案例 9-3**
>
> **实验法案例：葡萄酒销量和音乐的关系**
>
> 英国研究人员曾做一个实验，探讨葡萄酒销量和音乐的关系。
>
>
>
> 研究人员在出售葡萄酒的商店安放了播放音乐的装置，在商店轮流播放法国音乐和德国音乐，货架上放着酒的价格和干度大致相仿的法国和德国葡萄酒。在一定的实验周期，播放法国音乐时，能卖出40瓶法国葡萄酒、8瓶德国葡萄酒。当播放德国音乐的时候，卖出22瓶德国葡萄酒、12瓶法国葡萄酒。在随后的调查中，44名购买者中只有6个人认为自己是听到了某种音乐，从而选择了相关联的葡萄酒。
>
> （摘自郭海峰《哈佛商学院必修课：经济·管理》，电子工业出版社2014年版。）

4. 网络调研

网络调研就是利用互联网了解顾客需要、市场机会、竞争对手信息、行业潮流、分销渠道以及战略合作伙伴等方面的情况。互联网是实现这些目标的良好资源。网络调查法包括专题讨论法、问卷调查法、实验法和网上观察法。

（1）专题讨论法：借助新闻组、邮件列表讨论组和网上论坛、QQ、微信群、网络会议等形式进行。

（2）问卷调查法：可以使用电子邮件分送和在网站上刊登等形式。常见的网络调查平台有第一调查网、问卷星调查网。

（3）实验法：选择多个可比的主题组，分别赋予不同的实验方案，控制外部变量，并检查所观察到的差异是否具有统计上的显著性。这种方法与传统的市场调查方法所采用的原理是一致的,只是手段和内容有差别。

(4) 网上观察法:对网站的访问情况和居民的网上行为进行观察和检测,大量网站都有在做这种网上监测。

(三) 创业机会的来源

每一个企业都想成为市场中的黑马,而关键在于企业是否有一双火眼金睛,是否能找到那个空白点。市场充满机遇,不管是区域空白点还是消费者空白点都有待挖掘。当一个企业能够抢先进入一个市场空白点时,往往就能够获得巨大的成功。

1. 需求

寻找创业机会的一个重要途径是发现和体会自己和他人在需求方面的问题,及没有满足的需求。

2. 变化

创业的机会大都产生于不断变化的市场环境。环境变化了,市场需求、市场结构必然发生变化。如居民收入提高了,私人轿车的购买量将不断增加,派生出企业销售、修理、配件、清洁、装潢、二手车等诸多创业机会。

3. 技术创新

创造发明、新知识、新技术的出现将改变传统的产品、生产工艺、商业模式等,必将带来新的创业机会。

4. 竞争

弥补竞争对手的缺陷和不足,将会成为新的创业机会。20世纪60年代,日本丰田公司针对美国汽车市场的特点,凭借外形小巧、经济实惠、舒适平稳、节能省油的汽车敲开美国汽车市场的大门。

5. 政策机会

由于政府政策给创业者带来的商业机会,经济政策的变化、经济体制的变化、经济结构的调整、税收政策变化等,都可能给创业者带来商机。

案例 9-4　　　　　　农村旅游创业:农家乐

近20年来,农家乐一直是乡村旅游发展的主要形态。一方面,农家乐作为乡村旅游的一种业态形式,使都市居民得到所需的休闲旅游场所的同时体验到与大自然和谐相处的乐趣;另一方面,创业者,主要是当地农民,通过创办和经营农家乐增加了家庭收入,提高了农业生产的效益,创造了第三产业的当地就业机会。因此,农家乐的大量涌现促进了农村经济发展,加快了农村产业结构优化,而且对新农村建设起到了积极作用。

(作者根据网络资料整理改编。)

（四）创业机会的评估

对于市场机会，企业要进行评估，评估的核心内容，一是是否有得做，及时思考目标市场是否存在，有多大规模；二是是否做得来，也就是说这个市场机会是否适合企业去做。

三、创业的经营形式

（一）个人独资企业

由单个人出资、独立经营并承担法律责任的企业。这种企业在法律上称为自然人企业，通常规模较小。大部分中小企业在创业初期，都喜欢采用这种组织形式。

1. 独资企业设立的条件

（1）投资人为一个自然人。
（2）有合法的企业名称。
（3）有投资人申报的出资。
（4）有固定的生产经营场所和必要的生产经营条件。
（5）有必要的从业人员。

2. 独资企业经营形式的优势

（1）创办手续简单，易于组建、经营和终止。
（2）筹办费用最低。
（3）所有税后利润都归自己所有。
（4）享受优惠税收待遇，企业主只交个人收入税。
（5）不必对外公开任何信息。
（6）没有专门的法规制约，行政干预少。
（7）可以随自己的意愿按照个人的方式经营企业，实现个人目标。

3. 独资企业经营形式的缺点

（1）业主对企业债务承担无限责任。
（2）个人资金有限，筹措资金的能力弱。
（3）个人能力有限。
（4）企业与所有者是统一体，企业的存在取决于业主本人。

> **案例 9-5** 淘宝帮助千千万万创业者实现创业梦
>
> 淘宝网是目前亚太地区最大的网络零售商圈,由阿里巴巴集团在2003年5月10日投资创立。淘宝现在的业务横跨C2C、B2C,即个人对个人、商家对个人两大部分。
>
> 数百万想赚钱的个人,甚至连他们自己都不曾想过可以有一个商店做生意。
>
> (作者根据网络资料整理改编。)

(二)合伙企业

合伙企业是指依法设立的由各合伙人订立合伙协议,共同出资、合伙经营、共享收益、共担风险,并对合伙企业债务承担无限连带责任的营利性组织。

1. 合伙企业设立的条件

(1) 有两个以上合伙人,并且都依法承担无限责任。
(2) 有书面合伙协议。
(3) 有各合伙人实际缴付的出资。
(4) 有合伙企业的名称。
(5) 有经营场所和从事合伙经营的必要条件。

2. 合伙经营的优点

(1) 可以获得较高的启动资本。
(2) 合伙人之间可以互相增强信心,并能够分担责任。
(3) 合伙人之间形成技能互补。
(4) 合伙人对企业盈亏负完全责任,有助于提高企业信誉。

3. 合伙经营的主要缺点

(1) 可能发生合伙人之间的个人冲突。
(2) 合伙制企业是根据合伙人间的契约建立的,每当一位原有的合伙人离开或者接纳一位新的合伙人,都必须重新确立一种新的合伙关系,从而造成法律上的复杂性。
(3) 由于所有合伙人都有权代表企业从事经营活动,重大决策都需要得到所有合伙人同意,因而很容易造成决策的延误。
(4) 除非另有约定,只要任一合伙人去世或破产,合伙关系自动解除。

> **知识共享 9-1**
>
> **有限责任合伙**
>
> 在 2006 年 8 月 27 日第十届全国人民代表大会常务委员会第二十三次会议修订的最新《中华人民共和国合伙企业法》中，特别新增了"有限责任合伙"，这是根据现实需要做出的法条更新。
>
> 所谓有限责任合伙，在合伙企业法里称为特殊的普通合伙企业。这是 20 世纪 90 年代以后，国际上出现的一种新的责任形式。它主要适用于专业服务机构，比较典型的就是注册会计师事务所、律师事务所等。
>
> 有限责任合伙解决的一个主要问题，就是在这些专业人员执业当中，如果某个或者几个合伙人，因为故意或重大过失给合伙企业造成债务时，这些责任人要承担无限连带责任，而其他没有责任的合伙人，仅以在合伙企业中的出资为限来承担责任。这样有助于这些采取合伙制的专业服务机构不断地扩大规模。这也是我国加入世贸组织后，为适应国际经济形式，从专业服务机构的发展需要上考虑而采取的一个重要举措。

（三）公司制企业

公司制企业是指按照法律规定，由法定人数以上的投资者（或股东）资建立、自主经营、自负盈亏、具有法人资格的经济组织。

我国目前的公司制企业有有限责任公司和股份有限公司两种形式。当企业采用公司制的组织形式时，所有权主体和经营权主体发生分离，所有者只参与和做出有关所有者权益或资本权益变动的理财决策，而日常的生产经营活动和理财活动由经营者进行决策。

1. 公司制企业的特点

（1）公司是法人企业，而独资企业和合伙企业是自然人企业。

（2）公司的财产属于公司所有，不是股东个人所有。

（3）公司的经营业务由公司自己的组织机构执行，与股东本人没有直接关系。

（4）公司是法人，在法律上具有独立的人格，有权以自己的名义从事经营活动并参与其他有关的民事活动。

2. 有限责任公司设立的条件

根据《中华人民共和国公司法》（以下简称《公司法》）规定，设立有限责任公司，应当具备下列五个条件：

（1）股东符合法定人数。通常情况下，法定股东数须是 50 人以下。特殊情况下，国家授权投资的机构或国家授权的部门可以单独设立国有独资的有限责任公司。

（2）股东出资达到法定资本最低限额。

法定资本是指公司向公司登记机关登记时，实缴的出资额，即经法定程序确认的资本。在中国，法定资本又称为注册资本，既是公司成为法人的基本特征之一，又是企业承担亏损风险的资本担保，同时也是股东权益划分的标准。

有限责任公司的注册资本为在公司登记机关登记的全体股东认缴的出资额。公司全体股东的首次出资额不得低于注册资本的20%，也不得低于法定的注册资本最低限额，其余部分由股东自公司成立之日起两年内缴足；其中，投资公司可以在5年内缴足。有限责任公司注册资本的最低限额为人民币3万元。法律、行政法规对有限责任公司注册资本的最低限额有较高规定的，从其规定。

股东可以用货币出资，也可以用实物、知识产权、土地使用权等可以用货币估价并可以依法转让的非货币财产作价出资；但是，法律、行政法规规定不得作为出资的财产除外。对作为出资的非货币财产应当评估作价，核实财产，不得高估或者低估作价。法律、行政法规对评估作价有规定的，从其规定。

全体股东的货币出资金额不得低于有限责任公司注册资本的30%。

（3）股东共同制定章程。公司章程是关于公司组织及其活动的基本规章。制定公司章程既是公司内部管理的需要，也是便于外界监督管理和交往的需要。根据《公司法》的规定，公司章程应当载明的事项有：公司名称和住所、公司经营范围、公司注册资本、股东姓名或名称、股东的权利和义务、股东的出资方式和出资额、股东转让出资的条件、公司的机构及其产生办法和职权及议事的规则、公司的法定代表人、公司的解散事项与清算办法、其他事项。

（4）有公司名称，建立符合有限责任公司要求的组织机构。公司作为独立的企业法人，必须有自己的名称。公司设立名称时还必须符合法律、法规的规定。有限责任公司的组织机构是指股东会、董事会或执行董事、监事会或监事。

（5）有固定的生产经营场所和必要的生产经营条件。生产经营场所可以是公司的住所，也可以是其他经营地。生产经营条件是指与公司经营范围相适应的条件。

3. 股份有限公司设立的条件

根据《公司法》的规定，设立股份有限公司，应当具备以下六个条件：

（1）发起人符合法定人数。设立股份有限公司必须要有发起人，发起人既可以是自然人，也可以是法人。发起人应当在2人以上200人以下，其中须有过半数的发起人在中国境内有住所。国有企业改建为股份有限公司的，应当采取募集设立方式。

（2）发起人认缴和社会公开募集的股本达到法定资本的最低限额。

中国《公司法》明确规定：股份有限公司的注册资本应为在公司登记机关登记的实收股本。股本总额为公司股票面值与股份总数的乘积。同时还规定，公司注册资本的最低限额为人民币500万元，最低限额需要高于人民币500万元的，由法律、行政法规另行规定。

在发起设立的情况下，发起人应认购公司发行的全部股份；在募集设立的情况下，发起人认购的股份不得少于公司股份数的35%。

（3）股份发行、筹办事项符合法律规定。

（4）发起人制定公司章程，并经创立大会通过。

（5）有公司名称，建立符合股份有限公司要求的组织机构。股份有限公司的组织机构由股东大会、董事会、经理、监事会组成。

股东大会是最高权力机构,股东出席股东大会,所持每一股份有一表决权。董事会是公司股东会的执行机构,由 5~19 人组成。经理负责公司的日常经营管理工作。

(6) 有固定的生产经营场所和必要的生产经营条件。

4. 公司制企业的优点

(1) 股东的有限责任,企业的所有者或股票投资者以一定价格购买股权,这些投资是他们对企业承担的全部责任。

(2) 筹集资金便捷,可以通过发行股票和债券吸收大量的游资。

(3) 企业寿命可以延续很久,公司的生存与任何股东或高级职员的命运无关。

(4) 所有权转移相对比较方便。

(5) 所有者与经营者逐渐分离,公司的经营管理职能转由各种专业人员承担,可以更有效地管理企业。

5. 公司制企业的缺点

(1) 组建工作较复杂,开办费用高。

(2) 由于所有者与经营者分离,公司的经营业绩与管理人员的所得和前途没有直接关系,对管理人员的激励因素会逐渐削弱。

(3) 接受政府的监督管理,需逐年报告财务情况。

(4) 要向股东提供年度财务报告。

四、创业计划书

(一) 创业计划书的结构

创业计划书是创业者的书面计划,分析和描述创办一个新的企业所需要的各种因素,为创业团队理清思路,凝聚共识,论证商机,谋划战略,明确定位,并用以说服投资者,为创业项目筹集资金。如表 9-1 所示。

表 9-1 创业策划书的一般结构

构成	内容	作用
封面	创业计划书的名称、组织名称、核心人员、撰写时间、计划书适用时间等	计划书名片
摘要	创业计划书主要内容概述	计划书精髓
目录	创业计划书提纲	结构框架
前言	创业的背景、目的、方法、意义等的说明	背景与过程

续表 9-1

构成		内容	作用
正文	商机及产品介绍	顾客需求、市场规模、产品或服务定义、产品功能、技术含量、产品创新、顾客价值、竞争优势	展示商机及把握商机的载体
	环境分析	宏观环境、行业和市场环境、企业内部环境、竞争环境	适应创业环境
	综合分析	关键成功要素和 SWOT 综合分析	环境分析的结论
	企业战略	企业使命、发展战略、竞争战略、核心竞争力	企业发展整体方略
	营销战略	STP 战略、品牌策划、营销重点	营销的整体部署
	营销策略	产品策略、价格策略、渠道策略、促销策略	营销的具体策略
	生产运作	产品研发、原料供应、生产技术和流程、生产条件要求和现状	生产水平和能力
	经营管理	业务流程、组织结构、人力资源管理、创业团队展示	企业内部运行方式
	财务管理	经营业绩预测、财务报表及分析、融资（额度、对象、方式、回报、退出）、投资（资金使用、监管）	公司资金运作方式
	风险管理	风险预测、风险分析、风险防范	预测和防范风险
项目启动计划		人员安排、资金设备计划、时间计划、地点选择	创业启动安排
附件		数据资料、问卷样本及其他背景材料	提高可信度

（二）创业计划的关键

弄清创业计划的成功关键点，能提高创业成功率。如表 9-2 所示。

表 9-2 创业计划书成功的十大关键要素

序号	关键要素	体现点
1	能否点出令人眼睛一亮的商机或创意？	商机介绍及分析
2	能否清楚简明地界定提供的产品或服务？	产品或服务介绍
3	能否证明市场具有广泛性和持久性？	市场分析和预测
4	能够证明产品技术有足够的优势且已足够成熟？	技术分析和展示
5	能否证明生产运作切实可行？	生产运作管理
6	能否证明本团队执行本计划胜算足够大？	团队分析与营销策划
7	能否证明商业模式确实可行且不易被模仿？	核心竞争力分析和构建
8	能否证明财务运作具有可行性？	财务分析和管理
9	能否保证公司运作具有可持续性？	企业战略及经营管理
10	能否让投资者一目了然，迅速抓住重点？	计划书摘要和布局

案例 9-6　不生产耐克鞋的耐克公司

关于耐克公司，最有意思的一句形容语就是：耐克公司不生产一双耐克鞋。在美国，耐克公司总部的员工主要忙着做两件事：一是建立全球的营销网络，二是管理它遍布全球的公司。

众所周知，制造业是一个低利润的行业。耐克的领导明白，生产一双运动鞋的收益可能只有几美分，但凭借出色的设计和其全球的营销活动，耐克公司却能从一双鞋子上获得几十甚至上百美元的利润。于是，他们选择脱离传统的生产模式，不再投资建设工厂、招募工人、组织庞大而复杂的生产部门，而是将生产这一环节外包出去，实行"虚拟化生产"，牢牢把握微笑曲线的两端。耐克公司将设计图纸交给生产厂家，让他们严格按图纸样式进行生产，之后由耐克贴牌，并通过公司的营销网络将产品销售出去。外包的对象由开始的日本、西欧，到韩国、中国台湾，再到中国、印度尼西亚、越南等地，这些都是世界上劳动力十分低廉的地区。

业务外包的模式彻底将耐克从低端的生产线中解放出来，有更多的财力、物力、精力投入于营销与设计之中。这大大精简了企业繁重的机构部门，减少了成本，也让耐克在产品设计上一直走在潮流的前端。而且，当耐克将生产外包给其他国家的时候，也促进了当地的经济发展，增加了当地的就业，会得到许多优惠政策，特别是在发展中国家，消费潜力巨大，加上政府的优惠政策，使耐克很容易打入当地市场并形成品牌效应。与此同时，在当地生产和销售，也让耐克节省了大量的政府进口税。这种经营模式使耐克品牌的影响力很快蔓延至全球，成为运动品牌中的权威。

（改编自李桂芳《为什么耐克公司不生产耐克鞋？》，载《管理现代化》2003年第5期。）

知识共享 9-2　朋友圈点赞营销

点赞，想必使用过微信的朋友都做过，为朋友集点赞吧。这种集点赞便是商家利用微信平台来实现的一种新的促销宣传方式。微信集点赞营销是商家为了推销自己的商品，利用微信公共平台发布一则消息，一边介绍产品一边标注相应的点赞要求，即点赞多少获得什么样的奖品。看似非常简单的一种宣传方式，却为企业带来很好的宣传效果。

> 现代营销学之父菲利普·科特勒曾经说过:"营销不是找一个精明的方法处理掉你制造的产品,而是创造真正的客户价值的艺术。"他认为,营销人员的格言只有三个词:质量、服务和价值。

五、大学生创业模式

(一)大学生创业

大学生创业是一种以在校大学生和毕业大学生为创业主体的创业过程。随着我国开始转型以及社会就业压力不断加剧,创业逐渐成为在校大学生和毕业大学生的一种职业选择方式。大学生作为我国的年轻知识人群,有着较为丰富的知识储备和创造力。国家为了缓解大学生的就业压力,大力支持大学生进行自主创业,并给予了巨大的资金支持和思想鼓励。

大学生对未来充满了未知、充满了热情,大学生有的是血气方刚、年轻的血液,这些精神都是创业者必须具备的。另外,大学生接受了高等教育,拥有丰富的理论知识基础,并且也具备了技术优势。不可否认的是,大学生的成长速度比老一辈人成长的速度快,接受新事物也会更快,能够更快地掌握先进的技术。除此之外,大多数创业的大学生都拥有创业梦想,怀揣着梦想从而努力打拼,在实现梦想的道路上不断努力。但是,由于缺乏经验、缺乏资金、盲目自信,大学生在创业初期容易夭折,因此,大学生只有看到失败和成功的例子,才能够保持清醒,从而使自身的决策更加理智和睿智。除此之外,缺乏商业管理经验、急于求成,也是导致大学生创业初期夭折的主要原因。

(二)"互联网+"时代大学生创业的模式

1. O2O 创业模式

O2O 即 Online to Offline(线上到线下),指将线下的商务机会与互联网结合,让互联网成为线下交易的平台。O2O 是 2016 年各大电商平台中最火爆的词语,它涉及的领域很广,从餐饮、娱乐、家政到生活中的各个方面,通过线上筛选、线下配送的方式,最终送到顾客手中。现阶段,很多品牌实体店面都采取这种方式,如苏宁易购、HM、美团网等,而且线下实体店面可以销售也可以体验。

2. 垂直社交创业模式

相关统计显示,2015 年 8 月 28 日 Facebook 单日用户数突破 10 亿。腾讯公司 2017 年第二季度财报中提到,微信用户数达到 9.63 亿,通过社交软件能够快速"圈人",在人气的基础上,能够为创业提供途径。电商活动或是精准广告都是垂直社交平台的生存盈利方式,如婚恋网、母婴网等都是这种方式。

3. 平台模式

很多创业者通过搭建一个网络平台,把顾客和商家拉到一个平台上,通过平台建立联系，一般来说，可以是一对多，也可以是多对多。一对多，例如微信上的微信开店和微博上的商业推广。多对多，如饿了么、淘宝、京东等网站平台。

4. 互联网智能化创业模式

互联网智能化创业模式是指以智能化的产品为基础，设计和制造出更智能化的生产设备。智能产品是利用先进的计算机、网络通信、自动控制等技术，通过大数据或者云计算等方式，将产品与人的使用有机结合在一起，通过使用可以让活动更有效率或者更具有创新性，为人们提供高效、便捷、舒适的生活方式。

5. App 创业模式

App 是智能手机第三方应用程序，而 App 创业是指通过移动终端定制手机软件，开展营销活动的创业模式。与传统移动媒体营销相比，App 营销拥有更多优势，对接精准，用户使用黏性较高，与用户互动性强，可以在任何时间、任何地点进行营销，便捷性高。

6. "众筹"创业模式

"众筹"的核心是让用户投资，是指通过网络，面向公众筹集资金，融资方式以相应的产品或服务作为回报，禁止股权、债权、分红和利息形式的交易。"众筹"颠倒了传统的价值链，把客户变成了第一个环节，无形中让创业者获得收益的同时，也能提高产品的宣传度，同时还能帮助创业者找到合作伙伴、人脉和创业资源。

7. 粉丝经济创业模式

粉丝经济指架构在粉丝和被关注者关系之上的经营性创收行为，是一种通过提升用户黏性并以口碑营销形式获取经济利益与社会效益的商业运作模式。随着互联网的快速发展，商家借助相关平台，通过某个兴趣点聚集朋友圈、粉丝圈，给粉丝用户提供多样化、个性化的商品和服务，最终转化成消费，实现盈利。一个粉丝带来的不仅是重复购买，更是通过互联网为企业信用以及产品体验提供推广。

六、常见的几种创业模式

（一）自主经营创业

具有互补性或者有共同兴趣的成员组成团队进行自主经营，创建企业进行创业。如今，创业已非纯粹追求个人英雄主义的行为，团队创业成功的概率要远高于个人独自创业。一个由研发、技术、市场融资等各方面组成，优势互补的创业团队，是创业成功的法宝，对高科技创业企业来说更是如此。

（二）加盟创业

分享品牌金矿，分享经营诀窍，分享资源支持，采取直营、委托加盟、特许加盟等形式连锁加盟，投资金额根据商品种类、店铺要求、加盟方式、技术设备的不同而不同。

（三）兼职创业

即在工作之余再创业。如教师、培训师可选择兼职培训顾问，业务员可兼职代理其他产品销售，设计师可自己开设工作室，编辑、撰稿人可朝媒体、创作方面发展，财务顾问可代理理财，翻译可兼职口译、笔译，律师可兼职法律顾问和事务所，策划师可兼职广告、品牌、营销、公关等咨询。

（四）网络创业

有效利用现成的网络资源，网络创业主要有两种形式：网上开店，在网上注册成立网络商店；网上加盟，以某个电子商务网站门店的形式经营，利用母体网站的货源和销售渠道。

（五）大赛创业

即利用各种商业创业大赛，获得资金提供平台，如 Yahoo、Netscape 等企业都是从商业竞赛中脱颖而出的，因此也被形象地称为创业孵化器。

（六）概念创业

即凭借创意、点子、想法创业。当然，这些创业概念必须标新立异，至少在打算进入的行业或领域是个创举，只有这样，才能抢占市场先机，才能吸引风险投资商的眼球。同时，这些超常规的想法还必须具有可操作性，而非天方夜谭。

（七）内部创业

内部创业指的就是在企业公司的支持下，有创业想法的员工承担公司内部的部分项目或业务，并且和企业共同分享劳动成果的过程。这种创业模式的优势就是创业者无须投资就可获得很广的资源，这种树大好乘凉的优势成为很多创业者的青睐方式。

案例 9-7

奇根异树根雕工艺品有限公司
——创业计划书

一、项目背景

作为园林专业的学生，我们对根雕有着浓厚的兴趣，且我们的家庭成员也有从事根雕工艺品加工的，这让我们有机会更深入地了解根雕、熟悉根雕。因此，我们便产生了把树根和树桩回收利用、进行艺术加工、创造经济价值的想法。于是，我们决定创办"奇根异树根雕工艺品有限公司"。

二、产品与服务

公司的产品主要有：

1. 实用观赏类根雕。

这类根雕集实用和观赏于一体,以实用价值为主,兼有观赏价值。常见的有根桌、根凳以及根制条几、花架等常用家具,也有用根制成的笔架。

这类作品,由于它以根材为原料,又经过作者巧妙的构思和精心制作,要比其他材质制作的物品更具有实用和观赏价值。

2. 陈设观赏类根雕。

这类根雕主要用于陈设观赏,是根雕作品的主体部分,占绝大多数。按其造型特点,又可分为人物型、动物型、鸟禽型、龟虫型、花木型、器物型、审美型及其他自然形态。

3. 树桩盆景。

树桩盆景简称"桩景"。常以木本植物为制作材料,选取姿态优美、株矮、叶形小巧、寿命长、耐修剪、抗性强、易于造型的树根,在不违背树木生长习性的前提下,通过摘叶、摘心等方法,抑制其生长,并进行造型加工。在这种盆景的培育过程中,制作者可根据自己的意图而加工成或盘根错节或苍劲挺拔等各种艺术造型。

4. DIY 根雕。

这类根雕是根据顾客的需要,按照顾客的要求,量身定做。

三、市场分析(SWOT 分析)

1. 优势。

(1) 我国山林资源丰富,给我们公司的发展提供了一定的资源保证。

(2) 回收迁拆、山林开发等遗留下来的树根,不仅质量好、成本较低,而且也有利于保护生态环境。

(3) 技术团队是来自于东阳陆云轩工艺品有限公司的主干团队,有着精湛的雕刻功底和几十年的雕刻经验。

(4) 本公司与东阳陆云轩工艺品有限公司合作,销售渠道稳定,经济利润得到保证。

2. 劣势。

(1) 公司还处于起步阶段,品牌度不高。

(2) 现在大部分装饰市场对根雕运用较少。

3. 机会。

(1) 现在人们的生活水准、审美观逐年提高,工艺美术行业也比较符合现代人追求高品质生活的标准。

(2) 本地是中国最发达的城市之一,本地旺盛的消费需求也必将助推我们公司根雕项目的快速发展。

4. 威胁。

(1) 传统工艺美术行业的工作者较少。

(2) 现在高涨的员工工资,对于一般的公司来说增加了人力成本的负担,经营风险过高。

四、公司战略

1. 公司团队。

总经理，主要负责公司的整体运作和成员之间的分工协调；兼公司和实体店财务部部长一职，统计实体店和公司的业务销售实绩，并针对实际的销售情况做出相应的销售方案。

技术部部长，一方面负责对树根的加工与包装；另一方面根据顾客的需求，带领技术团队设计相应的根雕工艺品。

营销策划部部长，主要负责公司的宣传；了解不同的消费者对于我们产品的认知度、需求度等，并做出相应的分析报告；寻找更多的销售人员，负责产品的市场营销工作，建立稳定的顾客群，积极开发新的营销渠道，扩大市场。

实体店销售部部长，进行根雕市场一线信息的搜集和调研工作；制定销售人员的工作标准并执行实施，同时培养销售人员的服务意识和礼仪及对销售人员考勤、工作纪律进行管理、监督；建立各级客户资料档案，保持与客户之间的双向沟通；建立完善的售后服务；负责产品的订购工作。

2. 经营理念。

为我们的生活环境创造更高的价值。

3. 经营目标。

第一目标：在 3 年之内，全面开拓根雕市场。在继承传统的基础上，赋予中国根雕工艺品更多的改进和突破。

第二目标：在 5 年之内，培养更多的根雕经销商。在企业经营较为稳定、利润较为可观的时候，为根雕企业培养更多的根雕经销商，为根雕投资者带来更多成功的喜悦。

第三目标：在 10 年之内，争当中国手工根雕界的龙头企业。稳中求发展，管理出效益，一步一个脚印，用我们自己的风格来赢得广大的消费者。

4. 企业文化。

个性化，独特风格，引领手工工艺潮流。

五、市场营销

1. 主要目标消费人群。

我们将目标消费群定位于爱好根雕、对根雕有消费欲望、年龄在 30 岁以上的人群。因为，这个年龄段的客户，已经工作或者工作多年，有一定的经济基础和文化素养，更加强调生活的品质，更加注重生活的品位。

2. 营销策略。

（1）实体销售。

代售：东阳陆云轩工艺品有限公司同意与我们奇根异树根雕工艺品有限公司合作，并签署长达 5 年的业务合同。他们不仅提供部分技术支持，而且也会帮助我们销售部分产品。

销售人员外出销售：公司有专门的业务员外出销售产品，一部分业务员上门走访居民，一部分业务员去各大商铺进行推销。规定外出销售的业务员必须每月售出20件根雕产品，公司按照售出产品的规格数量给业务员一定的提成。

实体店铺销售：在实体店，消费者能看到更多的根雕产品，确定产品的真实性，更详细地了解产品的售后服务，有利于提高消费者购买的积极性。

租摆销售：实体店与企事业单位、学校、宾馆酒店等固定场所合作，长期租摆。实体店负责摆放方案的设计，根雕的配置、运输并摆放到预定位置，并定时更换产品，做到全方位的服务。

销售活动：定期举办小型的销售展览活动，在展示过程中，专门挑选一些造型独特并且价格能让消费者接受的产品。同时，在展览之前，通常采用海报等告示形式，引起消费者对我们产品更多的关注。

（2）网络营销。

QQ宣传：将我们公司的根雕产品拍成照片，以"说说"的形式发布出去，让好友知道并进行宣传。

微信销售：将我们的作品上传到朋友圈，进而吸引更多人的注意。同时，做好产品的介绍和宣传工作，及时与顾客沟通交流，保证售后服务。

广告宣传：不定期地找兼职生，在人流比较密集的地方分发宣传单，让更多的人知道我们的根雕公司。

六、生产管理

1. 公司选址。

奇根异树根雕工艺品有限公司位于杭州市萧山区河上镇祥和桥村。河上镇区域面积63.69平方千米，农业面积16.68平方千米左右，山林面积23.4平方千米左右。这对我们公司树根原材料的来源提供了非常有利的条件。103省道贯穿全镇，与杭金衢高速公路相通，构成了四通八达的交通网络，给我们提供了便利的交通条件。

2. 我们的店面。

我们公司在萧山花木城有一个30平方米左右的实体店铺，进行实体销售。

3. 原材料。

利用山区现有的资源，回收那些居民迁拆和山林开发等清理出来的树根，这些树根不仅质量好、价格便宜，又能展现我们公司根雕项目的品种多样化。既提高了经济效益，也促进了生态环境的改善。

七、财务分析

（1）总投资。

公司需要的启动资金是50万元。我们的合作方——东阳陆云轩工艺品有限公司考虑到年轻人创业不易，因此投入了40%即20万元的资金作为我们的创业基金，另外60%的资金由我们自己筹集。

(2) 资金使用计划。

主要用于租金、工资、提成、水电、广告支出等费用。

(3) 利润分析与分配。

根据预期市场销售量、销售额、成本核算进行预期利润的分析,并设计利润分配方式。

八、风险分析与预测

包括市场风险、人才风险、财务风险、合作风险及应对准备等,此处从略。

(改编自傅燕婷等《奇根异树根雕工艺品有限公司创业计划书》,载《职业教育》2017年第3期。)

练习与思考

一、选择题

1. 创业的特征是（　　　）。

A. 创新性　　　　　　　　B. 创造性

C. 机会性　　　　　　　　D. 风险性

2. 直接调研的常用方法有（　　　）。

A. 询问法　　　　　　　　B. 观察法

C. 实验法　　　　　　　　D. 资料查询法

3. 当一个企业能够抢先进入一个市场空白点时,往往就能够获得巨大的成功。创业机会的来源有（　　　）。

A. 需求　　　　　　　　　B. 变化

C. 技术创新　　　　　　　D. 竞争

4. 独资企业设立的条件（　　　）。

A. 投资人为一个自然人

B. 有合法的企业名称

C. 有投资人申报的出资

D. 有固定的生产经营场所和必要的生产经营条件

E. 有必要的从业人员

5. 合伙企业设立的条件（　　　）。

A. 有两个以上合伙人,并且都依法承担无限责任

B. 有书面合伙协议

C. 有各合伙人实际缴付的出资

D. 有合伙企业的名称

E. 有经营场所和从事合伙经营的必要条件

二、判断题

1. 分析创业环境从市场调研开始。从市场中来,到市场中去,企业必须能够感受

市场的动向，并密切关注竞争对手的动向。（　　）

2. 间接调研是调查者与被调查者直接接触，调研对象来自企业员工、竞争对手、顾客、消费者等。（　　）

3. 网络调研就是利用互联网了解顾客需要、市场机会、竞争对手信息、行业潮流、分销渠道以及战略合作伙伴等方面的情况。（　　）

4. 对于市场机会，企业要进行评估，评估的核心内容，其一是是否有得做，及时思考目标市场是否存在，有多大规模；其二是否做得来，也就是说这个市场机会是否适合企业去做。（　　）

5. 创业计划书是创业者的书面计划，分析和描述创办一个新的企业所需要的各种因素，为创业团队理清思路、凝聚共识、论证商机、谋划战略、明确定位，并用以说服投资者，为创业项目筹集资金。（　　）

三、分析题

1. 对比分析个人独资企业、合伙制企业、公司制企业的不同和优缺点。
2. 分析创业计划书的基本结构。
3. 分析创业计划成功的关键因素。

实战训练项目：广东省"挑战杯·创青春"大学生创业大赛

一、项目名称

广东省"挑战杯·创青春"大学生创业大赛。

二、项目目标

大赛宗旨：培养创新意识、启迪创意思维、提升创造能力、造就创业人才。

大赛目的：引导和激励高校学生弘扬时代精神，把握时代脉搏，将所学知识与经济社会发展紧密结合，培养和提高创新、创意、创造、创业的意识和能力，促进高校学生就业创业教育、创业实践活动的蓬勃开展，发现和培养一批具有创新思维和创业潜力的优秀人才，帮助更多高校学生通过创业创新的实际行动为实现中国梦贡献力量。

三、项目需求说明

为深入学习贯彻习近平新时代中国特色社会主义思想和党的十九大精神，落实广东省委、省政府实施创新驱动发展战略的部署安排，助力产业转型升级和经济社会发展，团省委、省人社厅、省教育厅、省科技厅、省科协、省学联拟共同举办"挑战杯·创青春"大学生创业大赛。

1. 活动时间。

3月至5月

2. 主、承办单位。

主办单位：共青团省委员会、省人力资源和社会保障厅、省教育厅、省科学技术厅、省科学技术协会、省学生联合会。

承办单位：××大学。

3. 组织机构。

竞赛设立组委会，由主办、承办等单位的有关负责人组成，负责竞赛组织领导工作。组委会下设办公室，设在团省委学校部和承办高校团委，负责竞赛日常事务。

竞赛设立评委会，由组委会聘请各相关领域的专家、学者、企业家、风险投资界人士、青年创业典型等组成，负责参赛作品的评审工作。

各高校要成立相应机构，负责本校预赛的组织领导、评审等工作。

四、竞赛要求

大赛下设3项主体赛事：大学生创业计划竞赛、创业实践挑战赛、公益创业赛。

大学生创业计划竞赛面向高等学校在校学生，以商业计划书评审、现场答辩等作为参赛项目的主要评价内容。

创业实践挑战赛面向高等学校在校学生或毕业未满3年的高校毕业生，且已投入实际创业3个月以上，以经营状况、发展前景等作为参赛项目的主要评价内容。

公益创业赛面向高等学校在校学生，以创办非营利性质社会组织的计划和实践等作为参赛项目的主要评价内容。

五、参赛对象

凡在举办大赛终审决赛的当年7月1日以前正式注册的全日制非成人教育的各类高等院校在校生可参加全部3项主体赛事。

毕业3年以内学生可代表原所在高校参加创业实践挑战赛（需提供毕业证证明，仅可代表最终学历颁发高校参赛）。

六、竞赛步骤

本届竞赛分预赛、复赛和决赛三个阶段进行。

各高校针对大赛下设的3项主体赛事组织本校预赛。

预赛后推荐项目参加省复赛、决赛。

七、竞赛奖项

竞赛评审委员会对各高校报送的3项主体赛事的参赛项目进行复审，分别评出参赛项目的70%左右进入决赛。

3项主体赛事的奖项设置统一为金奖、银奖、铜奖，分别约占进入决赛项目总数的10%、30%和60%。

八、相关事项

1. 组委会将严格保守参赛作品涉及的技术秘密和商业秘密。

2. 组委会将对作者和作品的资格进行审查，对于不符合参赛资格或弄虚作假者，一经查实，立刻取消其参赛资格，追回所获得的奖励及荣誉，并以适当形式公布。

【练习与思考】参考答案

一、选择题

1. ABCD   2. ABC   3. ABCD   4. ABCDE   5. ABCDE

二、判断题
1. √　　　　2. ×　　　3. √　　　4. √　　　5. √
三、分析题
略。

参 考 文 献

[1] 孟韬，毕克贵. 营销策划：方法、技巧与文案［M］. 北京：机械工业出版社，2016.
[2] 常建功. 微信O2O［M］. 北京：电子工业出版社，2015.
[3] 黄尧. 营销策划［M］. 北京：高等教育出版社，2015.
[4] 郭海峰. 哈佛商学院必修课：经济·管理［M］. 北京：电子工业出版社，2014.
[5] 谭慧. 哈佛商学院必修课：谈判·营销［M］. 北京：电子工业出版社，2014.
[6] 萧潇. 创意文案与营销策划［M］. 天津：天津科学技术出版社，2017.
[7] 苏海. 活动策划实战宝典［M］. 北京：清华大学出版社，2017.
[8] 叶绍义，等. 创业管理［M］. 大连：东北财经大学出版社，2012.
[9] 孙东云. 网店应该这样推广［M］. 北京：电子工业出版社，2015.
[10] 曹磊. 互联网+产业风口［M］. 北京：机械工业出版社，2015.
[11] 楼晓东. 营销策划技术实训［M］. 北京：人民邮电出版社，2015.
[12] 李世杰. 市场营销与策划［M］. 北京：清华大学出版社，2015.
[13] 魏玉芝. 市场营销实训项目教程［M］. 北京：清华大学出版社，2010.
[14] 郑方华. 营销策划技能案例训练手册［M］. 北京：机械工业出版社，2011.
[15] 张昊民. 营销策划［M］. 北京：电子工业出版社，2015.
[16] 吴良勇. 市场营销十五与案例分析［M］. 北京：清华大学出版社，2011.
[17] 李艳娥. 新实用营销学［M］. 广州：中山大学出版社，2005.
[18] 刘东明，等. 中国网络营销年鉴：案例卷（2011—2012）［M］. 沈阳：辽宁科学技术出版社，2013.
[19] 戴国良. 图解营销策划案［M］. 北京：电子工业出版社，2011.
[20] 徐茂权. 网络营销创意三十六计［M］. 北京：电子工业出版社，2017.
[21] 张兵. 网络营销实战宝典［M］. 北京：中国铁道出版社，2015.
[22] ［英］迈克尔·里杰斯特. 危机公关［M］. 郭惠民，译. 上海：复旦大学出版社，1995.
[23] ［美］芭芭拉·明托. 金字塔原理：思考、写作和解决问题的逻辑［M］. 王德忠，张珣，译. 北京：民主与建设出版社，2002.
[24] ［英］马尔科姆·麦克唐纳，彼得·莫里斯. 图解营销策划［M］. 高杰，译. 北京：电子工业出版社，2014.
[25] 王浩. 企业网络营销实战宝典及决胜攻略［M］. 北京：时代华文书局，2015.